ARQUITETURA ECOLÓGICA

Condicionamento Térmico Natural

Blucher

ENNIO CRUZ DA COSTA

*Engenheiro Mecânico, Eletricista e Civil
Professor Titular da Escola de Engenharia da
Universidade Federal do Rio Grande do Sul
Porto Alegre (RS)*

ARQUITETURA ECOLÓGICA

Condicionamento Térmico Natural

Arquitetura ecológica: condicionamento térmico natural
© 1982 Ennio Cruz da Costa
8ª reimpressão – 2019

Editora Edgard Blücher Ltda.

Blucher

Rua Pedroso Alvarenga, 1245, 4º andar
04531-934 – São Paulo – SP – Brasil
Tel.: 55 11 3078-5366
contato@blucher.com.br
www.blucher.com.br

É proibida a reprodução total ou parcial por quaisquer meios sem autorização escrita da editora.

Todos os direitos reservados pela Editora Edgard Blücher Ltda.

FICHA CATALOGRÁFICA

Costa, Ennio Cruz da
C871a   Arquitetura ecológica : condicionamento térmico natural /Ennio Cruz da Costa – São Paulo : Blucher, 1982

Bibliografia.
ISBN 978-85-212-0099-4

1. Aquecimento 2. Arquitetura e conservação de energia 3. Engenharia térmica 4. Termodinâmica I. Título. II. Título : Condicionamento térmico natural.

82-0089

CDD-720
-697
-621.402

Índices para catálogo sistemático:
1. Arquitetura e energia natural   720
2. Condicionamento térmico : Construções   697
3. Construções : Condicionamento térmico   697
4. Edifícios : Condicionamento térmico : Construção   697
5. Engenharia térmica   621.402

INTRODUÇÃO

Com a crise da energia, o problema do condicionamento térmico das habitações e ambientes industriais, tanto de inverno como de verão, está sendo encarado sob novos prismas.

Realmente, o homem, ofuscado pelas suas maravilhosas descobertas tecnológicas, esqueceu-se dos recursos que a natureza pôs à sua disposição para seu conforto térmico. Assim,

a proteção adequada contra a insolação no verão;
o amortecimento das variações de temperatura por meio de materiais de grande inércia térmica;
a ventilação com ar tomado em microclimas favoráveis;
o aproveitamento da insolação no inverno;
o isolamento racional de superfícies externas para proteger os ambientes habitados contra trocas indesejáveis de calor e condensação

permitem-nos afirmar que, na maior parte do Brasil, o condicionamento térmico das habitações por meios puramente naturais (ao menos no que diz respeito à temperatura) é perfeitamente possível.

No mínimo uma melhoria substancial quanto ao conforto térmico no interior das habitações pode ser obtida economicamente com o uso de técnicas construtivas simples, mas racionais, que visem ao aproveitamento das condições favoráveis da natureza para o condicionamento ambiental.

Tendo em mente o exposto e observando os nossos espigões de concreto

sem proteção contra insolação;
sem inércia térmica (materiais leves);
afastados dos recursos naturais (da terra, da vegetação, etc.);
e com ar condicionado,

não podemos deixar de notar o absurdo da Arquitetura moderna, fruto de uma era de exploração imobiliária e de desperdício. Esperamos, pois, com esta nossa contribuição, que os arquitetos e construtores fiquem conscientizados do principal problema das habitações, qual seja o conforto térmico, e passem a projetar e construir de maneira mais coerente com a nossa própria natureza.

CONTEÚDO

Capítulo 1. Termodinâmica
1- 1. CONCEITOS FUNDAMENTAIS 1
1-1- 1. Definição e objetivo 1
1-1- 2 Unidades 2
1-1- 3. Sistema e meio externo 3
1-1- 4. Fase 3
1-1- 5. Componentes 3
1-1- 6. Fluidos 3
1-1- 7. Estado de um sistema 4
1-1- 8. Grandezas de estado 4
1-1- 9. Equação de estado 7
1-1-10. Transformações 8
1-1-11. Capacidade térmica — calor específico 9
1- 2. PRIMEIRO PRINCÍPIO DA TERMODINÂMICA 10
1-2- 1. Enunciado 10
1- 3. SEGUNDO PRINCÍPIO DA TERMODINÂMICA 16
1-3- 1. Enunciado 16
1-3- 2. Bomba de calor 18
1- 4. GASES 19
1-4- 1. Gases perfeitos 19
1-4- 2. Lei de Boyle-Mariotte 20
1-4- 3. Lei de Gay-Lussac 20
1-4- 4. Equação geral de estado dos gases perfeitos 21
1-4- 5. Constante geral dos gases 24
1-4- 6. Calor específico dos gases 24
1-4- 7. Aquecimento dos gases 26
1-4- 8. Gases reais 27
1- 5. MISTURA DE GASES 29
1-5- 1. Generalidades 29
1-5- 2. Composições gravimétrica e volumétrica de uma mistura 29
1-5- 3. Peso específico e peso molecular médio de uma mistura 30
1-5- 4. Pressões parciais e constantes de uma mistura 31
1-5- 5. Calor específico de uma mistura 32
1- 6. VAPORES 36
1-6- 1. Definição 36
1-6- 2. Aquecimento de um líquido 36
1-6- 3. Vaporização, ebulição e evaporação 37
1-6- 4. Superaquecimento 38
1-6- 5. Calor total e entalpia de um vapor 42
1- 7. AR ÚMIDO 43
1-7- 1. Generalidades 43
1-7- 2. Umidade absoluta e umidade relativa 47
1-7- 3. Conteúdo de umidade e grau higrométrico 48
1-7- 4. A lei de Dalton aplicada ao ar úmido 48
1-7- 5. Entalpia do ar úmido 51
1-7- 6. Diagrama de Mollier para o ar úmido 53

Capítulo 2. Mecânica dos fluidos

2- 1. GENERALIDADES 56
2-1- 1. Campo da mecânica dos fluidos 56
2-1- 2. Fluidos 56
2-1- 3. Divisão da mecânica dos fluidos 60
2-1- 4. Estática dos fluidos 61
2-1- 5. Cinemática dos fluidos 65
2-1- 6. Dinâmica dos fluidos 67
2- 2. ESCOAMENTO EM CANALIZAÇÕES 70
2-2- 1. Influência da viscosidade sobre o escoamento 70
2-2- 2. Regimes laminar e turbulento — número de Reynolds 70
2-2- 3. Atrito nas canalizações 72
2- 3. CÁLCULO DE CANALIZAÇÕES 79
2-3- 1. Solução analítica 81
2-3- 2. Solução por meio de tabelas 83
2-3- 3. Solução por meio de diagramas 84

Capítulo 3. Transmissão de calor

3- 1. GENERALIDADES 89
3-1- 1. Definição 89
3-1- 2. Condução 89
3-1- 3. Convecção 90
3-1- 4. Radiação 90
3-1- 5. Regimes permanente e não-permanente 90
3-1- 6. Equação geral da transmissão de calor em regime permanente 90
3-1- 7. Conceito de resistência térmica 91
3- 2. TRANSMISSÃO DE CALOR POR CONDUÇÃO INTERNA 93
3-2- 1. Lei de Fourier 93
3-2- 2. Coeficiente de condutividade interna 94
3-2- 3. Resistência térmica na condução 97
3- 3. TRANSMISSÃO DE CALOR POR CONVECÇÃO 98
3-3- 1. Lei de Newton 98
3-3- 2. Coeficiente de condutividade externa ou coeficiente de película 99
3- 4. TRANSMISSÃO DE CALOR POR MEIO DE RADIAÇÃO 100
3-4- 1. Generalidades 100
3-4- 2. Absorção, reflexão e transmissão 101
3-4- 3. Equação geral da transmissão de calor por meio de radiação entre dois corpos 103
3-4- 4. Calor de radiação solar 105
3- 5. TRANSMISSÃO DE CALOR ENTRE DOIS FLUIDOS SEPARADOS POR UMA PAREDE 112
3-5- 1. Coeficiente total de transmissão de calor 112
3-5- 2. Paredes de tijolos furados 117
3-5- 3. Radiação solar na transmissão de calor entre dois fluidos separados por uma parede 120
3-5- 4. Isolamento 122
3- 6. TRANSMISSÃO DE CALOR EM REGIME NÃO-PERMANENTE 130
3-6- 1. Difusibilidade térmica 130
3-6- 2. Caso de paredes planas de espessura infinita 131
3-6- 3. Caso de temperatura superficial variável 132
3-6- 4. Influência da convecção 135

Capítulo 4. Calefação

4- 1. GENERALIDADES 137
4-1- 1. Fontes de energia 137

4-1- 2. Processos de aquecimento	138
4-1- 3. Distribuição de calor	138
4- 2. CARGA TÉRMICA DE AQUECIMENTO	139
4- 3. CALEFAÇÃO LOCAL	142
4- 4. CALEFAÇÃO CENTRAL POR MEIO DE ÁGUA QUENTE	145
4-4- 1. Generalidades	145
4-4- 2. Termossifão	146
4-4- 3. Circulação mecânica	151
4- 5. CALEFAÇÃO CENTRAL POR MEIO DE AR QUENTE	152
4- 6. CALEFAÇÃO SOLAR	154

Capítulo 5. Refrigeração

5- 1. GENERALIDADES	157
5- 2. REFRIGERAÇÃO MECÂNICA POR MEIO DE VAPORES	158
5- 3. FLUIDOS FRIGORÍGENOS	160
5- 4. ELEMENTOS DE UMA INSTALAÇÃO DE REFRIGERAÇÃO MECÂNICA POR MEIO DE VAPORES	161
5-4- 1. Condensadores	161
5-4- 2. Compressores	164
5-4- 3. Resfriadores	165
5- 5. REFRIGERAÇÃO POR ABSORÇÃO	166
5- 6. INSTALAÇÕES DE REFRIGERAÇÃO PARA AR CONDICIONADO	169

Capítulo 6. Ventilação

6- 1. GENERALIDADES	170
6- 2. MODIFICAÇÕES FÍSICAS E QUÍMICAS DO AR AMBIENTE E SEUS LIMITES HIGIÊNICOS ADMISSÍVEIS	170
6-2- 1. Pressão	170
6-2- 2. Temperatura e umidade	171
6-2- 3. Oxigênio	171
6-2- 4. Contaminantes	171
6- 3. QUANTIDADES DE AR NECESSÁRIAS À VENTILAÇÃO	172
6- 4. TIPOS DE VENTILAÇÃO	175
6-4- 1. Ventilação natural	175
6-4- 2. Ventilação forçada	190

Capítulo 7. Ar condicionado

7- 1. DEFINIÇÕES E NORMAS	193
7-1- 1. Condicionamento de ar	193
7-1- 2. Ar condicionado	193
7-1- 3. Tratamento de ar	193
7-1- 4. Ar tratado	193
7-1- 5. Instalação de condicionamento de ar	193
7-1- 6. Zona de conforto	194
7- 2. NOÇÃO DE CONFORTO TÉRMICO	194
7-2- 1. Energia e vida	194
7-2- 2. Metabolismo humano	195
7-2- 3. Regulação térmica	196
7-2- 4. Temperatura efetiva	199
7- 3. TRATAMENTO DO AR	202
7-3- 1. Purificação	203
7-3- 2. Aquecimento	203
7-3- 3. Umidificação	203
7-3- 4. Refrigeração	203
7-3- 5. Desumidificação	204
7-3- 6. Mistura	205

7- 4. SISTEMAS DE CONDICIONAMENTO DE AR 206
7-4- 1. Quanto ao tratamento do ar 206
7-4- 2. Quanto à localização do equipamento 209
7-4- 3. Quanto ao ar insuflado 210
7- 5. DADOS PRÁTICOS 212

Capítulo 8. Condicionamento térmico natural — Arquitetura ecológica

8- 1. DEFINIÇÃO 213
8-1- 1. Ecologia biológica 213
8-1- 2. Ecologia humana 213
8-1- 3. Equilíbrio ecológico 213
8-1- 4. Arquitetura ecológica 213
8- 2. MEIO 214
8-2- 1. Movimentação das águas 215
8-2- 2. Movimentação do ar 215
8-2- 3. Vegetação 215
8-2- 4. Evaporação 215
8-2- 5. Nuvens 215
8-2- 6. Crosta terrestre 215
8- 3. REGIÕES CLIMÁTICAS 216
8-3- 1. Temperatura e umidade 216
8-3- 2. Insolação 218
8- 4. A HABITAÇÃO 220
8-4- 1. No verão 221
8-4- 2. No inverno 221
8- 5. PROTEÇÃO CONTRA A INSOLAÇÃO 222
8-5- 1. Generalidades 222
8-5- 2. Forro sem ventilação 222
8-5- 3. Forro com ventilação 225
8-5- 4. Telhas claras 228
8-5- 5. Isolantes 228
8-5- 6. Materiais de grande inércia térmica 230
8-5- 7. Resumo 231
8- 6. INÉRCIA 232
8-6- 1. Capacidade calorífica 232
8-6- 2. Amortecimento 233
8-6- 3. Defasagem 235
8-6- 4. Redução do fluxo térmico 236
8-6- 5. Acumulação do calor 237
8- 7. ISOLAMENTO GERAL 244
8- 8. VENTILAÇÃO DO AMBIENTE HABITADO 247
8- 9. CONDIÇÕES CONSTRUTIVAS MÍNIMAS A SEREM ADOTADAS .. 249
8-9- 1. Proteção contra a insolação 249
8-9- 2. Inércia 249
8-9- 3. Isolamento geral 250
8-9- 4. Ventilação do ambiente habitado 251
8-10. AQUECIMENTO E REFRIGERAÇÃO SOLARES 251
8-10-1. Generalidades 251
8-10-2. Aquecimento solar 252
8-10-3. Aquecimento da água de consumo 252
8-10-4. Aquecimento de piscinas 255
8-10-5. Aquecimento de habitações 259
8-10-6. Refrigeração solar 263

BIBLIOGRAFIA 265

Capítulo 1

TERMODINÂMICA

1-1. Conceitos fundamentais

1-1-1. Definição e objetivo

A Termodinâmica, ou Teoria Mecânica do Calor, como diz o próprio nome, é a ciência que se ocupa das relações entre os fenômenos térmicos e os fenômenos mecânicos.

A Mecânica estuda o repouso (estática) e os movimentos (dinâmica) dos corpos submetidos a ações de forças, sem, entretanto, levar em conta os fenômenos térmicos que, em grande parte dos casos, acompanham tais ações.

Assim, no estudo do escoamento de fluidos compressíveis, as variações de pressão vêm acompanhadas de variações de volume e de temperatura que não podem ser desprezadas, não só para a correta interpretação do fenômeno, como também para a execução racional dos cálculos a eles referentes.

Sob um aspecto mais geral, podemos dizer que a Termodinâmica é a ciência que estuda a energia calorífica e suas transformações.

Assim, no estudo das máquinas térmicas, nas quais a energia mecânica é produzida à custa do calor, torna-se indispensável uma análise profunda da relação entre os fenômenos térmicos e os fenômenos mecânicos que entram em jogo, a qual seria impossível sem o conhecimento da Termodinâmica. Igualmente, no campo da Química, é ainda a Termodinâmica que nos permite calcular as quantidades de calor que entram em jogo nas reações e estabelecer as condições de equilíbrio para o caso de reações incompletas, prevendo a possibilidade e o limite das mesmas.

Para isso, a Termodinâmica se baseia em princípios fundamentais próprios, que justificam a criação, para si, de um capítulo à parte dentro da Física.

Como ramo da Física, a Termodinâmica tem na Matemática o seu mais vigoroso elemento de análise e expressão, o que faz seu estudo, rico em desenvolvimentos algébricos, parecer teórico, quando se trata, na realidade, de uma disciplina, cujos conhecimentos são da mais ampla e generalizada aplicação.

As ciências físicas estudam o ser material quando móvel e ativo. Não se detendo na análise da essência das causas, objeto da Filosofia, partem de um fenômeno para interpretar novos fenômenos.

Tal é o objeto da Termodinâmica, que, abrangendo todos os fenômenos térmicos, com seus métodos de investigação e princípios, pode ser aplicada aos mais diversos ramos do conhecimento humano, tanto científicos como técnicos, onde sem dúvida vem a constituir, pela sua exatidão de interpretação, auxiliar não apenas valioso como, para o atual nível de desenvolvimento cultural da humanidade, indispensável.

Assim, a Termodinâmica permitiu, dentro da Engenharia Mecânica, o estudo racional das máquinas térmicas e transformou a Química em ciência exata, além de dar interpretação a um sem-número de fenômenos, objeto das ciências naturais.

1-1-2. Unidades

A definição das grandezas físicas, tanto qualitativa como quantitativamente, é feita por meio das chamadas equações de definição, as quais, além de estabelecerem as dependências das grandezas entre si, permitem a sua avaliação.

Assim, dentro do campo da Mecânica, a partir de três grandezas tomadas como fundamentais, podemos definir todas as demais. Entretanto, para a avaliação das mesmas, torna-se necessário, na prática, estabelecer uma unidade de medida para cada uma delas.

A escolha das unidades de medida das grandezas fundamentais é completamente arbitrária e constitui a chamada base do sistema de unidades, enquanto que as demais ficarão automaticamente determinadas por suas respectivas equações de definição. Teremos assim estabelecido um sistema completo de unidades, para as diversas grandezas físicas, coerente com o sistema de equações que serviu para defini-las.

A expressão convencional da maneira de formar as unidades derivadas a partir das fundamentais em um sistema de unidades coerente toma o nome de *fórmula dimensional*.

Todas as equações físicas deverão ser dimensionalmente homogêneas. Essas considerações nos permitem a chamada *análise dimensional* das equações físicas, de grande valia tanto no estabelecimento da forma algébrica das equações empíricas, como na verificação da homogeneidade das equações teóricas.

Na Engenharia, adota-se usualmente o sistema técnico da unidades (MKfS) cujas unidades fundamentais são o metro (m), o segundo (s) e o quilograma-força (kgf).

O quilograma-força é definido como a força com que é atraído para o centro da Terra o quilograma-massa, quando sujeito à atração da gravidade normal ($9,80665$ m/s^2).

Em nosso estudo, como não poderia deixar de ser em se tratando de matéria essencialmente técnica, adotaremos as unidades legais coerentes com o sistema técnico de equações de definição. Com tal proceder, as grandezas *força, pressão, energia* e *potência* terão as unidades adotadas atualmente nos aparelhos industriais.

Por outro lado, uma vez que, por definição, o peso de um corpo dado em kgf é igual à sua massa dada em kg, todas as grandezas extensivas específicas, isto é, aquelas grandezas que, por serem diretamente proporcionais à massa ou ao peso do sistema, são relacionadas à unidade de massa ou de peso do mesmo, terão a mesma medida.

Tal é o caso da massa específica, que tem o mesmo valor do peso específico e do volume específico, que têm a mesma medida, avaliada em m^3 por kg, seja de massa ou de peso.

Termodinâmica

Quanto à unidade de massa em si, pode a mesma ser prescindida, bastando, para tanto, substituir a grandeza massa, nas equações de definição de que faz parte, pela relação

$$M = \frac{G}{g} = \frac{G}{9,80665 \text{ m/s}^2},$$

o mesmo acontecendo com a massa específica:

$$\delta = \frac{\gamma}{g}.$$

1-1-3. Sistema e meio externo

Sistema é toda quantidade definida de matéria, objeto de investigação especial, que consideramos isolada (por uma superfície real ou imaginária) do resto do universo, o qual designamos usualmente de meio externo.

1-1-4. Fase

Fase é qualquer porção homogênea e fisicamente distinta de um sistema. Um sistema constituído por uma única fase é dito homogêneo e, quando de diversas fases, heterogêneo. Num sistema heterogêneo, pode dar-se a passagem de substâncias entre as fases em contato.

1-1-5. Componentes

Componentes de um sistema são as substâncias ou espécies químicas que participam da composição do mesmo. Os componentes que mais interessam aos nossos estudos termodinâmicos são os fluidos.

Assim, a fim de obtermos a transformação da energia calorífica em mecânica, e vice-versa, valemo-nos, como elementos intermediários, de fluidos.

1-1-6. Fluidos

Fluidos são corpos que não apresentam estabilidade de formas. Podem ser classificados em elásticos ou compressíveis (*gases* e *vapores*) e não-elásticos ou incompressíveis (*líquidos*).

Gases

Chamam-se gases os fluidos elásticos que, à temperatura ordinária, mesmo quando sujeitos a fortes pressões, não podem ser total ou parcialmente reduzidos ao estado líquido. São importantes os gases biatômicos:

oxigênio (O_2); nitrogênio (N_2); hidrogênio (H_2); óxido carbônico (CO); óxido nítrico (NO).

E os gases poliatômicos:

metano (CH_4); etano (C_2H_4); acetileno (C_2H_2).

O anidrido carbônico (CO_2), principal produto da combustão dos combustíveis, pode ser considerado um gás, em vista de seu aparecimento usual em temperaturas elevadas.

Nas aplicações práticas assumem ainda importância capital diversas misturas de gases, como, por exemplo:

o ar atmosférico, o gás de iluminação, o gás de gasogênio, o gás de altos-fornos e os gases da combustão em fornalhas e motores.

Vapores

Chamam-se vapores os fluidos elásticos que, à temperatura ordinária, podem ser reduzidos total ou parcialmente ao estado líquido.

Convém, entretanto, ressaltar que essa classificação é apenas convencional, pois, como veremos, do ponto de vista da Termodinâmica, um gás pode comportar-se como um vapor, bastando para isso que as condições a que esteja sujeito o aproximem do estado líquido, o mesmo acontecendo com os vapores, que, ao serem bastante aquecidos (superaquecidos), afastam-se tanto das condições necessárias para voltarem ao estado líquido, que se comportam como gases. Muitos vapores aparecem, na natureza, ao mesmo tempo, também na forma líquida.

Os vapores e líquidos mais importantes na prática são:

a água (H_2O); o amoníaco (NH_3); o anidrido sulfuroso (SO_2); o anidrido carbônico (CO_2) abaixo de 32 °C; o cloro (Cl); os produtos da destilação dos óleos minerais (benzina, gasolina, óleos leves, etc.); os produtos da destilação dos carvões minerais (benzol, toluol, xilol, etc.); os álcoois, o diclorodifluormetano (CCl_2F_2 – Freon 12); o diclorometano (CH_2Cl_2 – Carrene); o cloreto de metila (CH_3Cl); o cloreto de etila (C_2H_5Cl); o propano (C_3H_8); o butano (C_4H_{10}); etc.

1-1-7. Estado de um sistema

As condições a que está sujeito um sistema determinam para o mesmo uma posição de equilíbrio, estável ou não, a qual denominamos usualmente de estado do sistema considerado.

A fim de que um sistema esteja em equilíbrio e, portanto, assuma um estado termodinâmico definido, é necessário que o mesmo não apresente reações químicas, nem variações de temperatura e de pressão.

Isto é, o equilíbrio termodinâmico implica em três espécies de equilíbrio: o químico, o térmico e o mecânico.

1-1-8. Grandezas de estado

O estado de um sistema, do ponto de vista termodinâmico, fica, de uma maneira geral, caracterizado pelas chamadas variáveis (arbitrárias ou funções) de estado.

Termodinâmica 5

Essas variáveis, que por si só determinam os citados equilíbrios, são propriedades inerentes ao próprio sistema, e tomam o nome de propriedades ou coordenadas termodinâmicas.

Como grandezas de estado já conhecidas e não menos importantes que aquelas que adiante estudaremos, podemos citar a *pressão*, a *temperatura* e o *volume*.

Pressão

A pressão (p) é, por definição, a força suportada normalmente por unidade de superfície, tendo, portanto, para expressão algébrica,

$$p = \frac{F}{S}$$

e equação dimensional

$$ML^{-1}T^{-2}$$

A unidade de medida adotada para a pressão é o kgf/m^2, que corresponde à pressão hidrostática de uma coluna de água de 1 mm de altura ($9{,}80665$ N/m^2).

Devemos distinguir a pressão efetiva e a pressão absoluta:
a pressão efetiva é aquela produzida acima da já existente atmosférica;
a pressão absoluta é igual à pressão efetiva adicionada da pressão atmosférica

$$p = p_e + p_a.$$

A pressão atmosférica normal vale:

1 atm = 10 332 kgf/m^2 = 10 332 mm H_2O = 760 mm Hg = $1{,}01325 \cdot 10^5$ N/m^2.

Nas equações termodinâmicas, aparece sempre a pressão absoluta, que é a pressão total realmente suportada pelo sistema. As pressões são facilmente avaliadas, na prática, por meio de aparelhos chamados manômetros.

Para medidas industriais de pressões elevadas, adotam-se comumente manômetros metálicos, enquanto que, para as pequenas, é usual o emprego de manômetros de coluna de água ou de mercúrio.

Temperatura

A temperatura (t) é o conceito físico que nos permite medir o estado térmico de um sistema, estabelecendo sua maior ou menor capacidade de transmitir calor, ou, ainda, de acordo com a teoria cinética, a energia cinética média de suas moléculas.

A avaliação da temperatura não pode ser feita tal como quando se mede usualmente uma grandeza, mas sim por meio de um dos fenômenos que ela produz: a dilatação. Para isso adotam-se as chamadas escalas termométricas, das quais as mais importantes são:

a de Celsius ou centígrada (°C);
a de Reaumur (°R); e
a de Fahrenheit (°F).

A escala centígrada divide-se em 100 partes e tem como limites de referência as temperaturas correspondentes ao gelo fundente e ao vapor de água à pressão atmosférica normal.

A escala de Reaumur tem os mesmos limites de referência que a anterior, mas divide-se em 80 partes.

A escala de Fahrenheit tem como limites de referências as temperaturas correspondentes a uma mistura refrigerante ($NaCl + CaCl_2$ + gelo) e ao vapor de água à pressão atmosférica normal, e divide-se em 212 partes. A temperatura do gelo fundente (0 °C) corresponde, nessa escala, a 32 °F, de modo que, chamando de t °C, t °R e t °F, respectivamente, as temperaturas correspondentes às escalas Celsius, Reaumur e Fahrenheit, podemos estabelecer as relações (Fig. 1-1):

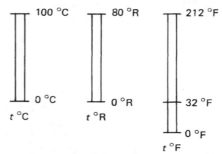

Figura 1-1

isto é,

$$\frac{t\,°C - 0}{100 - 0} = \frac{t\,°R - 0}{80 - 0} = \frac{t\,°F - 32}{212 - 32},$$

$$\boxed{\frac{t\,°C}{100} = \frac{t\,°R}{80} = \frac{t\,°F - 32}{180}},$$

ou, ainda,

$$\boxed{4\,°R = 5\,°C = 9\,°F}$$

Estudos levados a efeito por Sadi Carnot, a respeito do ciclo de rendimento máximo das máquinas térmicas, permitiram a William Thomson (Lord Kelvin) estabelecer uma nova escala de temperaturas (T), independente da substância termométrica, a qual tomou o nome de *escala absoluta*, ou, ainda, *escala termodinâmica de temperaturas*. A escala absoluta mantém com a escala centrígrada a seguinte relação:

$$T\,°K = t\,°C + 273,15.$$

Na prática, a avaliação das temperaturas é obtida facilmente por meio de aparelhos que podem ser assim classificados:

termômetros (para temperaturas não muito elevadas) — de gás (normal, de hidrogênio), de álcool, de mercúrio, metálicos;

piroscópios (para temperaturas elevadas, pouco precisos) — cones de Seger, etc.;

Termodinâmica

pirômetros (para temperaturas elevadas, de boa precisão) — de dilatação: de gás, de mercúrio com nitrogênio, de mercúrio de quadrante, de vapor saturado;

pirômetros de resistência elétrica (em circuito tipo ponte) — termoelétricos (efeito Peltier), ópticos (baseados na lei de Wien da irradiação), de radiação integral (baseados na lei de Stefan-Boltzmann).

Volume

O volume (v) é medido em metro cúbico (m^3), que é a unidade correspondente do sistema técnico. Como, entretanto, as equações termodinâmicas são sempre relacionadas à unidade de peso do sistema, adota-se, para efeito de cálculo, o volume específico (v), dado em m^3/kgf. O inverso do volume específico é o peso específico (γ), dado em kgf/m^3.

Assim, chamando de G o peso do sistema, podemos escrever:

$$= \frac{V}{G} = \frac{1}{\gamma}$$

As grandezas do estado podem ser classificadas em extensivas e intensivas. As intensivas dependem unicamente do estado do sistema, enquanto que as extensivas dependem não só do estado do sistema, mas também de sua massa.

Assim, a temperatura e a pressão são grandezas intensivas, enquanto que o volume é uma grandeza de estado extensiva.

Quando as grandezas extensivas se referem à unidade de massa ou de peso do sistema, tomam o nome de específicas. Assim, o volume da unidade de peso (volume específico) é uma grandeza específica.

As grandezas específicas, assim como as grandezas intensivas, só dependem do estado do sistema, podendo ser classificadas entre estas últimas.

1-1-9. Equação de estado

O estado de um sistema homogêneo pode ser definido, desde que conhecida sua composição (equilíbrio químico), por duas das três grandezas de estado estudadas: p, t e v.

De fato, essas três grandezas, conforme veremos com detalhe, não são independentes entre si, isto é, elas verificam, para qualquer estado, uma equação do tipo

$$F(p, v, t) = 0,$$

característica para cada sistema, que toma o nome de equação geral dos estados físicos do sistema considerado.

Em vista de tal dependência, conhecidas duas dessas grandezas, podemos determinar a terceira. Isto é, o estado de um sistema homogêneo, de composição química definida, pode ser caracterizado por apenas duas das três grandezas de estado citadas (equilíbrio, térmico e mecânico).

No decorrer de nosso curso, estudaremos novas grandezas de estado, algumas passíveis de serem tomadas como variáveis puramente arbitrárias (como a entropia) e outras funções de uma ou duas das grandezas de estado já estudadas (como a energia interna), que, escolhidas apropriadamente duas a duas, tornam possível a determinação do estado de um sistema, de diversas maneiras.

1-1-10. Transformações

Dá-se o nome de transformação de um sistema a toda e qualquer mudança de estado termodinâmico sofrida pelo mesmo. Assim, dizemos que um sistema sofre uma transformação quando o mesmo apresenta uma variação em sua composição (transformação química), sua temperatura, sua pressão ou em seu volume (transformação física).

As transformações podem ser classificadas em abertas ou fechadas e reversíveis ou irreversíveis.

Abertas ou fechadas

Diz-se que a transformação sofrida por um sistema é fechada quando o estado final apresentado pelo mesmo é idêntico ao estado inicial, isto é, ao final da evolução, o sistema apresenta composição química e grandezas de estado iguais às que possuía antes de ter início a transformação. Caso contrário, a transformação será aberta. A transformação fechada também recebe o nome de cíclica.

Reversíveis ou irreversíveis

Diz-se que uma transformação é reversível quando pode ocorrer indistintamente nos dois sentidos. Caso contrário, a transformação será irreversível. Conforme veremos, a reversibilidade de uma transformação implica em uma série de condições de equilíbrio, condições essas que a tornam irrealizável na prática.

Como o estado termodinâmico de um sistema fica definido por duas de suas grandezas de estado, podemos representá-lo graficamente, num plano, de três maneiras distintas, tomando como coordenadas, duas a duas, as três grandezas de estado até agora estudadas.

A representação mais usada é a de Clapeyron, que adota como ordenadas as pressões e como abscissas os volumes. Além dessa, empregam-se, na prática, outros tipos de representações que adotam como coordenadas grandezas de estado que oportunamente estudaremos.

Como uma transformação é a passagem de um sistema por uma série de estudos diferentes, a representação gráfica da mesma será a linha que une os pontos representativos dos diversos estados apresentados pelo mesmo.

No estudo das transformações termodinâmicas, podemos citar casos particulares que, do ponto de vista formal, assumem importância fundamental. Assim, podemos relacionar as transformações tal como segue.

Isométricas

São as transformações nas quais o volume do sistema se mantém constante.

Isobáricas

Nas transformações isobáricas, a pressão do sistema se mantém constante.

Termodinâmica

Isotérmicas

São aquelas em que a temperatura do sistema se mantém constante.

Adiabáticas

Caracterizam-se por não efetuarem trocas térmicas com o meio exterior. Na prática, essas transformações se verificam em recipientes isolados termicamente, ou, ainda, quando, em vista da rapidez da transformação, as trocas térmicas tornam-se desprezíveis.

Politrópicas

Essas transformações se caracterizam unicamente por apresentarem um calor específico que, durante a evolução, mantém-se constante, isto é,

$$C = \frac{dQ}{dt} = \text{constante}.$$

Conforme veremos, trata-se de todas as transformações citadas anteriormente, que são casos particulares destas, além de um sem-número de outras que constituem, na prática, as verdadeiras transformações reais.

1-1-11. Capacidade térmica — calor específico

Capacidade térmica de um sistema é a grandeza extensiva que expressa a quantidade de calor necessária para elevar em 1 °C a temperatura do mesmo. A capacidade térmica depende da massa do sistema, e, relacionada à unidade de peso do sistema, é uma grandeza específica que toma o nome de *calor específico* (C). O calor específico, ou capacidade térmica específica, tem para unidade técnica kcal/kgf °C.

Quando varia a temperatura de um sistema, o mesmo sofre variações de estado, efetuando uma transformação qualquer.

A relação entre a quantidade de calor que entra em jogo durante a transformação e a variação de temperatura sofrida pelo sistema durante a mesma é o calor específico do sistema, correspondente à transformação considerada.

Podemos, assim, conceber uma série de calores específicos de transformações. Na prática, dois são particularmente importantes:

o calor específico a volume constante (C_v), que é o calor despendido, por kgf de fluido, para elevar a temperatura do mesmo em 1 °C, conservando-se constante seu volume; e

o calor específico a pressão constante (C_p), que é o calor despendido, por kgf de fluido, para elevar a temperatura do mesmo em 1 °C, conservando-se constante sua pressão.

A quantidade de calor despendida no segundo caso é maior do que no primeiro, pois, além de elevarmos a temperatura do fluido, efetuamos uma expansão do mesmo, a qual consome energia, pois realiza o trabalho de vencer a pressão exterior.

1-2. Primeiro princípio da Termodinâmica

1-2-1. Enunciado

A Termodinâmica estuda as transformações da energia e, em particular, a transformação do calor em trabalho mecânico. Deve-se ao gênio francês Sadi Carnot (1824) o primeiro passo no sentido de estabelecer as bases qualitativas dessas transformações. Infelizmente, os resultados de suas pesquisas só foram conhecidos em 1878, quando vieram a público os seus manuscritos. Coube, assim, ao médico alemão Robert Mayer (1824) a glória de verificar pela primeira vez a natureza energética do calor, determinando seu equivalente mecânico (A).

A partir daí, tornou-se possível o enunciado do chamado *princípio da equivalência*, ou *primeiro princípio da Termodinâmica*, que, em sua forma mais simples, tem por expressão:

"Quando um sistema sofre uma série de transformações, de tal forma que o estado final é igual ao inicial, há equivalência entre o calor (Q) que entra em jogo e o trabalho mecânico (L) realizado pelo mesmo:

$$Q = AL,$$

desde que sejam adotadas certas convenções de sinais para o calor e o trabalho".

Assim, consideramos como positivas as quantidades de calor recebidas pelo sistema e negativas as fornecidas pelo mesmo. Por outro lado, são considerados positivos os trabalhos obtidos à custa do sistema e negativos aqueles executados contra o mesmo.

Assim, se o sistema ganha calor (positivo), desenvolve, em troca, trabalho mecânico (positivo) e se, ao contrário, perde calor (negativo), devemos, em troca, executar trabalho (negativo) para que haja possibilidade de completar-se o ciclo de transformações e o sistema apresentar um estado final igual ao inicial.

A relação de equivalência entre calor e trabalho dada pelo valor invariável A recebe o nome de *equivalente calorífico* do trabalho mecânico, e foi determinada inicialmente por R. Mayer, a partir da equação que leva seu nome.

Em 1843, Joule comprovou experimentalmente essa relação. Entretanto, embora Joule, em suas experiências, tenha obtido inicialmente para A um valor de 1/425, isto é,

$$1 \text{ kgfm} = \frac{1}{425} \text{ kcal,}$$

admite-se, modernamente, como valor mais correto, 1/426,939.

Adotando-se tanto para o trabalho mecânico como para a quantidade de calor a unidade joule, o valor de A torna-se unitário, isto é:

$$AL \text{ kgfm} = Q \text{ kcal,}$$

$$\frac{L}{9,80665 \cdot 426,939} \text{ J} \equiv \frac{Q}{4186,8} \text{ J,}$$

$$L \equiv Q.$$

A extensão do primeiro princípio da Termodinâmica a outros fenômenos naturais, como os fenômenos químicos e biológicos, conduziu Mayer e Helmholtz a generalizarem o princípio da equivalência, enunciando o *princípio da conservação da energia*, o qual exprime que não se perde nem se ganha energia, podendo-se apenas variar sua forma.

Tal princípio estabelece a impossibilidade de se criar a energia do nada (*ex nihilo nihil*) ("do nada não nasce nada"), ou seja, a impossibilidade da existência de um mecanismo que possa manter-se permanentemente em movimento, vencendo o próprio atrito, sem um impulso externo (moto-contínuo de primeira espécie).

Atualmente essa generalização tornou-se mais absoluta com o desenvolvimento das teorias da física moderna, estendendo-se o princípio da conservação da energia também às reações nucleares.

Absorveu, assim, o princípio da conservação da energia, o princípio da conservação da massa de Lavoisier, perdendo a matéria as características de substância em favor da energia, que passou a ser, aparentemente pelo menos, o substrato do universo.

O trabalho (L) que aparece na expressão da equivalência enunciada é o trabalho mecânico absoluto executado pelo sistema e pode ser avaliado pela soma dos produtos das forças exercidas pela projeção dos caminhos percorridos por seus pontos de aplicação na direção das mesmas isto é:

$$dL = df \cdot dl = p \cdot ds \cdot dl = p \cdot dU.$$

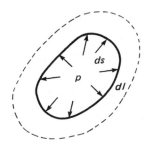

Figura 1-2

Ou, ainda, caso consideremos um sistema de peso unitário:

$$\boxed{dL = p \cdot dv}$$

À pressão p do sistema em expansão se opõe a pressão do meio externo, a qual pode ser igual ou menor do que a primeira.

No primeiro caso, todo trabalho executado pelo sistema é realizado externamente. No segundo caso, verificam-se quebras de equilíbrio mecânico, causa de atritos, e o trabalho mecânico absoluto realizado externamente (L_e) é menor do que aquele executado pelo sistema. A diferença que se verifica corresponde a um trabalho de atrito (L_r) necessário para vencer as resistências passivas, de tal forma que podemos escrever:

$$L_e = L - L_r.$$

Assim, todo trabalho de expansão que, executado pelo sistema, não é realizado externamente, transforma-se pelo atrito em calor (veja experiência de Joule).

O trabalho de atrito executado pelo sistema não é de todo perdido, pois retorna ao sistema em forma de calor (Q_r), que chamaremos igualmente de atrito. Por convenção, o calor de atrito é ganho pelo sistema e, portanto, tanto este como o seu equivalente trabalho de atrito são considerados como parcelas positivas.

No estudo das máquinas térmicas e, de uma maneira geral, de todos aqueles dispositivos que funcionam com fluidos a fluxo contínuo, não nos interessa particularmente o trabalho absoluto de expansão ou compressão do sistema, mas sim o trabalho mecânico utilizável (L_u), que entra em jogo pela passagem do mesmo pelos referidos dispositivos.

Assim, a fim de ocupar no dispositivo mecânico um volume v_1 a uma pressão p_1, o sistema desenvolve um trabalho (positivo) isobárico $p_1 v_1$, enquanto que, para abandoná-lo depois de uma compressão ou expansão na qual o sistema assume um volume v_2 a uma pressão p_2, o mesmo consome um trabalho (negativo) isobárico $p_2 v_2$.

O trabalho utilizável nessas condições nos será dado pelo trabalho absoluto adicionado das parcelas correspondentes aos trabalhos necessários à circuitação do sistema, isto é,

$$L_u = L + p_1 v_1 - p_2 v_2,$$

ou seja,

$$L_u = L - (p_2 v_2 - p_1 v_1).$$

A parcela entre parênteses corresponde a um trabalho "não-utilizável" (L_i), que serve unicamente para vencer a pressão exercida sobre o próprio sistema, a ser descontado do trabalho absoluto. Essa parcela, dita trabalho de contrapressão, tem, portanto, por expressão

$$L_i = p_2 v_2 - p_1 v_1.$$

Ou, ainda, em sua forma infinitesimal,

$$dL_i = d(pV).$$

E, em se tratando de um sistema de peso unitário,

$$\boxed{dL_i = d(pv)}$$

Nessas condições, o trabalho mecânico utilizável, em sua forma elementar (dL_u), nos será dado, para um sistema em repouso, por

$$\boxed{dL_u = dL - dL_i = p\,dv - d(pv) = -v\,dp}$$

O trabalho mecânico utilizável, por sua vez, pode ser aquele realizado por corpos estranhos ao sistema (máquinas), caso em que designaremos de trabalho

mecânico utilizável externo (L_m), ou aquele consumido em forma de atrito, de modo que podemos escrever:
$$L_u = L_m + L_r.$$
Ou, ainda, de uma maneira geral,
$$L = L_e + L_r = L_i + L_m + L_r = L_i + L_u,$$
onde, recapitulando, podemos relacionar:

L = trabalho mecânico absoluto, que entra em jogo com o sistema, positivo ou negativo;

L_r = trabalho de atrito, sempre positivo;

L_i = trabalho não-utilizável de contrapressão, despendido contra a pressão exercida sobre o próprio sistema, quando em fluxo contínuo;

$L_e = L - L_r$ = trabalho mecânico absoluto externo que entra em jogo com o exterior, positivo ou negativo;

$L_u = L - L_i$ = trabalho mecânico utilizável que entra em jogo com o sistema quando em fluxo contínuo, positivo ou negativo;

$L_m = L_u - L_r$ = trabalho mecânico utilizável, externo, que entra em jogo com corpos estranhos ao sistema (máquinas), quando o sistema flui pelos mesmos continuamente, positivo ou negativo.

A quantidade de calor que aparece na expressão da equivalência enunciada, na sua concepção mais geral, pode ser de duas naturezas:
$$Q = Q_e + Q',$$
onde

Q_e = calor que entra em jogo na transmissão entre o sistema e o meio externo, o qual, por convenção, pode ser tanto positivo como negativo;

Q' = calor que se produz no interior do próprio sistema (calor não-compensado, devido a fenômenos irreversíveis), o qual, considerado como absorvido pelo mesmo, será sempre parcela positiva.

Nessa parcela podemos enquadrar o calor devido aos atritos mecânicos, à viscosidade, às reações químicas, à termodifusão, à osmose, à condutibilidade elétrica, às reações atômicas e nucleares, etc.

Para o estudo a que nos propomos, entretanto (Termodinâmica aplicada às estruturas mecânicas industriais), considerando simplesmente as reações exotérmicas de combustão que se verificam nos sistemas em evolução, oriundas de fontes externas (já que, na maior parte dos casos, as mudanças de composição química não interessam à análise dos problemas termodinâmicos), a parcela de calor não-compensado se reduz àquela correspondente aos atritos (Q_r), de modo que podemos escrever, para um ciclo de transformações quaisquer:

$$\boxed{Q = Q_e + Q_r = Al = AL_e + AL_r}$$

Ou, ainda, lembrando a igualdade entre o trabalho de atrito (AL_r) e o calor produzido pelo mesmo (Q_r):

$$\boxed{Q_e = AL_e}$$

Desse modo, podemos igualmente enunciar que, quando um sistema sofre uma série de transformações, de tal forma que o estado final é igual ao inicial, há equivalência entre o calor trocado (Q_e) entre o mesmo e o meio externo e o trabalho mecânico realizado externamente (L_e).

As expressões da equivalência entre trabalho mecânico e calor estudadas são válidas somente para o caso de transformações fechadas. Quando a evolução seguida não é cíclica, isto é, quando o estado final não é igual ao inicial, o trabalho mecânico realizado não será mais equivalente ao calor que entra em jogo com o sistema.

A diferença entre as trocas de energia efetuadas com o sistema, sob as formas de calor e de trabalho mecânico, durante a transformação, contribuem para modificar a energia (E) apresentada pelo próprio sistema. Nessas condições, para uma transformação elementar, podemos escrever:

$$dQ - A\,dL = dE.$$

A energia (E) apresentada pelo sistema pode ser de natureza interna (potencial ou cinética) e mecânica (potencial ou cinética), de modo que podemos relacioná-las tal como segue.

Energia interna potencial (U_p)

É a energia apresentada pelo sistema em vista de seu estado de tensão, provocado pela coesão molecular, a qual aumenta com o aumento de volume do mesmo.

Para os gases perfeitos, conforme veremos, a variação da energia interna potencial é desprezível.

Energia interna cinética (U_t)

É a energia cinética das moléculas, a qual, de acordo com a interpretação cinética da natureza do calor, nos proporciona a sensação de temperatura.

Assim, a energia interna total de um sistema, soma das duas parcelas analisadas, é uma função do volume e da temperatura do mesmo:

$$U = U_p + U_t = f(v, t).$$

Energia mecânica potencial

É a energia apresentada pelo sistema, devido à posição ocupada no campo gravitacional, a qual, como sabemos, é igual ao produto da altura (h), tomada em relação a um nível de referência, pelo peso (G) do mesmo.

Ou, ainda, em quilocalorias por unidade de peso do sistema Ah.

Energia mecânica cinética

É a energia apresentada pelo sistema, em vista de seu movimento relativo, de velocidade c, de expressão já conhecida:

$$\frac{Mc^2}{2} = \frac{Gc^2}{2g}.$$

E, igualmente em quilocalorias por unidade de peso do sistema,

$$A \frac{c^2}{2g}$$

Assim, adotando as unidades de quantidade de calor e considerando variações elementares das parcelas de energia estudadas, relativas à unidade de peso do sistema, teremos

$$dE = dU + A\,dh + A\,d(\frac{c^2}{2g}),$$

donde a expressão geral do primeiro princípio da termodinâmica, aplicável a uma transformação qualquer:

$$\boxed{dQ = dU + A\,dh + A\,d(\frac{c^2}{2g}) + A\,dL}.$$

Para o caso de um sistema em repouso externo, isto é, para

$$c = 0$$

e

$$h = \text{constante},$$

a expressão anterior toma a forma bastante conhecida

$$\boxed{dQ = dU + A\,dL = dU + Ap\,dv},$$

ou, ainda, fazendo

$$A\,dL = Ap\,dv = Ad\,(pv) - Av\,dp = A\,dL_i + A\,dL_m + A\,dL_r,$$
$$dQ = dQ_e + dQ_r,$$

$$\boxed{dQ_e + dQ_r = dU + A\,d(pv) - Av\,dp = dU + A\,dL_i + A\,dL_m + A\,dL_r,}$$

onde

$$dH = dU + A\,d(pv) = dU + A\,dL_i$$

toma o nome de *entalpia*, função potencial que na Termodinâmica assume grande importância pelos significados físicos que encerra:

$$dH = dQ + Av\,dp, \qquad (a)$$
$$dH = dQ_e - A\,dL_m, \qquad (b)$$

isto é:

a) a entalpia é igual à quantidade de calor que entra em jogo numa transformação isobárica [veja a equação (a)];

b) a entalpia é igual ao trabalho mecânico utilizado externamente com o sinal trocado, numa transformação adiabática, haja ou não atrito [veja a equação (b)].

1-3. Segundo princípio da Termodinâmica

1-3-1. Enunciado

O primeiro princípio da Termodinâmica estabelece a equivalência entre o calor e o trabalho que entram em jogo com um sistema que evolui de estado, efetuando uma transformação fechada, sem questionar se tal transformação é ou não possível.

Assim, por exemplo, se é possível, por meio do atrito (experiência de Joule), transformar 427 kgfm de energia mecânica em 1 kcal, o mesmo não podemos dizer da operação inversa, isto é, o primeiro princípio da Termodinâmica, que nos mostra ser impossível obter trabalho mecânico sem uma outra fonte de energia — que, no caso, seria o calor —, é de natureza puramente quantitativa.

O segundo princípio da Termodinâmica, por sua vez, estuda o sentido e a possibilidade das transformações termodinâmicas, sendo, portanto, de natureza qualitativa. Esse princípio foi estabelecido inicialmente a partir dos estudos de Carnot sobre o rendimento das máquinas térmicas, cabendo posteriormente a Clausius o mérito de conciliar esses estudos com o princípio da equivalência, dando expressão analítica ao segundo princípio da Termodinâmica (Fig. 1-3).

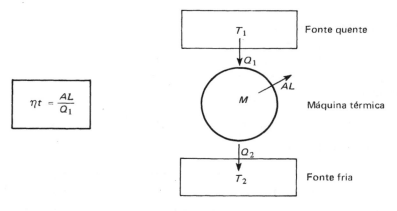

Figura 1-3

O primeiro, baseado na idéia errônea de que o calor era um fluido imponderável, o "calórico", verificou que, para se obter trabalho mecânico à custa de calor, são necessárias duas fontes de calor a temperaturas diferentes, tendo chegado à conclusão de que o rendimento térmico, por ele denominado "potência motriz do calor", de uma máquina ideal (que funciona segundo o ciclo de Carnot) é independente do fluido em evolução e da natureza da própria máquina, dependendo unicamente das temperaturas das duas fontes. Isto é:

$$\eta_{\text{Carnot}} = 1 - \frac{T_2}{T_1}.$$

Após os trabalhos de R. Mayer, pôde Clausius dar interpretação mais correta às observações de Carnot, estabelecendo que a quantidade de calor cedida pela

Termodinâmica

fonte quente deve ser superior à recebida pela fonte fria, sendo a diferença entre as quantidades de calor citadas a energia calorífica que se converte em trabalho mecânico, ou seja:

$$Q_1 - Q_2 = AL,$$

de modo que, de acordo com a expressão geral de rendimento de uma máquina térmica

$$\eta_t = \frac{AL}{Q_1},$$

teríamos:

$$\eta_t = \frac{Q_1 - Q_2}{Q_1} = 1 - \frac{Q_2}{Q_1}$$

e, para o caso de uma máquina ideal,

$$\eta_{Carnot} = 1 - \frac{Q_2}{Q_1} = 1 - \frac{T_2}{T_1},$$

isto é,

$$\boxed{\frac{Q_2}{Q_1} = \frac{T_2}{T_1}}$$ (primeiro teorema de Clausius).

Naturalmente o rendimento térmico das máquinas reais são inferiores ao das ideais, de modo que podemos escrever:

$$\eta_{t\,real} = 1 - \frac{Q_2}{Q_1} < \eta_{Carnot} = 1 - \frac{T_2}{T_1},$$

isto é,

$$\boxed{\frac{Q_2}{Q_1} > \frac{T_2}{T_1}}$$ (segundo teorema de Clausius).

Na prática, a determinação de rendimento térmico real pode ser feita a partir do rendimento de Carnot, caracterizando-se, para o ciclo não-reversível, um rendimento em relação ao reversível, dito rendimento do ciclo, isto é:

$$\eta_{t\,real} = \eta_{ciclo}\left(1 - \frac{T_2}{T_1}\right).$$

Essas conclusões podem ser enunciadas de diversas maneiras, todas elas equivalentes entre si:

• não se pode obter continuamente trabalho à custa de uma única fonte de calor (este enunciado, devido a Ostwald, estabelece a impossibilidade do chamado moto-contínuo de segunda espécie);

• o calor não pode passar por si mesmo de uma fonte fria para uma fonte quente (postulado de Clausius);

• o rendimento de uma máquina térmica reversível M não pode ser inferior ao de outra M', reversível ou não, que funcione entre os mesmos limites T_1 e T_2 de temperaturas;

• o rendimento das máquinas térmicas reversíveis que funcionam entre os mesmos limites de temperatura é o mesmo, independentemente dos fluidos que entram em evolução.

1-3-2. Bomba de calor

Uma máquina térmica que funciona entre uma fonte quente e uma fonte fria tanto pode transformar a diferença de calores trocados $(Q_1 - Q_2)$ em trabalho mecânico (ciclo direto) como aproveitar trabalho mecânico para efetuar a operação inversa, isto é, retirar calor da fonte fria e transferi-lo para a fonte quente (ciclo reverso — máquina frigorífica ou bomba de calor).

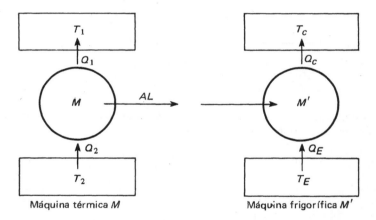

Figura 1-4

Assim, imaginando uma máquina térmica funcionando em ciclo direto que aciona uma máquina térmica funcionando em ciclo reverso, como esquematizado na fig. 1-4, podemos escrever que:

a eficiência em relação à produção de trabalho mecânico da máquina M nos será dada por

$$\eta_{t_m} = \frac{AL}{Q_1} = 1 - \frac{Q_2}{Q_1} = \eta_c\left(1 - \frac{T_2}{T_1}\right);$$

enquanto que a eficiência em relação à produção de calor da máquina frigorífica M' nos será dada por

$$\xi_{M'} = \frac{Q_c}{AL} = \frac{Q_c}{Q_c - Q_e} = \eta_{C'}\left(\frac{T_c}{T_c - T_e}\right).$$

Termodinâmica **19**

E, podendo concluir que o calor final (Q_c) da instalação em estudo pode ser produzido vantajosamente, tanto por meio do trabalho mecânico de compressão (bomba de calor),

$$Q_c = AL\, \eta_{c'} \left(\frac{T_c}{T_c - T_e} \right) \;;$$

como a partir do calor inicial (Q_1),

$$AL = Q_1 \eta_c \left(1 - \frac{T_2}{T_1} \right),$$

então

$$Q_c = Q_1 \eta_c \left(1 - \frac{T_2}{T_1} \right) \eta_{c'} \left(\frac{T_c}{T_c - T_e} \right).$$

Assim, considerando para as máquinas citadas

$t_1 = 600\,°C \qquad T_c = 50\,°C$
$t_2 = 20\,°C \qquad T_e = 10\,°C$
$\eta_c = 0{,}7 \qquad \eta_{c'} = 0{,}85,$

obteremos:

$$Q_c = 2{,}79\, Q_1 = 6AL.$$

É interessante lembrar que a quantidade de calor obtida será tanto maior quanto menor for a temperatura final atingida e quanto maior for a temperatura inicial disponível na fonte fria, pois elas é que determinam, basicamente, a eficiência tanto do ciclo direto como do reverso.

Assim, para o aquecimento a baixos níveis de temperatura, como acontece nas habitações, piscinas, etc., esse procedimento se constitui em opção de elevada economia energética.

1-4. Gases

1-4-1. Gases perfeitos

Denominam-se gases perfeitos, os gases que seguem com exatidão as leis de Boyle-Mariotte e Gay-Lussac. Na prática, embora se verifique que os gases reais não obedecem com exatidão às leis estabelecidas para os gases perfeitos, dentro das aplicações técnicas usuais, em que os gases se acham bastante afastados do estado líquido, a aproximação que se obtém com o emprego das equações que deduziremos nesta seção é satisfatória.

1-4-2. Lei de Boyle-Mariotte

Essa lei, enunciada pelo físico inglês Robert Boyle (1661) e comprovada experimentalmente pelo físico francês Edmund Mariotte (1676), estabelece que "os volumes ocupados pelos gases, a uma mesma temperatura, são inversamente proporcionais às pressões que suportam".

Assim, considerando-se, ao longo de uma isotérmica, dois estados quaisquer, podemos escrever:

$$\frac{V_1}{V_2} = \frac{p_2}{p_1},$$

ou, ainda, por unidade de peso do sistema, lembrando que o volume específico é dado por

$$v = \frac{V}{G},$$

$$\frac{v_1}{v_2} = \frac{p_2}{p_1}, (p_1 v_1 = p_2 v_2).$$

E, de um modo geral,

$$(pv) = \text{constante}.$$

1-4-3. Leis de Gay-Lussac

Essas leis, também chamadas de leis de Charles Gay-Lussac, dizem respeito às transformações a pressão e volume constantes dos gases e estabelecem que: "os coeficientes de dilatação (β) e os coeficientes de tensão (α) dos gases são constantes", isto é,

$$\beta = \frac{1}{v} \left(\frac{\partial v}{\partial t}\right)_p = \frac{1}{v} \left(\frac{\partial v}{\partial t}\right)_p = \text{constante},$$

$$\alpha = \frac{1}{p} \left(\frac{\partial p}{\partial t}\right)_v = \text{constante}.$$

Os valores de α e β foram determinados experimentalmente para diversos gases, tendo-se obtido

$$\alpha = \beta = 0{,}0036617 = \frac{1}{273{,}15} \cong \frac{1}{273}.$$

Nessas condições, a expressão do coeficiente de dilatação nos permite escrever

$$dv = v\beta \, dt,$$
$$v + dv = v + v\beta \, dt = v(1 + \beta \, dt).$$

O volume v_1 de um gás a uma temperatura t_1 pode ser calculado em função de seu volume v_0 à temperatura de 0°C, isto é,

$$v_1 = v_0 + \Delta v = v_0(1 + \beta t_1).$$

Termodinâmica

Igualmente, para uma temperatura t_2,

$$v_2 = v_0(1 + \beta t_2).$$

Relacionando essas expressões, podemos tirar

$$\frac{v_1}{v_2} = \frac{1 + \beta t_1}{1 + \beta t} = \frac{1 + (t_1/273)}{1 + (t_2/273)} = \frac{t_1 + 273}{t_2 + 273}.$$

E, chamando

$$t + 273 = T,$$

a já aludida temperatura absoluta, que avaliaremos em temperatura kelvin, concluímos que

$$\frac{v_1}{v_2} = \frac{T_1}{T_2},$$

isto é: "os volumes específicos ocupados pelos gases a uma mesma pressão são diretamente proporcionais a suas temperaturas absolutas".

Por outro lado, a expressão do coeficiente de tensão nos fornece

$$dp = p\beta\, dt,$$
$$p + dp = p + p\beta\, dt = p(1 + \beta\, dt),$$

donde, de forma análoga à anterior, podemos concluir que

$$\frac{p_1}{p_2} = \frac{1 + \beta t_1}{1 + \beta t_2} = \frac{1 + (t_1/273)}{1 + (t_2/273)} = \frac{t_1 + 273}{t_2 + 273} = \frac{T_1}{T_2},$$

isto é: "as pressões suportadas pelos gases que ocupam um mesmo volume específico são diretamente proporcionais a suas temperaturas absolutas".

As leis de Gay-Lussac nos permitem estabelecer uma concepção simples para o zero absoluto, que é a de uma temperatura ($t = -273,15\,°C$) na qual o volume dos gases que evoluem à pressão constante e a pressão dos gases que evoluem a volume constante se anulam.

1-4-4. Equação geral de estado dos gases perfeitos

As leis anteriormente estudadas permitem-nos determinar a equação de estado dos gases perfeitos, que relaciona as grandezas p, v e T:

$$F(p, v, T) = 0.$$

Assim, se, a partir das condições iniciais p_1, v_1 e T_1, aquecermos um gás até uma temperatura T_2 conservando constante a sua pressão, o volume v' apresentado pelo mesmo, de acordo com a lei de Gay-Lussac, será dado por

$$v' = v_1 \frac{T_2}{T_1}.$$

Fazendo, a seguir, variar a sua pressão para p_2, e conservando a temperatura T_2 constante, obtemos, de acordo com a lei de Boyle-Mariotte, o volume final:

$$v_2 = v' \frac{p_1}{p_2} = v_1 \frac{T_2}{T_1} \frac{p_1}{p_2},$$

isto é,

$$\frac{p_1 v_1}{T_1} = \frac{p_2 v_2}{T_2},$$

ou, ainda, de um modo geral,

$$\frac{pv}{T} = \text{constante}.$$

A relação constante entre o produto da pressão pelo volume específico de um gás e a sua temperatura absoluta recebe o nome de constante do gás considerado, e é designada usualmente por R. Daí a equação

$$pv = RT,$$

que toma o nome de *equação geral de estado dos gases perfeitos*.

Lembrando, por outro lado, que

$$v = \frac{1}{\gamma} = \frac{V}{G},$$

podemos ainda escrever as equações equivalentes

e

$$p = \gamma RT$$
$$pv = GRT.$$

A constante R de um gás pode ser calculada a partir da expressão

$$R = \frac{p \cdot v}{GT} = \frac{p}{\gamma T},$$

onde os valores tomados para as grandezas p, γ e T devem ser aqueles que verifiquem simultaneamente um estado qualquer do sistema.

Adotando-se para unidades as do sistema técnico já apontado, fácil é notar que a constante R nos será dada em m/K. Assim, para o ar, que nas condições ditas normais,

$$t_0 = 0\,°C - T_0 = 273\,K,$$
$$p_0 = 10\,332\,\frac{kgf}{m^2},$$

tem um peso por unidade de volume

$$\gamma_0 = 1{,}293\,\frac{kgf}{m^3},$$

podemos calcular

$$R = \frac{p}{\gamma T} = \frac{p_0}{\gamma_0 T_0} = \frac{10\,332\,kgf/m^2}{1{,}293\,kgf/m^3 \cdot 273\,K} = 29{,}27\,m/K.$$

Os valores de R para os gases mais importantes sob o ponto de vista da matéria em estudo estão registrados na Tab. 1-1.

Tabela 1-1

Gás	Símbolo	Peso molecular m	Peso específico, γ_0 (kgf/m³, a 0 °C e 760 mm Hg)	Constante do gás R	C_p (0 °C e 760 mm Hg)	C_v	$k = C_p/C_v$
Hélio	He	4,00	0,1785	212,00	1,251	0,755	1,660
Argônio	Ar	39,94	1,7820	21,26	0,127	0,077	1,660
Ar	—	(28,96)	1,2928	29,27	0,241	0,172	1,400
Oxigênio	O_2	32,00	1,4289	26,50	0,218	0,156	1,400
Nitrogênio	N_2	28,016	1,2505	30,26	0,250	0,178	1,400
Hidrogênio	H_2	2,016	0,0899	420,60	3,408	2,420	1,407
Óxido nítrico	NO	30,008	1,3420	28,26	0,241	0,175	1,380
Óxido de carbono	CO	28,00	1,2502	30,29	0,250	0,180	1,400
Ácido clorídrico	HCl	36,468	1,6391	23,25	0,191	0,136	1,400
Anidrido carbônico	CO_2	44,00	1,9768	19,27	0,202	0,156	1,300
Óxido nitroso	N_2O	44,016	1,9775	19,26	0,210	0,164	1,280
Anidrido sulfuroso	SO_2	64,07	2,9276	13,24	0,151	0,120	1,250
Amoníaco	NH_3	17,032	0,7709	49,79	0,530	0,410	1,290
Acetileno	C_2H_2	26,016	1,1709	32,59	0,402	0,323	1,240
Cloreto de metila	CH_3Cl	50,484	2,3084	16,80	(0,180)	(0,140)	1,280
Metano	CH_4	16,032	0,7168	52,90	0,531	0,406	1,310
Etileno	C_2H_4	28,032	1,2604	30,25	0,365	0,292	1,250
Etano	C_2H_6	30,048	1,3560	28,21	0,413	0,345	1,200

1-4-5. Constante geral dos gases

Como conseqüência das leis, das proporções múltiplas de Dalton e suas correspondentes leis volumétricas de Gay-Lussac, para as combinações dos gases, resulta a hipótese de Avogadro, segundo a qual: "todos os gases, sob as mesmas condições de pressão e de temperatura, apresentam, para volumes iguais, o mesmo número de moléculas".

Assim, para dois gases quaisquer, chamando de m_1 e m_2 seus respectivos pesos moleculares e de n o número de moles (com N moléculas cada um, sendo N o número de Avogadro) contido em um volume v sob condições bem determinadas de pressão e temperatura, podemos escrever

$$G_1 = nm_1 = \gamma_1 V = V/v_1$$
$$G_2 = nm_2 = \gamma_2 V = V/v_2.$$

Daí resulta

$$\frac{m_1}{m_2} = \frac{\gamma_1}{\gamma_2} = \frac{v_2}{v_1},$$

$$m_1 v_1 = m_2 v_2.$$

E, de um modo geral,

$$\frac{m}{\gamma} = mv = \text{constante} = v_m,$$

isto é: "os volumes correspondentes aos pesos moleculares para os diversos gases, nas mesmas condições de temperatura e pressão, são iguais e tomam o nome de volume molar".

Nas condições normais (0 °C e 760 mm Hg), para um peso molecular dado em kgf, o volume molar vale 22,4 m³. Substituindo esses valores na equação geral do estado dos gases perfeitos,

$$pV = GRT,$$

obtemos

$$10\,332\,\text{kgf/m}^2 \times 22{,}4\,\text{m}^3 = mR \times 273\,\text{K},$$

donde

$$mR = R_0 = \frac{10\,332 \times 22{,}4}{273} = 848\,\frac{\text{kgfm}}{\text{kmol K}},$$

valor constante que toma o nome de *constante geral dos gases*.

1-4-6. Calor específico dos gases

Ao contrário do que acontece com os corpos sólidos e líquidos, cujo aquecimento ou resfriamento é praticamente independente das condições externas, o calor específico dos corpos gasosos depende das condições de pressão e de volume em que se verificam as variações de temperatura.

Assim, na prática, são particularmente importantes os calores específicos a volume e a pressão constantes. Do ponto de vista de seus calores específicos, os gases podem ser divididos em três grupos: os gases monoatômicos, os gases biatômicos e os gases poliatômicos.

Para o primeiro e o segundo grupos, podemos formular uma lei geral de boa aproximação: "para o aquecimento de volumes iguais de gases que tenham o mesmo número de átomos, às mesmas condições de pressão e de temperatura, são necessárias quantidades de calor iguais."

Assim, a capacidade calorífica dos gases monoatômicos ou biatômicos, a volume constante ou a pressão constante, relativas a um metro cúbico e nas condições normais (calor específico volumétrico), são respectivamente iguais. Ou, ainda, lembrando que, nas condições normais (0 °C e 760 mm Hg), os pesos moleculares dos diversos gases ocupam um volume igual a 22,4 m^3, podemos dizer que os calores moleculares dos gases de mesmo número de átomos são iguais, isto é,

mC_v monoatômicos = constante;
mC_p monoatômicos = constante;
mC_v biatômicos = constante,
mC_p biatômicos = constante.

Assim, para os gases biatômicos, podem ser adotados como valores médios, a 0 °C,

$$mC_p = 6,86$$
$$mC_v = 4,88.$$

Recentes experiências têm demonstrado que os calores específicos de todos os gases, com exceção dos monoatômicos, crescem com a temperatura. Para os gases biatômicos, essa variação é praticamente linear e proporcional aos pesos moleculares dos diversos gases, podendo-se, de acordo com Langen, empregar as seguintes expressões:

$$mC_v = 4,88 + 0,00106t,$$
$$mC_p = 6,86 + 0,00106t.$$

A diferença entre os calores moleculares a pressão e volume constantes é, portanto, um valor fixo que, de acordo com estudo mais profundo das transformações dos gases, é, para todos, igual ao produto mAR, isto é,

$$mC_p - mC_v = mAR = \frac{848}{427} = 1,987.$$

A relação entre o calor específico a pressão constante e o calor específico a volume constante é designada usualmente pela letra k, e assume importância fundamental no estudo das transformações dos gases. O valor de k varia com a temperatura, podendo-se fazer, para os gases biatômicos,

$$k = \frac{C_p}{C_v} = \frac{mC_p}{mC_v} = \frac{mC_v + 1,987}{mC_v} = 1 + \frac{1,987}{4,88 + 0,00106t}.$$

Para temperaturas inferiores a 200 °C, entretanto, podemos tomar, com boa aproximação para os mesmos, um valor médio igual a 1,4.

As relações anteriores nos permitem calcular os calores específicos C_v e C_p dos gases a partir das suas grandezas características R e k. Assim, de

$$C_p - C_v = kC_v - C_v = AR,$$

podemos tirar

$$C_v = \frac{AR}{k-1},$$

e, igualmente,

$$C_p = kC_v = k\frac{AR}{k-1}.$$

A Tab. 1-1 nos dá os valores de C_p, C_v e k para os gases usuais, nas condições normais. Para o ar, a variação com a temperatura pode ser tomada como sendo

$$C_v = 0{,}171 + 0{,}0000366t,$$
$$C_p = 0{,}240 + 0{,}0000366t.$$

1-4-7. Aquecimento dos gases

A partir do calor específico de um gás, fácil se torna calcular a quantidade de calor necessária para aquecer (ou resfriar) um volume v do mesmo.

Assim, chamando de Δt a variação de temperatura durante o aquecimento ou esfriamento teremos:

a) para uma transformação a volume constante,

$$Q = V\gamma C_v \Delta t;$$

b) para uma transformação a pressão constante,

$$Q = V\gamma C_p \Delta t,$$

onde

Q = quantidade de calor em jogo, em kcal;
$G = V\gamma$ = peso do gás, em m³ × kgf/m³;
C_v, C_p = calor específico, em kcal/kgf°C;
Δt = diferença de temperatura em °C.

Na realidade, considerando que o calor específico varia linearmente com a temperatura, fazendo

$$C_p \text{ ou } C_v = at + b,$$

teremos:

$$dQ = G(at+b) = V\gamma(at+b)dt,$$

isto é, para um aquecimento finito entre as temperaturas t_1 e t_2,

$$Q = V\gamma\left[a\frac{t_1^2 - t_2^2}{2} + b(t_1 - t_2)\right],$$

$$Q = V\gamma(a\frac{t_1 + t_2}{2} + b)(t_1 - t_2),$$

onde

$$a(\frac{t_1 + t_2}{2}) + b$$

corresponde ao calor específico médio entre t_1 e t_2, isto é,

$$\frac{C_1 + C_2}{2} = \frac{at_1 + b + at_2 + b}{2} = a\left(\frac{t_1 + t_2}{2}\right) + b$$

Observação: para o aquecimento à temperatura ambiente, entretanto, é aceitável adotar-se como calor específico médio aquele correspondente a 20 °C.

1-4-8. Gases reais

Os gases reais não obedecem as leis de Boyle-Mariotte e Gay-Lussac, afastando-se delas tanto mais quanto menor o seu volume específico e, portanto, quanto maior a sua pressão e menor á sua temperatura.

Assim, a equação de estado físico deduzida para os gases perfeitos, que são puramente ideais, constitui apenas um caso-limite quando aplicada aos gases reais, para os quais se verifica que, em condições ordinárias.

$$pv \neq RT.$$

Tais observações foram comprovadas por diversos experimentadores, entre os quais podemos citar: Regnault (1847), Andrews (1869), Cailletet (1870), Amagat (1876), Kammerlingh Onnes (1900) entre outros.

Foram as experiências de Andrews sobre a compressão isotérmica do CO_2 que permitiram o estabelecimento de equações de estado físico mais exatas para os gases reais. Assim, de acordo com tais experiências, ao efetuar-se a compressão isotérmica de um gás, representada na Fig. 1-5 pela linha *ABCD*, inicialmente, a cada redução de volume, corresponde um aumento de pressão.

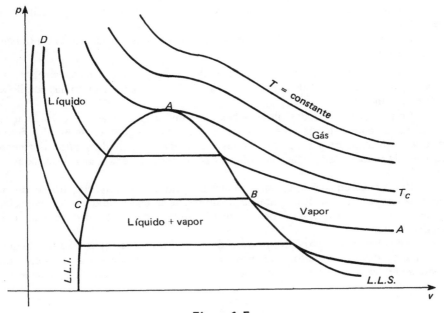

Figura 1-5

Entretanto, ao ser atingido o ponto B, novas reduções de volume verificam-se a pressão constante, isto é, o sistema torna-se univariante, indicando a passagem da fase gasosa para a fase líquida.

Finalmente, ao concluir-se a condensação, em C, novas reduções de volume se traduzem por fortes aumentos de pressão, o que assinala a pouca compressibilidade da fase atingida, que é a fase líquida.

Repetindo-se a experiência para várias temperaturas, verifica-se, ainda, que o lugar geométrico dos pontos B e C, característicos do início e do fim da condensação, são curvas que limitam a zona do plano de Clapeyron, onde podem coexistir as fases líquida e gasosa. Tais curvas são denominadas *curvas-limite superior* e *inferior*, respectivamente.

Ao se aumentar a temperatura de compressão, o segmento horizontal BC, que corresponde à condensação, vai diminuindo até que os pontos B e C coincidem. O ponto K de encontro das duas curvas-limite recebe o nome de ponto crítico, e é caracterizado pelo volume, pressão e temperatura ditos críticos, que são constantes para cada substância.

Comprimindo-se um gás a uma temperatura superior à correspondente a sua temperatura crítica, este não se liquefaz, seja qual for a pressão atingida. Acima do ponto crítico, as isotermas aproximam-se cada vez mais da hipérbole eqüilátera, como seriam as correspondentes a um gás perfeito. Fica, assim, o plano de Clapeyron dividido em quatro regiões distintas, de acordo com o comportamento termodinâmico do fluido por elas caracterizado:

região correspondente aos fluidos elásticos que, em vista de sua temperatura, não podem ser liquefeitos (gases), limitada pela isoterma crítica;

região correspondente aos fluidos elásticos que podem ser liquefeitos, limitada pela linha-limite superior e a isoterma crítica (vapores);

região correspondente à mistura de duas fases (líquido + vapor), limitada pelas linhas-limite;

região correspondente à fase líquida, limitada pela isoterma crítica e a linha-limite inferior.

Na realidade, um mesmo fluido pode se apresentar, sucessivamente, no estado gasoso, no estado de vapor ou no estado líquido, dependendo das condições a que está sujeito.

Como decorrência das observações experimentais estudadas e considerações relacionadas com a teoria cinética e molecular, várias equações de estado, de natureza empírica, foram propostas, todas elas tendendo a traduzir algebricamente as irregularidades assinaladas na compressão isotérmica dos gases reais, com relação aos ideais.

Entre essas equações, algumas válidas para vários gases, outras para um único, ou mesmo para condições limitadas de um determinado fluido, podemos citar a de Van der Waals, a de Wohl, a de Clausius, a de Beattie-Bridgeman, a de McLeod, etc.

Baseados, por outro lado, no fato de o produto pv só ser igual a RT quando se trata de um gás perfeito, podemos, para o caso de um gás real, adotando um coeficiente de correção (μ) para o segundo membro, estabelecer a igualdade

$$pv = \mu RT,$$

Termodinâmica

donde o conceito de volume real e volume ideal, correspondente ao comportamento dos gases como se verifica na realidade, ou como se verificaria caso fossem perfeitos:

$$v_{ideal} = \frac{RT}{p},$$

$$v_{real} = \mu \frac{RT}{p} = \mu v_{ideal}$$

O coeficiente de correção (μ) depende, naturalmente, do estado em que se situa o gás considerado, de modo que podemos fazer

$$\mu = f(p, T).$$

1-5. Mistura de gases

1-5-1. Generalidades

O estudo das misturas de gases se baseia nos seguintes princípios experimentais:

- "em uma mistura de gases, desde que não haja afinidade química entre os componentes, cada gás segue a própria equação de estado físico, independentemente da presença dos demais";

- "a pressão total (p) de uma mistura de gases é igual à soma das pressões parciais ($p_1, p_2, p_3, ...$) de seus componentes (lei de Dalton), isto é,

$$p = p_1 + p_2 + p_3 + ...,$$

entendendo-se por pressões parciais aquelas que se estabeleceriam caso isolássemos cada um dos componentes em volume e temperatura iguais aos da mistura";

- "em uma mistura de gases, a soma tanto dos pesos como dos volumes de seus componentes é igual, respectivamente, ao peso e ao volume da mistura".

1-5-2. Composições gravimétrica e volumétrica de uma mistura

Cada um dos componentes de uma mistura de gases pode ser dado em função de sua contribuição, em peso ou em volume, no conjunto.

Assim, chamando de $V_1, V_2, V_3, ...$ os volumes e $G_1, G_2, G_3, ...$, respectivamente, os pesos parciais dos componentes na mistura, de acordo com o enunciado, podemos escrever que

$$V = V_1 + V_2 + V_3 + ...,$$
$$G = G_1 + G_2 + G_3 + ...$$

E, igualmente,

$$\frac{V_1}{V} + \frac{V_2}{V} + \frac{V_3}{V} + ... = \theta_1 + \theta_2 + \theta_3 + ... = 1,$$

$$\frac{G_1}{G} + \frac{G_2}{G} + \frac{G_3}{G} + ... = g_1 + g_2 + g_3 + ... = 1,$$

onde $\theta_1, \theta_2, \theta_3, ...$ e $g_1, g_2, g_3, ...$ são as proporções, respectivamente, em volume (componentes volumétricos) e em peso (componentes gravimétricos) dos diversos constituintes da mistura.

Lembrando, por outro lado, que

$$G = \gamma V,$$

podemos calcular os componentes gravimétricos de uma mistura a partir de seus componentes volumétricos. Com efeito, sendo

$$g_1 = \frac{G_1}{G} = \frac{G_1}{G_1 + G_2 + G_3 + ...} = \frac{V_1 \gamma_1}{V_1 \gamma_1 + V_2 \gamma_2 + V_3 \gamma_3 + ...},$$

se dividirmos numerador e denominador por V, obteremos:

$$g_1 = \frac{\theta_1 \gamma_1}{\theta_1 \gamma_1 + \theta_2 \gamma_2 + \theta_3 \gamma_3 + ...};$$

$$g_2 = \frac{\theta_2 \gamma_2}{\theta_1 \gamma_1 + \theta_2 \gamma_2 + \theta_3 \gamma_3 + ...}.$$

Da mesma forma, fazendo

$$0_1 = \frac{V_1}{V} = \frac{V_1}{V_1 + V_2 + V_3 + ...} = \frac{G_1/\gamma_1}{G_1/\gamma_1 + G_2/\gamma_2 + G_3/\gamma_3 + ...},$$

e dividindo o numerador e o denominador por G, podemos calcular os componentes gravimétricos:

$$0_1 = \frac{g_1/\gamma_1}{g_1/\gamma_1 + g_2/\gamma_2 + g_3/\gamma_3 + ...};$$

$$0_2 = \frac{g_2/\gamma_1}{g_1/\gamma_1 + g_2/\gamma_2 + g_3/\gamma_3 + ...}.$$

1-5-3. Peso específico e peso molecular médio de uma mistura

De acordo com a definição de peso específico, podemos escrever

$$\gamma = \frac{G}{V} = \frac{G_1 + G_2 + G_3 + ...}{V} = \frac{V_1 \gamma_1 + V_2 \gamma_2 + V_3 \gamma_3 + ...}{V},$$

donde a expressão do peso específico de uma mistura dado em função do peso específico dos gases componentes,

$$\gamma = \theta_1 \gamma_1 + \theta_2 \gamma_2 + \theta_3 \gamma_3 + ... ,$$

Termodinâmica   31

Lembrando, por outro lado, que os volumes molares de todos os gases nas mesmas condições de temperatura e de pressão são iguais, isto é,

$$V_m = \frac{m}{\gamma} = \frac{m_1}{\gamma_1} = \frac{m_2}{\gamma_2} = \frac{m_3}{\gamma_3} = \ldots,$$

o produto da expressão pelo volume molar assim calculado fornece o peso molecular médio da mistura:

$$m = \theta_1 m_1 + \theta_2 m_2 + \theta_3 m_3 + \ldots$$

1-5-4. Pressões parciais e constantes de uma mistura

Suponhamos uma mistura de n gases, nas condições da Fig. 1-6. De acordo

Figura 1-6

com o segundo princípio apresentado na Sec. 1-5-1, as pressões parciais dos gases componentes da mistura considerada serão as que se estabelecem para as condições isoladas. E, como cada gás segue a própria equação de estado físico, independentemente dos demais componentes, podemos escrever para a mistura:

$$pV = GRT; \qquad (a)$$

Figura 1-7

para cada um dos componentes sujeitos à pressão total da mistura (Fig. 1-6):

$$\begin{aligned} pV_1 &= G_1 R_1 T, \\ pV_2 &= G_2 R_2 T, \\ pV_3 &= G_3 R_3 T, \\ &\text{etc.}; \end{aligned} \qquad (b)$$

para cada um dos componentes isolados, de acordo com a Fig. 1-7:

$$\begin{aligned} p_1 V &= G_1 R_1 T, \\ p_2 V &= G_2 R_2 T, \\ p_3 V &= G_3 R_3 T, \\ &\text{etc.} \end{aligned} \qquad (c)$$

Daí, relacionando as pressões parciais dadas pelas equações (c) com a pressão total dada pela equação (a), obtemos facilmente as expressões

$$\frac{p_1}{p} = \frac{G_1 R_1}{GR} = g_1 \frac{R_1}{R},$$

$$\frac{p_2}{p} = \frac{G_2 R_2}{GR} = g_2 \frac{R_2}{R},$$

etc.

Ou, ainda, identificando os primeiros membros das equações (b) e (c), cujos segundos membros são iguais,

$$pV_1 = p_1 V,$$
$$pV_2 = p_2 V,$$
$$pV_3 = p_3 V,$$
etc.,

obtemos igualmente,

$$\frac{p_1}{p} = \frac{V_1}{V} = \theta_1,$$

$$\frac{p_2}{p} = \frac{V_2}{V} = \theta_2,$$

etc.,

expressões que nos mostram serem as proporções das pressões parciais devidas aos diversos componentes da mistura iguais a suas respectivas proporções em volume.

Lembrando, por outro lado, que, segundo a lei de Dalton,

$$p = p_1 + p_2 + p_3 + ...,$$

as equações (a) e (c) nos permitem escrever que

$$\frac{GRT}{V} = \frac{G_1 R_1 T}{V} + \frac{G_2 R_2 T}{V} + \frac{G_3 R_3 T}{V} + ...;$$

isto é,

$$R = \frac{G_1 R_1 + G_2 R_2 + G_3 R_3 + ...}{G} = g_1 R_1 + g_2 R_2 + g_3 R_3 + ...,$$

expressão que nos fornece a constante de uma mistura de gases em função das constantes de seus componentes.

1-5-5. Calor específico de uma mistura

A capacidade calorífica de um corpo é igual à soma das capacidades de seus componentes, de modo que podemos escrever:

$$GC = G_1 C_1 + G_2 C_2 + G_3 C_3 + ...,$$

Termodinâmica

isto é,

$$C = g_1 C_1 + g_2 C_2 + g_3 C_3 + \dots$$

EXEMPLOS

1-1. Qual a constante específica de um gás considerado como perfeito, sabendo-se que, a 20 °C e 750 mm Hg, seu peso específico é de 1,2 kgf/m³?

$$p = \gamma RT,$$

$$R = \frac{p}{\gamma T},$$

$$p = 750 \text{ mm Hg} = \frac{750}{760} \, 10\,332 = 10\,160 \, \frac{\text{kgf}}{\text{m}^2},$$

$$T = 273 + 20 = 293 \text{ K},$$

$$R = \frac{p}{\gamma T} = \frac{10\,160}{1,2 \cdot 293} = 28,9 \, \frac{\text{m}}{\text{K}}.$$

1-2. Calcular a constante R e o peso específico a 0 °C e 760 mm Hg do O_2, sabendo que seu peso molecular é de 32 kgf.

$$R = \frac{848}{m} = \frac{848}{32} = 26,5 \, \frac{\text{m}}{\text{K}},$$

$$\gamma_0 = \frac{m}{22,4} = \frac{32}{22,4} = 1,425 \, \frac{\text{kgf}}{\text{m}^3}.$$

1-3. Qual o peso do ar contido num recinto de $10 \times 20 \times 5$ m³, cujas condições de pressão e de temperatura são:

$$t = 20 \text{ °C},$$

$$p = 750 \text{ mm Hg},$$

$$G = \gamma V,$$

$$\gamma = \frac{p}{RT} = \frac{(750/760) \cdot 10\,332}{29,27 \cdot 293} = 1,184 \, \frac{\text{kgf}}{\text{m}^3},$$

$$V = 10 \cdot 20 \cdot 5 = 1\,000 \text{ m}^3,$$

$$G = \gamma V = 1,184 \cdot 1\,000 = 1\,184 \text{ kgf}.$$

1-4. Um recipiente contém, às condições normais (0 °C e 760 mm Hg), 2 m³ de gás de iluminação. Qual o volume ocupado pelo referido gás a 30 °C e 700 mm de Hg?

$$\frac{p_1 V_1}{T_1} = \frac{p_2 V_2}{T_2},$$

$$V_2 = V_1 \, \frac{T_2}{T_1} \cdot \frac{p_1}{p_2} = 2 \, \frac{303 \cdot 760}{273 \cdot 700} = 2,41 \text{ m}^3.$$

1-5. Calcular o peso do ar contido em um reservatório de 2 m³, à pressão efetiva de 8 kgf/cm² e a 35 °C.

$$G = V\gamma,$$

$$\gamma = \frac{p}{RT},$$

$$p = 80\,000 + 10\,332 = 90\,332 \ \frac{kgf}{m^3}.$$

$$\gamma = \frac{90\,332}{29,27 \cdot 308} = 10,04 \ \frac{kgf}{m^3}.$$

$$G = V\gamma = 2 \cdot 10,04 = 20,08 \ kgf.$$

1-6. Sabendo que o peso específico do ar, às condições normais, é de 1,293 kgf/m³, calcular o peso do ar contido numa peça de $9 \times 10 \times 4$ m³ a uma pressão de 750 mm Hg e à temperatura de 24 °C.

$$G = V\gamma,$$

$$V = 9 \cdot 10 \cdot 4 = 360 \ m^3,$$

$$\gamma = \gamma_0 \frac{p}{p_0} \frac{T_0}{T} = 1,293 \ \frac{750}{760} \ \frac{273}{297} = 1,175 \ \frac{kgf}{m^3},$$

$$G = V\gamma = 360 \cdot 1,175 = 423 \ kgf.$$

1-7. Um motor consome 1 kgf de ar em condições normais. Qual o seu consumo à temperatura de 32 °C e pressão de 750 mm?

Qual a sua redução porcentual de potência ao passar das condições normais para as condições assinaladas acima, admitindo-se que a potência é proporcional ao peso do ar admitido?

$$G_0 = \frac{p_0 V}{RT_0} = \frac{760 \cdot 13,6 V}{R\,273} = 1 \ kgf,$$

$$G = \frac{pV}{RT} = \frac{750 \cdot 13,6 V}{R\,305},$$

$$\frac{G}{G_0} = G = \frac{750 \cdot 273}{760 \cdot 305} = 0,8215 \ kgf.$$

E a redução de potência será

$$\frac{1 - 0,8215}{1} = 0,1785 \ (17,85\%).$$

1-8. Um bujão tem um volume de 20 litros e contém O_2 a 20 °C e à pressão absoluta de 150 kgf/cm². Calcular o peso do gás contido no recipiente sabendo que o peso molecular do oxigênio é de 32 kgf.

$$G = \frac{pV}{RT},$$

$$R = \frac{848}{m} = \frac{848}{32} = 26,5 \ \frac{m}{K},$$

$$G = \frac{1\,500\,000 \cdot 0,020}{2,65 \cdot 293} = 3,86 \ kgf.$$

Termodinâmica **35**

1-9. Qual a quantidade de calor despendida para aquecer, à pressão constante, 100 m³ de ar às condições de 5 °C e 760 mm Hg, até uma temperatura de 40 °C?

$$Q = V y C_p \Delta t,$$

$$y = \frac{p}{RT} = \frac{10\,332}{29,27 \cdot 278} = 1,27 \frac{kgf}{m^3},$$

$$Q = 100 \cdot 1,27 \cdot 0,24(40 - 5) = 1\,067 \text{ kcal.}$$

Embora o peso permaneça o mesmo durante o aquecimento, o volume aumenta, atingindo o valor

$$V_2 = V_1 \frac{T_2}{T_1} \frac{p_1}{p_2} = 100 \frac{313}{278} = 114,6 \text{ m}^3.$$

1-10. Sabendo que a composição gravimétrica do ar atmosférico é, teoricamente,

$$g_{O_2} = 0,23 \quad g_{N_2} = 0,77,$$

calcular:

a) sua composição volumétrica;
b) seu peso específico nas condições normais;
c) seu peso molecular médio;
d) sua constante R.

Com efeito, sabendo-se que os pesos específicos dos componentes, nas condições normais, valem

$$y_{0\,O_2} = 1,4289 \frac{kgf}{m^3},$$

$$y_{0\,N_2} = 1,2505 \frac{kgf}{m^3},$$

podemos calcular

$$\theta_{O_2} = \frac{g_{O_2}/y_{O_2}}{(g_{O_2}/y_{O_2}) + (g_{N_2}/y_{N_2})} = \frac{0,23/1,4289}{(0,23/1,4289) + (0,77/1,2505)} = 0,207,$$

$$\theta_{N_2} = \frac{g_{N_2}/y_{N_2}}{(g_{O_2}/y_{O_2}) + (g_{N_2}/y_{N_2})}$$

E, igualmente,

$$y_0 = \theta_{O_2} y_{O_2} + \theta_{N_2} y_{N_2} =$$
$$y = 0,207 \cdot 1,4289 + 0,793 \cdot 1,2505 = 1,288 \text{ kgf/m}^3,$$
$$m = \theta_{O_2} m_{O_2} + \theta_{N_2} m_{N_2} =$$
$$y = 0,207 \times 32 + 0,793 \times 28,016 = 28,8 \text{ kgf},$$
$$R = g_{O_2} R_{O_2} + g_{N_2} R_{N_2} =$$
$$= 0,23 \times 26,5 + 0,77 \times 30,26 = 29,4 \text{ m/K}.$$

1-11. Qual o volume ocupado por uma mistura de 1 kgf de C_2H_2 e 3 kgf de O_2 quando, a uma temperatura de 30 °C, a mesma é submetida a uma pressão absoluta de 3 kgf/cm²?

$$g_{C_2H_2} = 1/4 = 0,25 \quad m_{C_2H_2} = 26 \text{ kgf}$$
$$g_{O_2} = 3/4 = 0,75 \quad m_{O_2} = 32 \text{ kgf}$$

$$R = g_{C_2H_2} R_{C_2H_2} + g_{O_2} R_{O_2} = 0,25(848/26) + 0,75(848/32) = 26,26 \text{ m/K},$$

$$V = \frac{GRT}{p} = \frac{4 \times 26,25 \times 303}{30\,000} = 1,061 \text{ m}^3.$$

1-6. Vapores

1-6-1. Definição

De acordo com a definição física mais comum, os vapores são os fluidos elásticos que, à temperatura ordinária, podem ser reduzidos total ou parcialmente ao estado líquido.

Entretanto o estudo dos gases reais nos mostra que essa definição é falha do ponto de vista termodinâmico, sendo preferível conceituar os vapores como sendo os fluidos compressíveis que apresentam características próprias e obedecem a equações especiais pelo simples fato de se encontrarem a temperaturas inferiores àquelas correspondentes a seus pontos críticos.

Assim, um gás pode comportar-se como vapor, bastando para isso que sua temperatura seja suficientemente baixa.

1-6-2. Aquecimento de um líquido

É, entretanto, na formação dos vapores a partir da fase líquida que a sua classificação e as suas características podem ser melhor compreendidas.

Assim, se um líquido submetido a uma pressão constante é aquecido, sua temperatura aumenta até um valor determinado, no qual permanece estacionária, enquanto o fluido passa gradualmente da fase líquida para a fase de vapor.

Durante o aquecimento, o líquido sofre uma pequena dilatação, de tal forma que, sendo σ_0 o seu volume específico, a 0 °C e a uma temperatura t qualquer, teremos

$$\sigma = \sigma_0 + \alpha t.$$

Para a água, o coeficiente médio de dilatação (α), que cresce rapidamente com a temperatura, vale:

de 4 a 100 °C, 0,00045;
de 4 a 200 °C, 0,00080;
de 4 a 300 °C, 0,00130.

A quantidade de calor despendida é dada por

$$dq = C\,dt.$$

Para a água, segundo Dieterici, o calor específico verdadeiro, de 40 a 300 °C, vale

$$C = 0,9983 - 0,0001037t + 0,000002073t^2;$$

de modo que podemos calcular

$$q = \int C\,dt = 0,9983t - 0,00005185t^2 + 0,000000691t^3.$$

Como primeira aproximação nas aplicações usuais, basta tomar, entretanto, o calor específico médio da água como unitário, donde

$$q = \int_0^t C\,dt = C_m t \cong t.$$

1-6-3. Vaporização, ebulição e evaporação

A temperatura na qual se inicia a mudança de estado recebe o nome de temperatura de vaporização (t_s) e depende da pressão a que está submetido o fluido aquecido. Se a mudança de estado se verifica à pressão atmosférica, a temperatura de vaporização recebe o nome de temperatura de ebulição.

Fenômeno diverso do analisado é a evaporação que se verifica a temperaturas inferiores às de vaporização e que depende da pressão parcial do vapor de água no ar circundante (veja Seção 1-1-7).

O valor da temperatura de ebulição, ou vaporização, é obtido a partir de tabelas, estabelecidas para cada espécie de vapor, ou fórmulas empíricas, por vezes bastante exatas, como, por exemplo,

$$t_s = \frac{B}{A - \log p}.$$

Assim, para a água, avaliando-se as pressões em kgf/cm², podemos assinalar:

$$\text{de } 0{,}025 \text{ a } 1 \, \frac{\text{kgf}}{\text{cm}^2} - t_s = \frac{2\,224{,}4}{5{,}9778 - \log p};$$

$$\text{de } 1 \text{ a } 16 \, \frac{\text{kgf}}{\text{cm}^2} - t_s = \frac{2\,101{,}1}{5{,}6485 - \log p};$$

$$\text{de } 16 \text{ a } 168 \, \frac{\text{kgf}}{\text{cm}^2} - t_s = \frac{2\,010{,}8}{5{,}45142 - \log p}.$$

A temperatura de vaporização pode, em casos excepcionais, ficar aumentada para uma mesma pressão. Assim, a tranqüilidade absoluta do líquido aquecido, o polimento das paredes do recipiente que o contém, ar e sais dissolvidos (a água do mar entra em ebulição, às condições normais de pressão, a 105 °C) são causas do aumento aludido.

Durante a vaporização, desde que se mantenha constante a pressão, a temperatura do fluido também não varia. Todo calor despendido durante essa operação serve unicamente para efetuar a mudança de estado, e toma o nome de calor latente de vaporização (r).

O calor latente de vaporização está relacionado sempre à unidade de peso do sistema que integralmente se transforma em vapor.

O vapor em parte formado durante a vaporização permanece em contato com o líquido, seja em forma de gotículas no seu seio, seja precipitado no fundo do recipiente, razão pela qual esse vapor recebe o nome de vapor saturado úmido.

Ao terminar a vaporização, o vapor não estará mais em contato com o líquido, donde a denominação que lhe é dada de vapor saturado seco.

Se traçarmos, num diagrama pv, as linhas isobáricas-isotérmicas correspondentes à vaporização da unidade de peso de um líquido qualquer a diversas pressões e unirmos os pontos que assinalam o início e o fim da mesma, obteremos duas curvas (Fig. 1-8).

A linha-limite inferior separa a zona do estado líquido da zona dos vapores úmidos, cujas abscissas têm por expressão

$$\sigma_s = \sigma_0 + \alpha t_s,$$

onde
$$t_s = f(p).$$
A linha-limite superior, delimitando a zona dos vapores úmidos constitui o lugar geométrico dos pontos representativos dos vapores saturados secos.

O ponto de encontro dessas duas linhas é o ponto crítico, cujas propriedades já tivemos oportunidade de apontar no estudo dos gases reais.

As abscissas da *L.L.I.* são os volumes específicos (σ_s) apresentados pelo líquido a temperatura de vaporização, enquanto que as abscissas da *L.L.S.* são os volumes específicos apresentados pelo vapor saturado seco (v_s). A diferença
$$u = v_s - \sigma_s$$
é o aumento de volume que sofre cada kgf de líquido que se transforma em vapor. Às grandezas características
$$t_s, \sigma_s, v_s \text{ e } r,$$
para o vapor de água saturado, segundo a V.D.I. de 1956, são dadas pela Tab. 1-2 em função da pressão.

1-6-4. Superaquecimento

Concluída a mudança de estado sobre a *L.L.S.*, novas adições de calor fazem com que o vapor saturado seco abandone a zona de saturação. A temperatura do fluido volta novamente a crescer, atingindo valores superiores àquele que caracterizou a vaporização; é o superaquecimento.

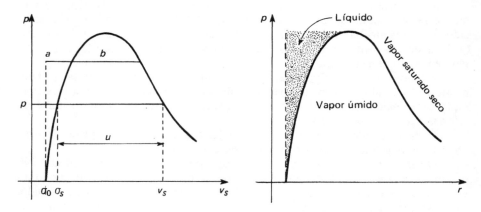

Figura 1-8

Considerando que, ainda nessa fase, o sistema se mantenha à pressão constante (caso mais geral, na prática), o calor despendido, dito de superaquecimento, será dado por
$$\int_{t_s}^{t} C_p \, dt \cong C_{pm}(t - t_s) = C_{pm}\Delta t,$$

Tabela 1-2

Pressão, p (kgf/cm²)	Temperatura, t (°C)	Volume específico do líquido, v_s (m³/kgf)	Volume específico do vapor, v_S (m³/kgf)	Entalpia, H (kcal/kgf) Líquido, H_ℓ	Entalpia, H (kcal/kgf) Vapor, H_v	Calor vaporização r (kcal/kgf)
0,010	6,698	0,0010001	131,70	6,73	600,1	593,4
0,015	12,737	0,0010007	89,64	12,78	602,8	590,0
0,020	17,204	0,0010013	68,27	17,24	604,8	587,6
0,025	20,776	0,0010020	55,28	20,80	606,4	585,6
0,030	23,772	0,0010027	46,53	23,79	607,7	583,9
0,040	28,641	0,0010041	35,46	28,65	609,8	581,1
0,050	32,55	0,0010053	28,73	32,55	611,5	578,9
0,060	35,82	0,0010064	24,19	35,81	612,9	577,1
0,080	41,16	0,0010084	18,45	41,14	615,2	574,1
0,10	45,45	0,0010101	14,95	45,41	617,0	571,6
0,12	49,06	0,0010116	12,60	49,01	618,5	569,5
0,15	53,60	0,0010137	10,21	53,54	620,5	567,0
0,20	59,67	0,0010170	7,795	59,61	623,1	563,5
0,25	64,56	0,0010196	6,322	64,49	625,1	560,6
0,30	68,68	0,0010221	5,328	68,61	626,8	558,2
0,35	72,24	0,0010242	4,615	72,18	628,2	556,0
0,40	75,42	0,0010261	4,069	75,36	629,5	554,1
0,50	80,86	0,0010296	3,301	80,81	631,6	550,8
0,60	85,45	0,0010326	2,783	85,41	633,4	548,0
0,70	89,45	0,0010355	2,409	89,43	634,9	545,5
0,80	92,99	0,0010381	2,125	92,99	636,2	543,2
0,90	96,18	0,0010405	1,904	96,19	637,4	541,2
1,0	99,09	0,0010428	1,725	99,12	638,5	539,4
1,1	101,76	0,0010449	1,578	101,81	639,4	537,6
1,2	104,25	0,0010468	1,455	104,32	640,3	536,0
1,3	106,56	0,0010487	1,350	106,66	641,2	534,5
1,4	108,74	0,0010504	1,259	108,85	642,0	533,1
1,5	110,79	0,0010521	1,180	110,92	642,8	531,9
1,6	112,73	0,0010537	1,111	112,89	643,5	530,6
1,8	116,33	0,0010569	0,9952	116,54	644,7	528,2
2,0	119,62	0,0010599	0,9016	119,87	645,8	525,9
2,2	122,65	0,0010628	0,8246	122,9	646,8	523,9
2,4	125,46	0,0010654	0,7601	125,8	647,8	522,0
2,6	128,08	0,0010678	0,7052	128,5	648,7	520,2
2,8	130,55	0,0010701	0,6578	131,0	649,5	518,5
3,0	132,88	0,0010725	0,6166	133,4	650,3	516,9
3,2	135,08	0,0010747	0,5804	135,6	650,9	515,3
3,4	137,18	0,0010769	0,5483	137,8	651,6	513,8
3,6	139,18	0,0010790	0,5196	139,8	652,2	512,4
3,8	141,09	0,0010809	0,4939	141,8	652,8	511,0
4,0	142,92	0,0010828	0,4706	143,6	653,4	509,8
4,5	147,20	0,0010875	0,4213	148,0	654,7	506,7
5,0	151,11	0,0010918	0,3816	152,1	655,8	503,7
5,5	154,72	0,0010960	0,3489	155,8	656,9	501,1
6,0	158,08	0,0010999	0,3213	159,3	657,8	498,5
6,5	161,22	0,0011036	0,2980	162,5	658,6	496,1
7,0	164,17	0,0011072	0,2778	165,6	659,4	493,8
7,5	166,97	0,0011107	0,2603	168,5	660,1	491,6
8,0	169,61	0,0011140	0,2448	171,3	660,8	489,5
8,5	172,12	0,0011172	0,2311	173,9	661,4	487,5

Tabela 1-2 (continuação)

Pressão, p (kgf/cm²)	Temperatura, t (°C)	Volume específico do líquido, σ_s (m³/kgf)	Volume específico do vapor, v_s (m³/kgf)	Entalpia, H (kcal/kgf) Líquido, H_ϱ	Entalpia, H (kcal/kgf) Vapor, H_v	Calor vaporização, r (kcal/kgf)
9,0	174,53	0,0011203	0,2189	176,4	662,0	485,6
9,5	176,83	0,0011234	0,2080	178,9	662,5	483,6
10,0	179,04	0,0011262	0,1981	181,2	663,0	481,8
11	183,20	0,0011318	0,1808	185,6	663,9	478,3
12	187,08	0,0011373	0,1664	189,7	664,7	475,0
13	190,71	0,0011425	0,1541	193,5	665,4	471,9
14	194,13	0,0011476	0,1435	197,1	666,0	468,9
15	197,36	0,0011524	0,1343	200,6	666,6	466,0
16	200,43	0,0011571	0,1262	203,9	667,1	463,2
17	203,35	0,0011619	0,1190	207,1	667,5	460,4
18	206,14	0,0011663	0,1126	210,1	667,9	457,8
19	208,81	0,0011707	0,1068	213,0	668,2	455,2
20	211,38	0,0011751	0,1016	215,8	668,5	452,7
22	216,23	0,0011834	0,09251	221,2	668,9	447,7
24	220,75	0,0011914	0,08492	226,1	669,3	443,2
26	224,99	0,0011991	0,07846	230,8	669,5	438,7
28	228,98	0,0012068	0,07288	235,2	669,6	434,4
30	232,76	0,0012142	0,06802	239,5	669,7	430,2
32	236,35	0,0012214	0,06375	243,6	669,7	426,1
34	239,77	0,0012285	0,05995	247,5	669,6	422,1
36	243,04	0,0012355	0,05658	251,2	669,5	418,3
38	246,17	0,0012424	0,05353	254,8	669,3	414,5
40	249,18	0,0012493	0,05078	258,2	669,0	410,8
42	252,07	0,0012561	0,04828	261,6	668,8	407,2
44	254,87	0,0012627	0,04601	264,9	668,4	403,5
46	257,56	0,0012695	0,04393	268,0	668,0	400,0
48	260,17	0,0012762	0,04201	271,2	667,7	396,5
50	262,70	0,0012828	0,04024	274,2	667,2	393,1
55	268,69	0,0012989	0,03636	281,4	666,2	384,8
60	274,29	0,0013150	0,03310	288,4	665,0	376,6
65	279,54	0,0013307	0,03033	294,8	663,6	368,8
70	284,48	0,0013467	0,02795	300,9	662,1	361,2
75	289,17	0,0013625	0,02587	307,0	660,5	353,5
80	293,62	0,0013786	0,02404	312,6	658,9	346,3
85	297,86	0,0013951	0,02241	318,2	657,0	338,8
90	301,92	0,001412	0,02096	323,6	655,1	331,5
95	305,80	0,001428	0,01964	328,8	653,2	324,4
100	309,53	0,001445	0,01845	334,0	651,1	317,1
110	316,58	0,001480	0,01637	344,0	646,7	302,7
120	323,15	0,001518	0,01462	353,9	641,9	288,0
130	329,30	0,001558	0,01312	363,0	636,6	273,6
140	335,09	0,001599	0,01181	372,4	631,0	258,6
150	340,56	0 001646	0,01065	381,7	624,9	243,2
160	345,74	0,001699	0,009616	390,8	618,3	227,5
180	355,35	0,001821	0,007809	410,2	602,5	192,3
200	364,08	0,002010	0,006200	432,1	582,1	150,7
225,65	374,15	0,003180	0,003180	501,5	501,5	0

Termodinâmica 41

onde a diferença Δt entre a temperatura do vapor superaquecido (t) e a temperatura de vaporização (t_s), correspondente à pressão na qual se verifica a formação do vapor, recebe o nome de *grau de superaquecimento*.

O calor específico à pressão constante dos vapores superaquecidos, ao contrário dos gases, varia bastante com a pressão e a temperatura, razão pela qual, na expressão finita precedente, aparece o seu valor médio.

Para o vapor de água superaquecido, o calor específico à pressão constante pode ser calculado, com boa aproximação, por meio da fórmula empírica de Mollier:

$$C_p = 0{,}47 - \frac{13}{3 \cdot 10^4} p \frac{202{,}96}{(T/100)10/3} + 15(\frac{p}{10}) \frac{2{,}2248 \cdot 10^{12}}{(T^{14}/100)}.$$

Mais prático é o uso da Tab. 1-3, devida a Schule, que nos fornece diretamente os calores específicos médios à pressão constante, entre as temperaturas t_s e t.

Tabela 1-3

$p\left(\frac{kgf}{cm^2}\right)$	1	2	4	6	8	10	12	14	16	18	20
t_s (°C)	99,1	119,6	142,9	158,1	169,6	179,1	187,1	194,2	200,5	206,2	211,4
C_p	0,487	0,501	0,528	0,555	0,584	0,613	0,642	0,671	0,699	0,729	0,760
120 °C	0,483										
140 °C	0,48	0,496									
160 °C	0,478	0,491	0,521								
180 °C	0,476	0,488	0,544	0,576							
200 °C	0,475	0,486	0,509	0,534	0,561	0,590	0,623	0,660			
220 °C	0,475	0,485	0,505	0,526	0,548	0,572	0,599	0,629	0,661	0,697	0,738
240 °C	0,474	0,484	0,501	0,519	0,538	0,558	0,580	0,605	0,631	0,660	0,694
260 °C	0,474	0,483	0,499	0,514	0,530	0,548	0,567	0,588	0,610	0,634	0,660
280 °C	0,474	0,482	0,497	0,510	0,525	0,540	0,556	0,575	0,594	0,615	0,637
300 °C	0,474	0,482	0,496	0,508	0,521	0,534	0,548	0,565	0,582	0,600	0,619
320 °C	0,475	0,482	0,495	0,505	0,517	0,530	0,543	0,558	0,572	0,589	0,606
340 °C	0,476	0,482	0,494	0,504	0,515	0,527	0,538	0,552	0,565	0,580	0,596
360 °C	0,477	0,483	0,494	0,504	0,514	0,524	0,535	0,548	0,560	0,574	0,587
380 °C	0,478	0,483	0,494	0,503	0,512	0,522	0,533	0,545	0,556	0,568	0,580
400 °C		0,484	0,494	0,503	0,511						

Ao passar da zona de saturação para a zona de superaquecimento, o sistema, de univariante que era, torna-se novamente bivariante, de modo que a temperatura do vapor, que dependia unicamente da pressão, passa a depender também do volume específico do fluido.

A equação de estado dos vapores superaquecidos será, portanto, da forma geral,

$$F(p, v, T) = 0.$$

Assim, além das equações já citadas no estudo dos gases reais, como a de Van der Waals, a de Wohl, a de Clausius e a de Beattie-Bridgman, podemos aplicar aos vapores de água superaquecidos a conhecida equação de R. Linde,

$$pv = 47,1T - p(1 + 0,000002p)[0,031(373/T)^3 - 0,0052],$$

que pode ser posta sob a forma simplificada

$$pv = 47,1T - 0,016p,$$

isto é,

$$p(v + 0,016) = 47,1T,$$

cuja aproximação, dentro dos limites de aplicação usuais, é satisfatória.

Ao aumentar o volume específico, o comportamento dos vapores superaquecidos vai cada vez mais se aproximando do correspondente aos gases perfeitos, de modo que, para os vapores de água de

$$v > 1 \frac{m^3}{kgf},$$

podemos adotar a equação de estado

$$pv = 47,1T.$$

1-6-5. Calor total e entalpia de um vapor

Dá-se o nome de calor total de um vapor (λ) à quantidade de calor despendida à pressão constante para a formação do mesmo, a partir do líquido a 0 °C. Assim, o calor total de um vapor superaquecido a uma temperatura T e pressão p nos seria dado pela soma das parcelas de calor isobárico correspondentes ao aquecimento do líquido de 0 °C à temperatura de vaporização T_s correspondente à pressão p, à vaporização e ao superaquecimento desde a temperatura T_s até a temperatura T, isto é,

$$\lambda = q + r + C_{pm}(T - T_s).$$

Conceito pouco diverso do calor total é o de entalpia, o qual corresponde ao calor que entra em jogo na formação de um vapor, considerando-se como ponto de partida a fase líquida na zona de saturação a 0 °C, onde, para a água,

$$T_0 = 273,15 \text{ K},$$
$$p_0 = 62,28 \text{ kgf/m}^2,$$
$$\sigma_0 = 0,0010002 \text{ m}^3/\text{kgf}$$

(o valor mínimo é de 0,001 e se verifica a 4 °C).

Termodinâmica

Nessas condições, a entalpia difere do calor total apenas quanto à parcela de energia correspondente à elevação da pressão do líquido de p_0 a p, a qual nos será dada por

$$A\sigma_0(p - p_0),$$

e recebe o nome de trabalho de alimentação.

Nas aplicações usuais, o trabalho de alimentação pode ser, na maior parte dos casos, desprezado, de modo que podemos tomar

$$H = \lambda + A\sigma_0(p - p_0) \cong \lambda.$$

As entalpias do líquido (H_ϱ) e do vapor saturado seco (H_v) são geralmente tabeladas (veja, para a água, a Tab. 1-2), enquanto que a entalpia de um vapor superaquecido é dada por

$$H = H_v + C_{pm}(T - T_s).$$

1-7. Ar úmido

1-7-1. Generalidades

O ar atmosférico contém sempre uma certa quantidade de vapor de água, o qual, quando a atmosfera está limpa, encontra-se no estado de superaquecimento. Enquanto a mistura vapor-ar não se torna saturada, com formação de neblina, nuvens, etc., podemos considerá-la uma mistura gasosa, obedecendo às leis já estabelecidas para esse tipo de mistura.

Assim, designa-se por pressão parcial dos componentes da mistura a pressão que cada componente exerceria caso ocupasse, nas mesmas condições de temperatura, o volume total da mistura. A pressão total da mistura é a soma das pressões parciais de seus componentes.

Para o ar atmosférico ao nível do mar, o valor médio de sua pressão, dita pressão atmosférica normal, vale

$$1,0332 \ \frac{kgf}{cm^2} = 760 \ mm \ Hg = 10\ 332 \ \frac{kgf}{m^2} \ (mm \ H_2O).$$

De acordo com as condições meteorológicas, esse valor pode variar ± 5%.

Ao nos elevarmos acima do nível do mar, a pressão atmosférica diminui, de acordo com a expressão de Laplace

$$\log p_{mm H_2O} = \log p_0 \ \frac{H \, (km)}{18,4 + 0,067 t_m} \cdot$$

onde t_m é a temperatura média do ar na região compreendida entre o nível do mar e a altura H, dada em quilômetros (km). A pressão parcial do vapor de água (p_v) contido no ar nunca pode exceder a pressão de saturação (p_s), correspondente à temperatura ($p_s = f(t)$). A pressão p_s do vapor de água saturado nos é dada pela Tab. 1-4 em função de sua temperatura, em mm de coluna de Hg e em kgf/m². Assim, podemos considerar a pressão parcial do vapor de água contido no ar (p_v) como a parcela φ da pressão parcial máxima admissível para o mesmo p_s, para cada temperatura da mistura:

$$p_v = \varphi p_s.$$

A pressão de saturação pode ser calculada por meio da expressão

$$\log p_s \text{ kgf/m}^2 = 10,28 - (2\,316/T), \qquad (1-1)$$

Tabela 1-4

t (°C)	p_s (kgf/m²)	p_s (mm Hg)	t (°C)	p_s (kgf/m²)	p_s (mm Hg)
-10	26,46	1,946	16	185,37	13,63
- 9	28,89	2,125	17	197,55	14,53
- 8	31,56	2,321	18	210,42	15,48
- 7	34,43	2,532	19	224,02	16,48
- 6	37,54	2,761	20	238,40	17,54
- 5	40,90	3,008	21	253,56	18,65
- 4	44,54	3,276	22	269,56	19,83
- 3	48,48	3,566	23	286,44	21,07
- 2	52,74	3,879	24	304,23	22,38
- 1	57,32	4,216	25	322,98	23,66
0	62,26	4,579	26	342,74	25,21
1	66,97	4,93	27	363,54	26,74
2	71,98	5,29	28	385,43	28,35
3	77,29	5,69	29	408,46	30,04
4	82,95	6,10	30	432,67	31,82
5	88,96	6,54	31	458,11	33,70
6	95,35	7,01	32	484,87	35,66
7	102,15	7,51	33	512,96	37,73
8	109,38	8,05	34	542,45	39,90
9	117,05	8,61	35	573,40	42,18
10	125,20	9,21	36	605,87	44,56
11	133,84	9,84	37	639,91	47,07
12	143,01	10,52	38	675,60	49,69
13	152,69	11,23	39	712,99	52,44
14	162,97	11,99	40	752,18	55,32
15	173,86	12,79	41	793,20	58,34

Termodinâmica

ou, ainda, para 1 kgf/m² = 760/10 332 = 0,0735 mm Hg,

$$\log p_s \text{ mm Hg} = 9{,}1466 - (2\,316/T).$$

A pressão parcial do vapor na mistura (p_v), por sua vez, pode ser determinada experimentalmente por meio do psicrômetro de Augusto, o qual se baseia no fenômeno pelo qual a evaporação de água em presença do ar é tanto mais intensa quanto mais afastado da pressão da saturação se encontra o vapor de água contido no mesmo.

O psicrômetro é constituído de dois termômetros idênticos, um dos quais tem o depósito de Hg envolvido com seda de malha larga, permanentemente molhada (Fig. 1-9).

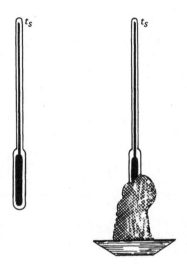

Figura 1-9

Na evaporação, é consumida uma certa quantidade de calor latente, que, subtraída do meio, provoca o abaixamento de sua temperatura (saturação adiabática do ar). Em vista disso, a temperatura (t_u) do termômetro úmido (*TTU*) é inferior à temperatura (t_s) do termômetro seco (*TTS*). Desse modo, podemos calcular a pressão parcial do vapor de água (p_v), por meio dos dados experimentais obtidos do psicrômetro de Augusto:

$$p_v = p_{s_{tu}} - \frac{p}{755} \left(\frac{t_s - t_u}{2} \right) \text{ mm Hg}.$$

A relação entre a pressão parcial do vapor (p_v) e a pressão de saturação correspondente à temperatura do termômetro seco (p_s) para a pressão atmosférica normal é dada pela Tab. 1-5, em função das leituras do psicrômetro:

$$\varphi = \frac{p_v}{p_s} = f(t_s,\ t_s - t_u).$$

Tabela 1-5 $\varphi = f(t_s, t_s - t_u)$

t_s	0	0,5	1	1,5	2	2,5	3	3,5	4	4,5	5	5,5	6	6,5	7	7,5	8	8,5	9	9,5	10	10,5	11	11,5	12
35	100	96	94	90	87	84	81	78	75	72	69	66	64	61	59	56	54	51	49	46	44	42	40	38	36
34,5	100	96	94	90	87	84	81	78	75	72	69	66	64	61	58	56	53	51	49	46	44	42	39	37	35
34	100	96	94	90	87	84	81	78	75	72	69	66	63	60	58	55	53	51	48	45	43	41	39	37	35
33,5	100	96	94	90	87	84	81	78	74	71	68	65	63	60	57	54	52	50	48	45	43	40	38	36	34
33	100	96	94	90	87	84	81	77	74	71	68	65	63	60	57	54	52	49	47	45	42	40	38	35	33
32,5	100	96	93	90	86	84	80	77	74	71	68	65	62	59	57	54	51	49	47	44	42	39	37	35	33
32	100	96	93	89	86	83	80	77	74	71	68	65	62	59	57	54	51	48	46	44	42	39	37	35	32
31,5	100	96	93	89	86	83	80	77	73	70	67	64	61	58	56	53	51	48	46	43	41	38	36	34	32
31	100	96	93	89	86	83	80	76	73	70	67	64	61	58	56	53	50	48	45	42	40	37	35	33	31
30,5	100	96	93	89	86	83	79	76	73	70	67	64	61	58	55	53	50	47	45	42	40	37	35	33	31
30	100	96	93	89	86	82	79	76	73	70	67	64	61	59	55	52	50	47	44	41	39	36	34	32	30
29,5	100	96	93	89	86	82	79	75	72	69	66	63	60	57	55	52	49	46	44	41	38	36	34	31	29
29	100	96	93	89	86	82	79	75	72	69	66	63	60	57	55	52	49	46	43	41	38	35	33	30	28
28,5	100	96	93	89	85	82	78	75	72	69	66	63	60	57	54	51	48	45	43	40	37	34	32	30	28
28	100	96	93	89	85	82	78	74	72	68	65	62	59	56	53	50	48	45	42	39	37	34	32	29	27
27,5	100	96	93	89	85	82	78	74	71	68	65	62	59	55	52	49	47	44	42	39	36	33	31	28	26
27	100	96	93	89	85	81	78	74	71	68	65	62	59	55	52	49	47	44	41	38	36	33	30	27	25
26,5	100	96	92	89	85	81	78	74	71	68	64	61	58	54	51	48	46	43	40	37	35	32	30	27	25
26	100	96	92	89	85	81	78	74	71	67	64	61	58	54	51	48	45	42	40	37	34	31	29	26	24
25,5	100	96	92	89	85	81	77	73	70	67	64	60	57	53	50	47	44	41	39	36	34	31	28	25	23
25	100	96	92	88	85	81	77	73	70	67	64	60	57	53	50	47	44	41	39	36	33	30	27	24	22
24,5	100	96	92	88	84	81	77	73	70	66	63	59	56	52	49	46	43	40	38	35	32	29	26	23	21
24	100	96	92	88	84	80	77	73	70	66	63	59	56	52	49	46	43	40	37	34	31	28	26	23	20
23,5	100	96	92	88	84	80	76	72	69	65	62	58	55	52	48	45	42	39	36	33	30	27	25	22	19
23	100	96	92	88	84	80	76	72	69	65	62	58	55	52	48	45	42	39	36	33	30	27	24	21	18
22,5	100	96	91	87	83	79	76	72	68	64	61	57	54	50	47	44	41	38	35	32	29	26	23	20	17
22	100	96	91	87	83	79	76	72	68	64	61	57	53	50	47	43	40	37	34	31	28	25	22	19	16
21,5	100	96	91	87	83	79	76	71	67	63	60	56	52	49	46	42	39	36	33	30	27	24	21	18	15
21	100	96	91	87	83	79	75	71	67	63	60	56	52	49	46	42	39	35	32	29	26	23	20	17	14
20,5	100	96	91	86	82	78	75	70	66	62	59	55	51	48	45	41	38	34	31	28	25	22	19	16	13
20	100	96	91	86	82	78	75	70	66	62	59	55	51	47	44	40	37	33	30	27	24	21	18	14	11
19,5	100	95	91	86	82	78	74	70	66	62	58	54	50	46	43	39	36	32	29	26	23	20	17	13	10
19	100	95	91	86	82	78	74	70	66	62	58	54	50	46	43	39	35	31	28	25	22	18	15	12	9
18,5	100	95	91	86	82	77	73	69	65	61	57	53	49	45	42	38	34	30	27	24	21	17	14	11	8
18	100	95	91	86	82	77	73	69	65	60	56	52	49	45	41	37	33	29	26	23	20	16	13	9	6
17,5	100	95	90	86	81	76	72	68	64	60	56	52	48	44	40	36	32	28	25	21	18	15	12	8	5
17	100	95	90	85	81	76	72	68	64	59	55	51	47	43	39	35	32	28	24	20	17	13	10	6	3
16,5	100	95	90	85	81	76	71	67	63	58	54	50	46	42	38	34	31	27	23	19	16	12	9	5	2
16	100	95	90	85	81	76	71	67	63	58	54	49	45	41	37	33	30	26	22	18	15	11	7	4	1
15,5	100	95	90	85	81	76	71	66	62	57	53	48	44	40	36	32	28	24	21	17	14	10	6		
15	100	95	90	85	80	75	70	65	61	56	52	47	43	39	35	31	27	23	20	15	12	8	5		
14,5	100	95	90	85	80	75	70	65	60	55	51	46	42	38	34	30	26	22	18	14	11	7	3		
14	100	95	90	85	80	75	70	65	60	55	51	46	42	38	34	29	25	21	17	13	9	3	2		
13,5	100	95	89	84	79	74	69	64	59	54	50	45	41	36	32	28	24	20	16	12	8				
13	100	95	89	84	79	74	69	64	59	54	50	45	40	35	31	26	22	18	14	10	6				
12,5	100	95	89	84	78	73	68	63	58	53	49	44	39	34	30	25	21	17	13	9	5				
12	100	95	89	83	78	73	68	62	57	52	48	43	38	33	29	24	20	15	11	7	3				
11,5	100	94	89	83	77	72	67	61	56	51	47	42	37	32	28	23	18	14	10						
11	100	94	88	82	76	72	66	61	56	51	46	41	36	31	27	21	17	12	8						
10,5	100	94	88	82	76	71	66	60	55	50	45	40	35	30	25	20	16	11	7						
10	100	94	88	82	76	71	65	60	55	49	44	39	34	29	24	19	14	9	5						

Termodinâmica

EXEMPLO

1-12. Seja um ambiente a 760 mm Hg cujas indicações termométricas são:

$$TTS = 30\ °C,$$
$$TTU = 20\ °C.$$

A Tab. 1-4 nos fornece:

$$p_s\ 30\ °C = 31{,}82\ \text{mm Hg},$$
$$p_s\ 20\ °C = 17{,}54\ \text{mm Hg},$$

de modo que podemos calcular [Eq. (1-2)]:

$$p_v = 17{,}54 - 5\,\frac{760}{755},$$

$$p_v = 17{,}54 - 5{,}04 = 12{,}5\ \text{mm Hg},$$

$$\varphi = \frac{p_v}{p_s} = \frac{12{,}5}{31{,}82} = 0{,}393\ (39{,}3\%),$$

valor pouco superior ao dado pela Tab. 1-5, que é 39%.

1-7-2. Umidade absoluta e umidade relativa

Recebe o nome de *umidade absoluta do ar úmido* o peso de vapor de água contido em cada metro cúbico de mistura. Assim, chamando de G_v o peso do vapor e de G_{ar} o peso de ar seco em uma mistura de ar úmido de peso G e volume V, tal que

$$G = G_{ar} + G_v,$$

a umidade absoluta da mistura nos será dada por

$$y_v = \frac{G_v}{V}\ \frac{\text{kgf}}{\text{m}^3}.$$

A quantidade de vapor de água que pode conter o ar não é ilimitada, mas depende da pressão de saturação do vapor, a qual, conforme vimos, é uma função da temperatura da mistura.

Quando o ar contém o peso máximo de umidade (G_s) compatível com a sua temperatura, dizemos que o mesmo está saturado. Num ar saturado de umidade, o vapor de água encontra-se no limite de saturação, isto é, no estado de vapor saturado seco.

Qualquer nova quantidade de umidade adicionada a um ar saturado aparece no estado líquido misturada ao vapor seco (vapor saturado úmido), o que constitui as nuvens, a neblina e até a própria chuva. A umidade absoluta de um ar saturado corresponde ao peso específico do vapor saturado seco à temperatura da mistura (y_s), e tem por expressão

$$y_s = \frac{G_s}{V}.$$

A relação entre o peso do vapor de água contida por metro cúbico de ar úmido e o peso de vapor de água que o mesmo conteria caso estivesse saturado, recebe o nome de umidade relativa do ar.

Conforme provaremos a seguir, a umidade relativa é igual à relação entre as pressões parciais do vapor (φ), isto é,

$$\varphi = \frac{p_v}{p_s} = \frac{\gamma_v}{\gamma_s}.$$

1-7-3. Conteúdo de umidade e grau higrométrico

Na prática, os problemas a respeito do ar úmido, as suas características, como sejam, os volumes dos componentes, peso de água na mistura, umidade absoluta e umidade relativa, variam, permanecendo constante unicamente o peso do ar seco. Daí a vantagem — e mesmo a necessidade — de relacionar as suas principais características à unidade de peso do ar seco.

Assim, recebe o nome de conteúdo de umidade, ou umidade específica, do ar úmido, o peso x de vapor de água contido na mistura por kgf de ar seco, isto é, de acordo com as notações propostas:

$$x = \frac{G_v}{G_{ar}}.$$

Para o ar saturado de umidade, o *conteúdo de umidade* atinge o valor máximo:

$$x_s = \frac{G_s}{G_{ar}}.$$

A relação entre o conteúdo de umidade do ar úmido e o conteúdo de umidade do ar saturado à mesma temperatura,

$$\psi = \frac{x}{x_s},$$

recebe o nome de *grau higrométrico*, ou grau de saturação do ar considerado e, conforme veremos, pode ser confundido com a umidade relativa.

1-7-4. A lei de Dalton aplicada ao ar úmido

Considerando que, tanto para o ar como para o vapor de água nele contido, seja válida a equação geral dos gases, $pV = GRT$, podemos aplicar à mistura de ar úmido, a lei de Dalton já conhecida no estudo das misturas de gases.

Assim, se tomarmos uma mistura com 1 kgf de ar seco, o peso de água contido na mesma será x kgf, de tal forma que, para o volume V da mistura, podemos escrever:

$pV = (1 + x)R_m T,$ $p_v V = x R_v T,$ $p_{ar} V = R_{ar} T,$

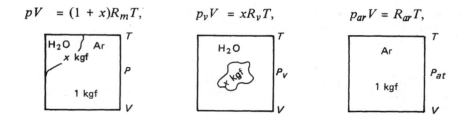

Termodinâmica

onde

$$R = \frac{p_0}{\gamma_0 T_0}$$

e

$$R_m = \frac{G_v R_v + G_{ar} R_{ar}}{G_m}.$$

Podemos calcular, para pressões dadas em mm de Hg,

$$R_{ar} = \frac{760}{273 \cdot 1,293} = 2,153 \left(\frac{m^3 \cdot mm\,Hg}{kgf\,K} \right),$$

$$R_v = \frac{760}{273(18/22,4)} = 3,461 \left(\frac{m^3 \cdot mm\,Hg}{kgf\,K} \right),$$

$$R_m = \frac{3,461x + 2,153 \cdot 1}{1 + x},$$

de modo que

$$\begin{aligned} pV &= (2,153 + 3,461x)T, \\ p_v V &= 3,461xT, \\ p_{ar} V &= 2,153T. \end{aligned} \qquad (1\text{-}3)$$

Essas expressões nos permitem chegar a duas conclusões:

a) A umidade relativa é igual à relação entre a pressão parcial do vapor de água (p_v) e a pressão de saturação (p_s); com efeito,

$$p_v = 3,461 \frac{x}{V} T = 3,461 \frac{G_v}{V} T = 3,461 \gamma_v T.$$

E, igualmente, para um ar saturado à mesma temperatura,

$$p_s = 3,461 \frac{G_s}{V} T = 3,461 \gamma_s T,$$

donde

$$\varphi = \frac{p_v}{p_s} = \frac{\gamma_v}{\gamma_s};$$

b) a umidade relativa do ar úmido é praticamente igual ao grau higrométrico; com efeito,

$$\frac{3,461x}{2,153} = \frac{p_v}{p_{ar}},$$

$$x = 0,622 \frac{p_v}{p_{ar}} = 0,622 \cdot \frac{p_v}{p - p_v}, \qquad (1\text{-}4)$$

ou, ainda,

$$p_v = \frac{xp}{x + 0,622}; \qquad (1\text{-}5)$$

e, igualmente, para um ar saturado,

$$x_s = 0,622 \frac{p_s}{p - p_s}. \qquad (1\text{-}6)$$

Assim, o grau de saturação (ψ) nos será dado por

$$\psi = \frac{x}{x_s} = \frac{p_v}{p_s} \cdot \frac{p - p_s}{p - p_v} = \varphi \frac{p - p_s}{p - p_v}. \qquad (1\text{-}7)$$

Mas, como p_s é, para as temperaturas ambientes, bastante inferior à pressão atmosférica p ($<$ 40 mm Hg), podemos, sem grande erro ($<$ 5%), considerar

$$\psi = \varphi.$$

As expressões (1-3) nos permitem, ainda, determinar o volume específico dos componentes do ar úmido. Assim,

$$v_m = \frac{V}{1+x} = \frac{2{,}153 + 3{,}461x}{1+x} \cdot \frac{T}{p},$$

$$v_v = \frac{V}{x} = 3{,}461 \frac{T}{p_v}, \qquad (1\text{-}8)$$

$$v_{ar} = V = 2{,}153 \frac{T}{p_{ar}}.$$

EXEMPLO

1-13. O ar ambiente à pressão de 760 mm Hg marca no psicrômetro as seguintes indicações:

$$TTS = 25\ °C,$$
$$TTU = 17\ °C.$$

Calcular o seu conteúdo de umidade e peso específico.

A Eq. (1-1) nos fornece:

$$\log p_s\ 25°\ C = 9{,}1466 - \frac{2\,316}{298} = 1{,}376,$$

$$p_s\ 25\ °C = 23{,}77 \text{ mm Hg},$$

$$\log p_s\ 17\ °C = 9{,}1466 - \frac{2\,316}{290} = 1{,}164,$$

$$p_s\ 17\ °C = 14{,}58 \text{ mm Hg},$$

valores pouco diversos daqueles dados diretamente pela Tab. 1-4.

A Eq. (1-2), por sua vez, nos permite calcular

$$p_v = 14{,}58 - \frac{760}{755} \cdot \frac{8}{2} = 10{,}55 \text{ mm Hg},$$

donde a umidade relativa,

$$\varphi = \frac{10{,}55}{23{,}77} = 0{,}444,$$

valor também pouco diverso do obtido na Tab. 1-5.

Com base no exposto, o conteúdo de umidade (x) nos será dado pela Eq. (1-4):

$$x = 0{,}622 \frac{p_v}{p - p_v} = 0{,}622 \frac{10{,}55}{760 - 10{,}55} = 0{,}000875 \frac{\text{kgf}}{\text{kgf}_{ar\ seco}},$$

Termodinâmica 51

enquanto que o peso específico do ar úmido, de acordo com a Eq. (1-8), será

$$\gamma_m = \frac{1}{v_m} = \frac{1+x}{2,153 + 3,416x} \cdot \frac{p}{T} =$$

$$= \frac{1,000875 \cdot 760}{(2,153 + 0,00303)298} = 1,184 \frac{\text{kgf}}{\text{m}^3},$$

isto é, aproximadamente igual a γ_{ar} 25°C · (1,186 kgf/m³).

1-7-5. Entalpia do ar úmido

Aplicando ao ar úmido o conceito de entalpia, podemos definir entalpia específica aparente, ou, simplesmente, o conteúdo total do calor do ar úmido à temperatura de t °C, como sendo

"a quantidade de calor que necessitamos fornecer a 1 kgf de ar seco e ao peso x kgf de vapor de água a ele misturado, para elevar o primeiro de 0 a t °C, e para transformar o segundo do estado líquido a 0 °C, ao estado de vapor à temperatura t °C e à pressão p_v".

A entalpia específica aparente é, portanto, a entalpia do ar úmido relativa ao kgf de ar seco, e tem por expressão:

$$H = C_{p\,ar}t + (r + C_{pm}t)x \frac{\text{kgf}}{\text{kgf}_{ar\,seco}}.$$

Segundo Mollier, dentro dos limites de temperatura que interessam ao caso, podemos fazer

$$C_{p\,ar} = 0,24 \frac{\text{kcal}}{\text{kgf °C}},$$

$$r_{0°C} = 597 \frac{\text{kcal}}{\text{kgf}},$$

(V.D.I. 597, 24 kcal/kgf, segundo observações mais modernas, para $p_{v\,0°C} = 4,58$ mm Hg);

$$C_{p\,0°C} = 0,45 \frac{\text{kcal}}{\text{kgf °C}}.$$

Teremos então

$$H = 0,24t + (597 + 0,45t)x \frac{\text{kcal}}{\text{kgf}_{ar\,seco}}. \qquad (1-9)$$

Nessas condições, podemos dizer (embora impropriamente) que o calor específico do ar úmido nos será dado por

$$C_{p(1+x)} = 0,24 + 0,45x \frac{\text{kcal}}{\text{kgf}_{ar\,seco}}.$$

Embora a entalpia do ar úmido seja sempre calculada tomando-se como base o kgf de ar seco, podemos relacioná-la ao kgf da mistura (entalpia específica real), dividindo, por isso, a expressão anterior por (1 + x) kgf.

Na prática, é preferível destacar a entalpia sensível (H_s), devida às diferenças de temperatura, e a entalpia latente (H_L), devida ao calor latente de vaporização, isto é,

$$H_s = (0,24 + 0,45x)t \; \frac{\text{kcal}}{\text{kgf}_{\text{ar seco}}},$$

$$H_L = 597x \; \frac{\text{kcal}}{\text{kgf}_{\text{ar seco}}}. \quad (1\text{-}10)$$

EXEMPLO

1-14. Calcular a entalpia específica aparente do ar nas seguintes condições:

$TTS = 30\,°C$,
$TTU = 20\,°C$,
$p = 760$ mm Hg.

A Eq. (1-1) nos fornece

$$\log p_s\; 20\,°C = 9{,}1466 - \frac{2\,316}{293} = 1{,}24,$$

$p_s\; 20\,°C = 17{,}4$ mm Hg p/20 °C,

$$\log p_s\; 30\,°C = 9{,}1466 - \frac{2\,316}{303} = 1{,}5,$$

$p_s\; 30\,°C = 31{,}6$ mm Hg p/30 °C,

donde, de acordo com a Eq. (1-2),

$$p_v = 17{,}4 - 5\,\frac{760}{755} = 12{,}4 \text{ mm Hg}.$$

E podemos escrever

$$\varphi = \frac{p_v}{p_s} = \frac{12{,}4}{31{,}6} = 0{,}392.$$

Por outro lado, de acordo com as Eqs. (1-4), (1-6) e (1-7),

$$x = 0{,}622\,\frac{12{,}4}{760 - 12{,}4} = 0{,}01027\,\frac{\text{kgf}}{\text{kgf}_{\text{ar seco}}},$$

$$x_s = 0{,}622\,\frac{31{,}6}{760 - 31{,}6} = 0{,}0269\,\frac{\text{kgf}}{\text{kgf}_{\text{ar seco}}},$$

$$\psi = \frac{x}{x_s} = \varphi\frac{p - p_s}{p - p_s} = \frac{0{,}01027}{0{,}0269} = 0{,}392.$$

A Eq. (1-9), finalmente, fornece

$$H_{\text{ar}} = 0{,}24 \cdot 30 = 7{,}2\,\frac{\text{kcal}}{\text{kgf}_{\text{ar seco}}},$$

$H_v = 597 \cdot 0{,}01027 + 0{,}45 \cdot 30 \cdot 0{,}01027,$

$$H_v = 6{,}13 + 0{,}139 = 6{,}27\,\frac{\text{kcal}}{\text{kgf}_{\text{ar seco}}},$$

isto é,

$$H = H_{\text{ar}} + H_v = 7{,}2 + 6{,}27 = 13{,}47\,\frac{\text{kcal}}{\text{kgf}_{\text{ar seco}}}.$$

1-7-6. Diagrama de Mollier para o ar úmido

As Eqs. (1-9) e (1-10) nos permitem traçar um diagrama no qual as linhas representativas das condições t = constante, x = constante e H = constante são retas. Tal diagrama, idealizado por Mollier, tem o nome de diagrama de Mollier para o ar úmido, ou carta psicrométrica.

As cartas psicrométricas européias adotam como ordenadas as entalpias sensíveis,

$$H_s = (0{,}24 + 0{,}45x)t;$$

e como abscissas as entalpias latentes,

$$H_L = 597x.$$

Nessas condições, as linhas de temperatura constante serão linhas retas do tipo

$$H_s = Ax + B = A'H_L + B,$$

levemente inclinadas em relação ao eixo das abscissas. Embora as coordenadas desses diagramas sejam H_s e H_L, normalmente são registrados nos mesmos t e x.

As linhas de igual entalpia,

$$H = H_s + H_L = H_s + 597x,$$

serão, naturalmente, linhas retas de mesma inclinação em relação às abscissas.

As linhas de igual grau higrométrico definidas para uma mesma temperatura pela relação

$$\psi = \frac{x}{x_s}$$

dividem as isotermas em partes iguais. As linhas de igual grau higrométrico aparecem como linhas curvas convergentes sobre a origem a −273 °C. A linha de porcentagem de umidade igual a 100% é a linha dita de saturação, estando sobre ela localizados os pontos de orvalho, isto é, as condições do ar para as quais o vapor de água começa a condensar-se, podendo dele ser separado.

As linhas de igual entalpia (isentálpicas ou de umidificação adiabática), na interseção com a linha de saturação (ψ = 100%), indicam a temperatura do termômetro úmido. Realmente, a saturação adiabática do ar, cujas condições o colocam aproximadamente (já que a transferência de massa torna $\Delta H \neq 0$) sobre uma isentálpica qualquer, é dada pelo ponto de interseção da isentálpica considerada com a linha de saturação.

Aparecem, ainda, no diagrama da Fig. 1-10, para a pressão atmosférica-normal, as pressões parciais de vapor de água, em função dos conteúdos de umidade,

$$p_v = \frac{760x}{0{,}622 + x}.$$

Nos bordos do diagrama estão registrados, a partir da origem (0 °C e 0 kgf de água), as linhas de igual relação H/x.

Essas linhas facilitam a resolução dos problemas de ar condicionado, onde o fator de calor latente (FCL), que é a parcela de calor latente a ser retirada do ambiente, isto é,

$$FCL = \frac{Q_L}{Q_s + Q_L} = \frac{H_L}{H_s + H_L} = \frac{597x}{H},$$

$$\frac{H}{x} = \frac{597}{FCL},$$

é um dado de grande importância.

Observação: As linhas de igual $\Delta H/\Delta x$ são paralelas às linhas de mesmo H/x que passam pela origem. (Veja a carta psicrométrica no final do livro.)

EXEMPLO

1-15. Determinar graficamente, por meio da carta psicrométrica, as principais características do ar nas seguintes condições:

$$TTS = 30\,°C,$$
$$TTU = 20\,°C,$$
$$p = 760 \text{ mm Hg}$$

(veja também a solução analítica nos Exemplos 1-12 e 1-14).

A *TTU* corresponde à temperatura do ar saturado (ponto 2). A linha de saturação (adiabática) que se verifica no termômetro úmido é uma isentálpica.

Nessas condições, seguindo a isentálpica que passa pelo ponto 2 até atingir a linha de temperatura *TTS*, podemos locar o ponto 1, que caracteriza as condições do ar em estudo (Fig. 1-10).

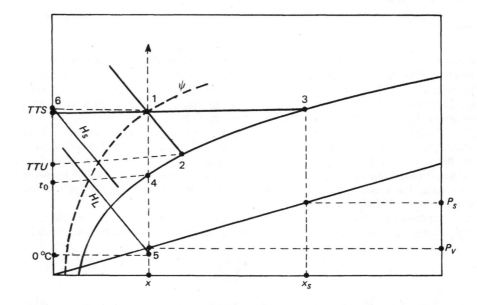

Figura 1-10

No ponto 1 assim achado, podemos determinar:

$$\psi = 39,3\%$$

$$H = 13,8 \frac{\text{kcal}}{\text{kgf}},$$

$$x = 10,8 \frac{\text{g}}{\text{kgf}},$$

$$p_v = 13 \text{ mm Hg}.$$

Caso o ar, à temperatura de 30 °C, estivesse saturado, ele atingiria o ponto 3, onde poderíamos então ler

$$x_s = 28,2 \frac{\text{g}}{\text{kgf}},$$

$$p_s = 32 \text{ mm Hg},$$

e mesmo verificar

$$\psi = \frac{x}{x_s} \cong \frac{p_v}{p_s} = 0,394.$$

Baixando a temperatura do ar (calor sensível) sem alterar seu conteúdo de umidade (x), notamos que o seu grau higrométrico aumenta até o mesmo atingir a saturação no ponto 4, o qual recebe o nome de ponto de orvalho ($t_0 = 14,9$ °C), pois, nessa temperatura, o ar começa a orvalhar, perdendo a umidade que se condensa (nuvens, neblina, chuva, etc.).

Aumentando-se a temperatura do ar (calor sensível) sem se alterar o seu conteúdo de umidade (x), nota-se o contrário, seu grau higrométrico diminui e o ar torna-se secante (ar do inverno aquecido, ar para operação de secagem, etc.).

Baixando-se a temperatura do ar sem se alterar seu conteúdo de umidade (x) até a temperatura de 0 °C, seu calor sensível se anula, e podemos determinar qual o calor latente do mesmo (ponto 5):

$$H_L = 6,3 \frac{\text{kcal}}{\text{kgf}}.$$

Tirando uma perpendicular à ordenada a partir do ponto 1, o calor sensível do ar ao longo da mesma não se altera, anulando-se o calor latente para $x = 0$, de modo que podemos determinar o valor do calor sensível do mesmo (ponto 6):

$$H_s = 7,5 \frac{\text{kcal}}{\text{kgf}}.$$

Naturalmente, deve verificar-se

$$H = H_s + H_L = 6,3 + 7,5 = 13,8 \frac{\text{kcal}}{\text{kgf}}.$$

(*Observação*: As discrepâncias dos valores achados em relação ao cálculo analítico devem-se à imprecisão de leitura da carta psicrométrica.)

Capítulo 2

MECÂNICA DOS FLUIDOS

2-1. Generalidades

2-1-1. Campo da Mecânica dos Fluidos

Necessidades decorrentes da insuficiência da Mecânica Clássica para a exata interpretação dos problemas referentes aos fluidos em movimento levaram a Engenharia moderna ao desenvolvimento de um novo capítulo da Mecânica, que é a Mecânica dos Fluidos, a qual, com o auxílio da Termodinâmica, estuda de uma maneira geral o movimento dos fluidos e suas causas.

Atualmente o campo dessa ciência é tão amplo que se constitui na base de diversas outras, como a Hidráulica, a Aerotécnica, a Aeronáutica, a Engenharia Naval, a Balística, a Oceanografia, a Metereologia, a Lubrificação, etc.

2-1-2. Fluidos

Embora, como é de conhecimento geral, a matéria seja constituída de elementos que guardam certa distância entre si, dentro da Mecânica Clássica, para o estudo das propriedades dos corpos, podemos considerá-los como sistemas contínuos, isto é, destituídos de vazios, de tal forma que, a cada ponto geométrico do corpo, corresponderá obrigatoriamente um ponto material do mesmo. Os sistemas contínuos assim definidos podem ser classificados em sólidos e fluidos.

Os corpos sólidos, devido à grande proximidade de suas moléculas, apresentam forças de coesão elevadas, de modo que, quando sujeitos a forças tangenciais, deformam-se, de tal modo que, a cada força, corresponderá uma magnitude de deformação (até o limite elástico, além do qual, aumentando-se a força, ocorrerá deformação plástica seguida de ruptura).

Nos fluidos, devido à maior distância apresentada por suas moléculas (para os gases maior do que para os líquidos), as forças de coesão tornam-se tão pequenas que, sob a ação de forças tangentes a sua superfície (forças de escorregamento, de cisalhamento ou de corte), por menor que sejam estas, deformam-se continuamente, de tal forma que, a cada força, corresponderá uma velocidade de deformação.

Tais considerações estabelecem a distinção primordial entre corpos sólidos e fluidos. Assim, enquanto nos sólidos a intensidade da força determina a magnitude da deformação, nos fluidos ela determinará a velocidade da mesma.

Mecânica dos fluidos

Para que um sistema contínuo esteja em equilíbrio é necessário e suficiente que a resultante de todas as forças que atuam sobre o mesmo seja nula.

Os sólidos, quando sujeitos a esforços externos, deformam-se, desenvolvendo, em seu interior, tensões que tendem a manter o seu volume e a sua forma originais. Assim, admitem tanto esforços normais como tangenciais, os quais são absorvidos por reações elásticas, que se verificam em qualquer direção.

Os fluidos, entretanto, não apresentam forma própria e, quando em repouso, não admitem esforços tangenciais, pois estes determinariam o deslocamento de suas partículas e, portanto, a quebra de seu equilíbrio.

Decorre daí que, num fluido em equilíbrio, as forças externas que agem sobre uma porção qualquer do mesmo (imaginariamente isolada no seio da massa fluida) são sempre normais e dirigidas para o seu interior.

Nos fluidos teoricamente perfeitos, a mobilidade das partículas é completa, podendo verificar-se o seu movimento, mesmo sem esforços tangenciais. Na realidade, isso não acontece devido à existência, embora pequena, das ações moleculares, que não permitem o deslocamento recíproco das moléculas do fluido, sem um esforço tangencial contínuo.

Imaginemos duas lâminas paralelas, muito próximas uma da outra, entre as quais se encontra um fluido qualquer (Fig. 2-1). Se conservarmos fixa a lâmina inferior e aplicarmos uma força F sobre a lâmina superior, a mesma se deslocará com uma velocidade c, exercendo um esforço de escorregamento sobre o fluido intermediário.

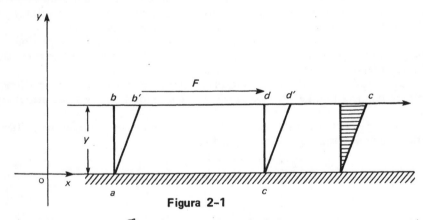

Figura 2-1

Após um instante $\mathscr{C}$, o fluido na área $abcd$ escoa para uma nova posição, $ab'cd'$. Cada partícula de fluido percorre uma trajetória paralela às lâminas e com velocidade constante. Entretanto, a velocidade das diversas partículas varia de zero, junto à lâmina inferior, até c, na lâmina superior.

Experimentalmente se verifica que, permanecendo constantes outras quantidades, a força F é diretamente proporcional à area da lâmina (Ω) e à velocidade de deformação angular c/y, isto é,

$$\boxed{F = \mu \cdot \Omega \frac{c}{y}}$$

A relação $F/\Omega = \sigma$ recebe o nome de *tensão de cisalhamento*, enquanto que a velocidade de deformação angular, nas condições-limites, assume a expressão da derivada:

$$\frac{dc}{dy} = \frac{c}{y}.$$

Nessas condições, podemos escrever

$$\sigma = \mu \frac{dc}{dy},$$

expressões da chamada *lei da viscosidade de Newton*, onde μ recebe o nome de coeficiente de viscosidade absoluta, ou viscosidade dinâmica.

Podemos, assim, definir a viscosidade dos fluidos como sendo a propriedade em virtude da qual os mesmos oferecem maior ou menor resistência à deformação, quando sujeitos a esforços de escorregamento.

A viscosidade dos gases aumenta com a temperatura, enquanto que a dos líquidos diminui com a mesma. Essa diferença de comportamento entre os gases e líquidos poderá ser facilmente compreendida se atentarmos às causas da viscosidade, que são as forças de coesão e o movimento das moléculas.

Nos líquidos, as moléculas se encontram muito próximas umas das outras e a força de coesão é bastante grande. Como esta diminui com a temperatura, pelo afastamento das moléculas, o mesmo acontecerá com a viscosidade.

Já nos gases, onde as moléculas se encontram muito afastadas, a força de coesão é muito pequena, ao passo que o movimento molecular é bastante ativo, influindo preponderantemente na viscosidade.

Ora, sendo o movimento molecular (energia cinética interna) uma função direta da temperatura, decorre logicamente que a viscosidade deverá aumentar com a mesma.

Além do coeficiente de viscosidade absoluta, é muito utilizado, na prática, o coeficiente de viscosidade cinemática, dado pela relação:

$$\nu = \frac{\mu}{\delta} = \frac{\mu g}{\gamma}.$$

O coeficiente de viscosidade absoluta tem por equação dimensional

$$ML^{-1}T^{-1} \quad \text{ou} \quad FTL^{-2}$$

e sua unidade no sistema CGS denomina-se *poise*, em homenagem ao médico francês Poiseuille.

Nos problemas técnicos em que o sistema de unidades adotado é o MKfS, a viscosidade absoluta é dada em kgf · s/m², a qual guarda com a viscosidade dada em poise a seguinte relação:

$$\mu \text{MKfS} = \frac{\mu \text{CGS}}{98,1}.$$

Mecânica dos fluidos 59

Quanto à viscosidade cinemática, cuja equação dimensional é L^2T^{-1}, tem por unidades: no sistema CGS,

$$\frac{cm^2}{s} = \text{stokes (St)} = 100\,\text{centistokes (cSt)};$$

e, no sistema MKfS,

$$\frac{m^2}{s} = 10\,000\,\text{St} = 10^6\,\text{cSt}.$$

De modo que a viscosidade cinemática, avaliada no sistema MKfS mantém, com a viscosidade avaliada no sistema CGS, a seguinte relação:

$$\nu = \frac{m^2}{s} = \frac{\nu\,cm^2/s}{10\,000} = \frac{\nu\,\text{St}}{10\,000} = \frac{\nu\,\text{cSt}}{10^6}$$

As Tabs. 2-1 e 2-2 nos fornecem a viscosidade absoluta e cinemática do ar a 1,033 kgf/cm² e da água, respectivamente.

Tabela 2-1. Viscosidade do ar a 1,033 kgf/cm²

t (°C)	γ (kgf/m³)	$10^6\mu$ (kgf · s/m²)	$10^6\nu$ (m²/s)
-50	1,584	1,490	9,22
-40	1,516	1,543	9,98
-30	1,453	1,598	10,77
-20	1,306	1,653	11,61
-15	1,369	1,679	12,03
-10	1,342	1,705	12,45
- 5	1,318	1,729	12,85
0	1,292 8	1,756 5	13,30
5	1,270	1,780	13,74
10	1,249	1,806	14,17
15	1,220	1,832	14,65
20	1,205	1,856	15,10
30	1,166	1,905	16,00
40	1,129	1,953	16,95
50	1,093	2,002	17,96
60	1,060	2,046	18,94
80	1,000	2,140	20,95
100	0,946	2,227	23,10
150	0,835	2,440	28,70
200	0,746	2,637	34,65
250	2,675	2,824	41,05
300	0,616	3,007	47,82
350	0,567	3,170	54,80
400	0,525	3,333	62,26
450	0,488	3,493	70,15
500	0,457	3,642	78,20
550	0,429	3,790	86,70
600	0,404	3,927	95,30

Tabela 2-2. Viscosidade da água

t (°C)	γ (kgf/m³)	$10^6 \mu$ (kgf · s/m²)	$10^6 \nu$ (m²/s)
0	999,9	182,6	1,790
5	1,000	155,0	1,525
10	999,6	132,8	1,301
15	999,1	116,3	1,141
20	998,2	102,6	1,008
25	996,9	91,2	0,898
30	995,6	81,5	0,803
35	993,8	73,7	0,727
40	992,2	66,7	0,660
45	990,2	61,1	0,605
50	988,0	56,1	0,557
55	985,7	51,8	0,515
60	983,2	48,1	0,480
65	980,5	44,6	0,445
70	977,7	41,6	0,417
75	974,8	38,8	0,391
80	971,8	36,5	0,368
85	968,7	34,15	0,345 5
90	965,3	32,05	0,325 5
95	961,9	30,50	0,311
100	958,3	28,65	0,293
150	916,9	18,81	0,201
156	911,3	18,26	0,196
160	907,5	17,76	0,192
200	864,7	14,08	0,160
218	842,8	12,34	0,143
250	799,2	11,43	0,140
306	698,8	9,38	0,046 3

2-1-3. Divisão da Mecânica dos Fluidos

A Mecânica dos Fluidos pode ser dividida em Estática, Cinemática e Dinâmica:

 a Estática dos Fluidos estuda os fluidos em repouso;
 a Cinemática dos Fluidos estuda o movimento dos mesmos sem questionar sobre as causas que o originaram;
 a Dinâmica dos Fluidos estuda a relação entre os movimentos dos mesmos e suas causas.

Mecânica dos fluidos

2-1-4. Estática dos Fluidos

As reações por unidade de área que se desenvolvem sob a ação de forças externas, entre as partículas dos corpos, são denominadas tensões (sólidos) ou pressões (fluidos):

$$p = \frac{F}{S}.$$

A intensidade da pressão num ponto dado é o limite dessa relação quando a área tende para zero, isto é:

$$p = \frac{dF}{dS}.$$

Em geral, as tensões ou pressões não coincidem com a normal ao elemento de área sobre a qual atua, podendo-se decompô-la numa tensão tangencial e outra normal.

Nos sólidos e nos fluidos viscosos em movimento, a pressão (ou tensão) depende, além do ponto considerado, da orientação da superfície sobre a qual se exercem os esforços.

Nos fluidos em repouso, em vista da inexistência de esforços tangenciais, as pressões são sempre normais, e independem da orientação da superfície, isto é, são grandezas escalares, função dos pontos considerados, pois dependem apenas das coordenadas do mesmo. Decorre daí que a pressão num ponto qualquer de um fluido em equilíbrio é igual em todas as direções.

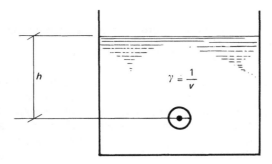

Figura 2-2

Para um fluido sujeito unicamente à ação da gravidade (Fig. 2-2),

$$p = -\gamma h,$$
$$dp = -\gamma dh.$$

Isto é:

$$\boxed{v\,dp = -dh},$$

o trabalho utilizável da gravidade por unidade de peso do sistema é igual à variação de altura do mesmo (veja o Cap. 1, "Termodinâmica").

A pressão exercida pela camada de ar que circunda o globo terrestre denomina-se pressão atmosférica. Ao nível do mar e à temperatura de 15 °C a pressão atmosférica vale 1,033 2 kgf/cm².

Já a temperatura da atmosfera varia com a altitude. Dá-se o nome de grau aerotérmico à variação de altitude em metros para a variação de cada grau centígrado da temperatura do ar atmosférico, isto é:

$$\text{grau aerotérmico} = +\frac{dh}{dt} = +\frac{dh}{dT}.$$

Lembrando que, no campo da gravidade, verifica-se a equação de equilíbrio

$$v\,dp = -dh,$$

podemos calcular facilmente o grau aerotérmico supondo que a variação da temperatura com a altitude se dê segundo uma isentrópica, isto é (veja, da Bibliografia, *Física industrial-termodinâmica*, Parte I, Caps. I e II),

$$A v\,dp = dH = c_p\,dT = \frac{kAR\,dT}{k-1}.$$

Nessas condições, podemos escrever:

$$\frac{dh}{dT} = \frac{c_p}{A} = -\frac{kR}{k-1},$$

$$\frac{dH}{dT} = -0,24 \times 427 = -\frac{1,4 \times 29,27}{0,4} = 102,5 \text{ m/°C}$$

Na realidade, sabe-se que o grau aerotérmico vale, com boa aproximação:

$$\frac{dh}{dT} = -154 \text{ m/°C } (6,5 \text{ °C/dm}).$$

Tal discrepância em relação ao valor teórico obtido resulta do fluxo térmico que se verifica entre as camadas da atmosfera, a temperaturas diferentes.

A estratificação enunciada se dá, portanto, politropicamente e não isentropicamente. Partindo do valor experimental assinalado para o grau aerotérmico, podemos calcular o expoente politrópico que caracteriza a compressão das camadas de ar que constituem a atmosfera real. Assim, fazendo

$$\frac{dh}{dT} = -\frac{nR}{n-1} = -154 \text{ m/°C},$$

onde n representa o expoente politrópico em estudo, obtemos

$$n = 1,236.$$

A pressão atmosférica diminui com a altitude.

Considerando para essa expansão o valor de n calculado anteriormente, podemos determinar a pressão atmosférica a uma altitude qualquer. Para isso, tomemos novamente, a equação

$$v\,dp = -dh,$$

onde, para o caso (politrópica),

$$pv^n = pv^{1,236} = \text{constante},$$

Mecânica dos fluidos

e calculemos a sua integral entre os limites p_0, y_0 correspondente ao nível do mar, e p, y corresponde a uma altitude qualquer:

$$\int_{p_0}^{p} \left(\frac{p_0 v_0^n}{p}\right)^{1/n} dp = \int_{y_0}^{y} -dy,$$

obtemos

$$p = p_0 \left[1 - 0{,}191 \frac{\gamma_0}{p_0} (h - h_0)\right]^{5,23},$$

expressão que, para

$$\gamma_0 = \gamma\, 15\,°C = 1{,}226\, kgf/m^3,$$

reproduz com boa aproximação os valores que constam da Atmosfera Aeronáutica-padrão da NASA (Tab. 2-3).

Tabela 2-3

H (m)	t (°C)	T (K)	p (kgf/m²)	p (mm Hg)	δ (kgf/m⁻¹·s²)	μ (kgfm⁻²·s)	ν (m²·s⁻¹)	c (m·s⁻¹)	H (m)
-1 000	21,5	294,7	11 618	854,5	0,137 4	$1{,}861 \times 10^{-6}$	$1{,}355 \times 10^{-5}$	344,2	-1 000
0	15,0	288,2	10 332	760,0	0,124 9	$1{,}829 \times 10^{-6}$	$1{,}464 \times 10^{-5}$	340,4	0
1 000	8,5	281,7	9 165	674,1	0,113 4	$1{,}796 \times 10^{-6}$	$1{,}584 \times 10^{-5}$	336,6	1 000
2 000	2,0	275,2	8 106	596,3	0,102 6	$1{,}762 \times 10^{-6}$	$1{,}717 \times 10^{-5}$	332,7	2 000
3 000	-4,5	268,7	7 149	525,9	0,092 7	$1{,}729 \times 10^{-6}$	$1{,}865 \times 10^{-5}$	328,7	3 000
4 000	-11,0	262,2	6 286	462,3	0,083 5	$1{,}695 \times 10^{-6}$	$2{,}029 \times 10^{-5}$	324,7	4 000
5 000	-17,5	255,7	5 508	405,2	0,075 1	$1{,}660 \times 10^{-6}$	$2{,}212 \times 10^{-5}$	320,7	5 000
6 000	-24,0	249,2	4 811	353,9	0,067 3	$1{,}626 \times 10^{-6}$	$2{,}416 \times 10^{-5}$	316,6	6 000
7 000	-30,5	242,7	4 187	308,0	0,060 1	$1{,}590 \times 10^{-6}$	$2{,}646 \times 10^{-5}$	312,4	7 000
8 000	-37,0	236,2	3 630	267,0	0,053 6	$1{,}555 \times 10^{-6}$	$2{,}903 \times 10^{-5}$	308,2	8 000
9 000	-43,5	229,7	3 135	230,6	0,047 6	$1{,}519 \times 10^{-6}$	$3{,}194 \times 10^{-5}$	303,9	9 000
10 000	-50,0	223,2	2 696	198,3	0,042 1	$1{,}482 \times 10^{-6}$	$3{,}522 \times 10^{-5}$	299,6	10 000
11 000	-56,5	216,7	2 308	169,7	0,037 1	$1{,}445 \times 10^{-6}$	$3{,}895 \times 10^{-5}$	295,2	11 000
12 000	-56,5	216,7	1 971	145,0	0,031 70	$1{,}445 \times 10^{-6}$	$4{,}560 \times 10^{-5}$	295,2	12 000
13 000	-56,5	216,7	1 684	123,8	0,027 07	$1{,}445 \times 10^{-6}$	$5{,}339 \times 10^{-5}$	295,2	13 000
14 000	-56,5	216,7	1 438	105,8	0,023 12	$1{,}445 \times 10^{-6}$	$6{,}251 \times 10^{-5}$	295,2	14 000
15 000	-56,5	216,7	1 228	90,3	0,019 75	$1{,}445 \times 10^{-6}$	$7{,}318 \times 10^{-5}$	295,2	15 000
16 000	-56,5	216,7	1 049	77,2	0,016 87	$1{,}445 \times 10^{-6}$	$8{,}568 \times 10^{-5}$	295,2	16 000
17 000	-56,5	216,7	896,0	65,9	0,014 41	$1{,}445 \times 10^{-6}$	$1{,}003 \times 10^{-4}$	295,2	17 000
18 000	-56,5	216,7	765,3	56,3	0,012 31	$1{,}445 \times 10^{-6}$	$1{,}174 \times 10^{-4}$	295,2	18 000
19 000	-56,5	216,7	653,6	48,1	0,010 51	$1{,}445 \times 10^{-6}$	$1{,}375 \times 10^{-4}$	295,2	19 000
20 000	-56,5	216,7	558,3	41,1	0,008 98	$1{,}445 \times 10^{-6}$	$1{,}610 \times 10^{-4}$	295,2	20 000

Uma das aplicações mais simples da equação fundamental da estática dos fluidos são os manômetros de coluna líquida. Esses dispositivos servem para determinar a pressão de um fluido comparando-a com a pressão exercida por uma coluna líquida contida em um tubo.

O tipo mais simples de manômetro de coluna são os denominados tubos piezométricos (Fig. 2-3), constituídos por um simples tubo aberto na parte superior e ligado, na inferior, ao recipiente que contém o líquido cuja pressão se deseja avaliar.

A pressão absoluta em A se obtém a partir da equação de equilíbrio, aplicando-a entre os limites A e B,

$$\int_{p_A}^{p_B} \frac{dp}{y} = \int_A^B -dh,$$

$$\frac{p_B - p_A}{y} = -h,$$

$$p_A = hy + p_B = hy + p_0,$$

onde y é o peso específico do líquido (constante) e p_0 a pressão atmosférica em B. A altura (h) recebe o nome de altura piezométrica.

Caso a pressão a determinar seja inferior à atmosférica, o tubo piezométrico deve ser ligado como mostra a Fig. 2-4, onde teremos, da mesma forma:

$$p_A = p_0 - h.$$

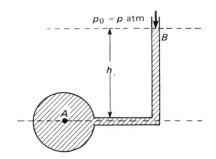

Figura 2-3

Para medir pressões de fluidos cujo peso específico é baixo (gases, vapores, líquidos leves, etc.), adota-se um líquido manométrico auxiliar, cujo peso específico pode ser escolhido de acordo com a pressão a medir.

A disposição adotada é a da Fig. 2-5, onde se verifica:

$$p_B = p_0 \pm h_2 y_2,$$
$$p_A = p_B - h_1 y_1,$$
$$p_A = p_0 \pm h_2 y_2 - h_1 y_1,$$

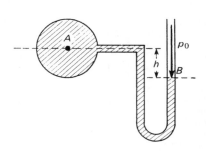

Figura 2-4

onde o sinal positivo corresponde a pressões superiores à pressão atmosférica (p_0) e o negativo a inferiores. No caso de gases, a pressão devida à coluna $h_1 y_1$, na maior parte dos casos, pode ser desprezada.

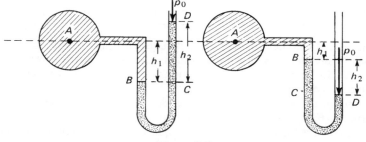

Figura 2-5

Mecânica dos fluidos

2-1-5. Cinemática dos Fluidos

Ao analisarmos o movimento de uma massa fluida, notamos que enormes quantidades de moléculas obedecem a uma mesma lei de deslocamento, resultado estatístico das leis microscópicas aplicadas a cada uma delas. A esse conjunto de moléculas, às quais podemos aplicar as leis macroscópicas da Mecânica de Fluidos, é que chamamos de partícula.

Considerando as partículas como pontos materiais, podemos também considerar o caminho que cada uma delas percorre como sendo uma linha, a qual será formada pelos pontos que ocupam em cada instante. Essas linhas recebem o nome de trajetórias, e traduzem, como é fácil notar pela sua definição, a história do deslocamento de cada partícula ao longo do tempo.

Conceito diverso do de trajetória é o de linha de fluxo, o qual traduz, para um instante dado, o lugar geométrico dos pontos ocupados pelas diversas partículas cujas velocidades, no instante considerado, lhes são tangentes.

Cada trajetória se refere ao deslocamento de uma partícula ao longo do tempo, enquanto que uma linha de fluxo se refere a diversas partículas e é de natureza instantânea.

Um exemplo esclarecerá melhor a diferença apontada: fotografando à noite, em *pose*, a superfície de uma corrente de água onde se colocaram flutuadores luminosos, registraremos trajetórias. Por outro lado, fotografando à noite, mas com curta exposição, a mesma superfície e os mesmos flutuadores luminosos, registraremos diversos pequenos vetores velocidades, os quais nos permitirão traçar, de acordo com a sua orientação, linhas de fluxo.

As linhas de fluxo constituem, portanto, uma família de curvas semelhantes às linhas de força de um campo magnético. Em vista de sua natureza instantânea, por um ponto dado, só pode passar uma linha de fluxo, enquanto que, em vista da irregularidade do movimento das partículas ao longo do tempo, podem passar várias trajetórias. Isto é, as trajetórias podem cruzar-se, enquanto que as linhas de fluxo jamais apresentam um ponto comum.

Se considerarmos uma linha fechada no campo de velocidades de uma corrente fluida, as linhas de corrente que a cortam num instante dado formam uma superfície tubular estanque, que não é atravessada pelo fluido. Tal superfície delimita o que chamamos de tubo de fluxo (Fig. 2-6). O fluido interior de um tubo de fluxo infinitesimal é o que constitui um filamento de corrente.

Uma corrente fluida pode, portanto, ser considerada como formada de filamentos de corrente, podendo-se, em alguns casos, considerá-la não-infinisimal, mas sim limitada pela canalização em que os mesmos circulam.

Definindo vazão como o volume que, na unidade de tempo, atravessa uma seção normal às linhas de fluxo, podemos calcular a vazão de um tubo de fluxo como sendo:

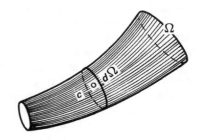

Figura 2-6

$$V = \int_0^\Omega c\, d\Omega.$$

A vazão pode ser dada em m³/s (V_s) ou m³/h (V_h).

Ao peso (ou massa) de fluido que na unidade de tempo atravessa uma seção transversal da corrente fluida daremos o nome de descarga (G_s, G_h, M_s, M_h).

No caso particular em que a velocidade através a superfície normal às linhas de fluxo é constante, teríamos:
$$V_s = c\Omega,$$
$$G_s = c\Omega\, \gamma,$$
$$M_s = c\Omega\delta.$$

Na realidade, cada um dos filamentos de corrente que constituem um tubo de fluxo finito tem velocidade diferente, a qual varia segundo lei que nem sempre é possível determinar. Nesse caso costuma-se admitir a existência de uma velocidade média, cujo valor é dado pela relação:

$$c_m = \frac{\int_0^\Omega c\, d\Omega}{\Omega}.$$

A velocidade média é, portanto, uma velocidade hipotética, constante ao longo de toda seção transversal do tubo de fluxo finito, que nos permite calcular a vazão ou descarga do mesmo, num instante dado:

$$\boxed{\begin{aligned} V_s &= c_m \Omega \\ G_s &= c_m \Omega \gamma \\ M_s &= c_m \Omega \delta \end{aligned}}.$$

De uma maneira geral, as velocidades dependem do ponto e do tempo, isto é: a velocidade em cada ponto varia com o tempo. Tais movimentos apresentam, portanto, um regime variável com o tempo e tomam o nome de *não-permanentes*.

Quando o regime de velocidades de um movimento é função de ponto, mas não de tempo, o mesmo toma o nome de *permanente* ou *estacionário*.

Quando um movimento se caracteriza por apresentar um regime permanente, notamos que as trajetórias e as linhas de fluxo coincidem, mantendo-se inalteradas com o tempo. Isso se deve ao fato de que, sendo constante a velocidade em cada ponto, todas as partículas terão a mesma velocidade ao ultrapassá-lo e, portanto, seguem a mesma trajetória.

Num regime de escoamento permanente, portanto, as trajetórias não podem cortar-se, já que se identificam com as linhas de fluxo.

Se um regime não é permanente, em um mesmo ponto o vetor velocidade varia de um instante para outro, podendo ser num instante tangente a uma trajetória e noutro já não o ser, não havendo nesse caso coincidência entre linhas de fluxo e trajetórias.

Mecânica dos fluidos   **67**

Por outro lado, os movimentos podem ser também classificados em *uniformes* e *não-uniformes*. Um movimento é dito uniforme quando, em um instante dado, a velocidade do mesmo, em qualquer ponto do fluido, é constante em módulo, direção e sentido. Se, no mesmo instante, a velocidade varia de um ponto para outro, o movimento é dito não-uniforme.

No movimento uniforme, a velocidade pode variar ou não ao longo do tempo, mas não com o ponto.

Por outro lado, baseados na lei da conservação das massas, segundo a qual nenhuma matéria pode ser criada ou destruída, podemos estabelecer a chamada equação da continuidade, a qual nos mostra que, num tubo de fluxo sujeito a um movimento permanente (sem variação de massa no seu interior), a descarga (massa escoada na unidade de tempo) é invariável ao longo do mesmo, isto é:

$$\boxed{\Omega c \delta = \text{constante}}.$$

2-1-6. Dinâmica dos Fluidos

A equação que define o equilíbrio dinâmico de uma massa fluida em movimento unidirecional e permanente pode ser obtida a partir dos conceitos termodinâmicos já estudados. Consideramos para isso a expressão mais geral do primeiro princípio da Termodinâmica:

$$dQ = A\,dL = dE = dU + A\,dh + A\,d\left(\frac{c^2}{2g}\right).$$

Lembrando a expressão da entalpia, aplicável também aos sistemas em movimento,

$$dH = dU + a\,d(pv) = dQ + Av\,dp,$$

e a expressão das diversas formas do trabalho mecânico,

$$A\,dL = A\,dL_i + A\,dL_m + A\,dL_R,$$

onde

$$A\,dL_i = A\,d(pv),$$

obtemos

$$\boxed{-Av\,dp = A\,dh + A\,d\left(\frac{c^2}{2g}\right) + A\,dL_m + A\,dL_R},$$

equação que, para o caso de o escoamento verificar-se sem atrito e sem intervenção de trabalho mecânico externo (máquina), torna-se

$$\boxed{-v\,dp = dh + d\left(\frac{c^2}{2g}\right)},$$

expressão que nos mostra ser o trabalho mecânico utilizável realizado por um sistema fluido em movimento permanente e sem atrito no campo da gravidade, invertido em alterar a energia mecânica cinética ou potencial do mesmo.

A integração dessa equação, entretanto, não é imediata, pois, no termo $v\,dp$, v é uma função de p característica da transformação termodinâmica seguida pelo fluido em movimento. De uma maneira geral, essa dependência pode ser caracterizada pela equação geral das transformações politrópicas:

$$\boxed{pv^n = \text{constante}}$$

São excepcionalmente importantes para a técnica o estudo do comportamento dos fluidos em movimento sob condições termodinâmicas de volume constante. Assim, tratando-se de escoamento de fluidos incompressíveis, ou mesmo de fluidos compressíveis quando sujeitos a pequenas variações de pressão, podemos considerar:

$$v = \text{constante}.$$

Nessas condições, a equação anterior, pode ser integrada entre dois limites 1 e 2 quaisquer, tomando, de acordo com a Fig. 2-7, o aspecto:

$$\int_{p_1}^{p_2} -v\,dp = \int_{h_1}^{h_2} dh + \int_{c_1}^{c_2} d\left(\frac{c^2}{2g}\right),$$

$$h_2 - h_1 + \frac{c_2^2}{2g} - \frac{c_1^2}{2g} + \frac{p_2}{\gamma} - \frac{p_1}{\gamma} = 0,$$

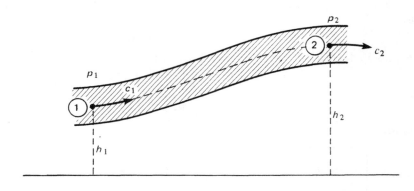

Figura 2-7

isto é,

$$h_1 + \frac{p_1}{\gamma} + \frac{c_1^2}{2g} = h_2 + \frac{p_2}{\gamma} + \frac{c_2^2}{2g}$$

E, como a integração pode ser feita entre quaisquer pontos da trajetória, podemos dizer que, de uma maneira geral,

$$h + \frac{p}{\gamma} + \frac{c^2}{2g} = \text{constante} = H$$

expressão devida a Daniel Bernoulli.

Podemos notar que todos os termos da equação anterior têm dimensões lineares que significam tanto alturas como energias por unidade de peso do sistema em movimento. Assim, para uma determinada trajetória:

• h é altura geométrica da mesma em relação a um plano de referência qualquer ou, ainda,
"a energia potencial devida à posição ocupada pela massa fluida no campo gravitacional";

• p/γ é a altura piezométrica que, em coluna fluida, corresponde à pressão absoluta suportada pelo fluido em movimento ou, ainda,
"a energia apresentada pelo fluido devido à pressão que suporta, energia essa avaliada ao longo de uma compressão a volume constante $(-v\,dp)$";

• $c^2/2g$ é a altura devida à velocidade (altura cinética) ou, ainda,
"a energia cinética apresentada pelo fluido devido a sua velocidade."

Nessas condições podemos enunciar que: no movimento permanente e sem atrito de um fluido incompressível sujeito unicamente ao seu próprio peso, a soma das alturas ou energias correspondentes à sua posição no campo gravitacional, sua pressão absoluta e sua velocidade, é constante ao longo das trajetórias de cada uma de suas partículas.

A soma dessa altura define a altura total (H) de um plano acima do plano de referência, denominado plano de carga total (absoluto) ou, ainda, a energia total disponível no fluido em escoamento isométrico (em relação à pressão absoluta zero).

Multiplicando a expressão anterior por γ obtemos as equações ditas das pressões ou das energias por unidade de volume de uma corrente fluida isométrica:

$$h\,\gamma + p + \frac{c^2}{2g}\gamma = H\,\gamma = \text{constante}$$

Nessas equações, em correspondência às alturas já definidas:

$h\,\gamma$ toma o nome de pressão de gravidade;

p ou $p - p_0$ são as pressões piezométricas absoluta ou efetiva;

$(c^2/2g)\,\gamma$ é a pressão de detenção, pressão de velocidade ou, ainda, pressão cinética.

As pressões piezométricas que se verificam quando o fluido está em repouso são ditas estáticas, enquanto que, para um fluido em movimento, as mesmas são ditas pressões piezométricas dinâmicas ou simplesmente pressões dinâmicas.

2-2. Escoamento em canalizações

2-2-1. Influência da viscosidade sobre o escoamento

Como já tivemos oportunidade de salientar, o aparecimento de esforços tangenciais nos sistemas contínuos provoca nos mesmos deformações elásticas (sólidos) ou contínuas (fluidos).

A resistência à deformação de um corpo sólido, quando sujeito a um esforço cortante, depende de seu módulo de elasticidade tangencial, enquanto que a resistência ao deslocamento de um fluido, quando sujeito a um esforço tangencial, depende de sua viscosidade absoluta.

A resistência oposta pelo fluido à tensão tangencial depende da coesão e do grau de transferência de quantidade de movimento entre suas moléculas.

Nos líquidos, devido à proximidade das moléculas, as forças de coesão predominam, e parecem ser a causa principal da viscosidade nesses fluidos.

Os gases, por sua vez, têm forças de coesão muito pequenas e a maior parcela de resistência à tensão de corte é resultante da transferência de quantidades de movimento entre suas moléculas.

Essa transferência de quantidade de movimento existe em qualquer fluido, entre duas camadas adjacentes que se movem com velocidades diferentes, uma em relação à outra.

A transferência de moléculas de uma camada para outra dá lugar a trocas de quantidades de movimento, de tal maneira que surge uma tensão de corte aparente que resiste ao movimento relativo e tende a igualar as velocidades de ambas as camadas.

Os esforços tangenciais, portanto, executam deformações que, em vista dos desequilíbrios de pressão que criam no seio da massa fluida em escoamento, originam reações viscosas que tendem a opor-se a essas deformações, e o trabalho das forças exteriores ao realizá-los é integralmente transformado em calor pelos atritos que se verificam internamente.

As forças exteriores, no caso, podem ser constituídas por uma máquina (bomba, ventilador, compressor, etc.), ou mesmo pela energia mecânica (cinética ou potencial) apresentada pela corrente fluida.

A resistência viscosa oposta ao deslocamento dos fluidos, portanto, constitui-se em processo comum de atrito, pelo qual a energia mecânica é transformada em calor.

A parcela de transformação dessa energia em calor pelo atrito depende essencialmente da natureza do fluido, natureza do escoamento, e da natureza dos contornos fixos em contato com os quais se desloca o fluido.

2-2-2. Regimes laminar e turbulento — número de Reynolds

A observação do movimento dos fluidos mostra a existência de dois regimes de escoamento que apresentam características notadamente diversas, e que foram denominados, respectivamente, regime laminar e regime turbulento. No comportamento das partículas do fluido em escoamento residem as diferenças que caracterizam um e outro regime.

A característica fundamental do regime laminar é que as partículas apresentam trajetórias individuais bem nítidas, cuja visualização é possível pela injeção de uma solução colorida com o mesmo peso específico do fluido em movimento, num dispositivo de análise adequado.

De uma estrutura que obedeça às condições expostas resulta um deslocamento de partículas em camadas ou lâminas que acompanham os contornos fixos que delimitam a corrente.

Na maioria dos casos, entretanto, as tensões tangenciais adicionais criadas pela desordenação da corrente não são suficientes para evitar as flutuações de velocidade, e o escoamento se verifica então na forma turbulenta.

Um escoamento turbulento não pode ser tratado de acordo com as equações deduzidas para o regime laminar. Assim, nos escoamentos reais sempre se verificam pequenas perturbações, que causam a turbulência transitória ou permanente das veias fluidas, tornando-se indispensável determinar quando um regime de movimento é estável ou não.

A maior ou menor estabilidade de uma corrente fluida pode ser caracterizada por um fator que dependerá, necessariamente, da densidade do fluido, de sua viscosidade, da distância à parede e do gradiente de velocidade, através da seção transversal da corrente. Este fator, que, ao mesmo tempo, é um número adimensional, é o *número de Reynolds* (Re), que caracteriza a maior ou menor influência da viscosidade sobre o regime da corrente. A partir do número de Reynolds,

$$Re = \frac{cD}{\mu/\delta}$$

comprova-se experimentalmente que, quanto menor for o numerador e maior o denominador, maior será a estabilidade da corrente. Nessas condições a estabilidade máxima se verificará para:

$y = 0$ (no contorno),

$\frac{dc}{dv} = 0$ (longe do contorno),

$\mu = \infty$ (viscosidade infinita),

$\delta = 0$ (densidade nula).

Como, por sua vez, para cada tipo de contorno o número de Reynolds pode definir a importância da viscosidade no trabalho de atrito, é de se supor que haja um valor para o mesmo aquém do qual a corrente seja perfeitamente estável. Tal hipótese foi demonstrada experimentalmente para tubos cilíndricos por meio de dispositivo especial construído por Reynolds.

Observações diversas mostraram que, para valores de

$$\frac{cD}{\mu/\delta}$$

superiores a 4 000, o escoamento é turbulento, independentemente do diâmetro do tubo.

Reduzindo-se, por outro lado, a velocidade de escoamento no aparato de Reynolds, nota-se que, para um certo valor Re, o escoamento passa novamente de turbulento a laminar.

Existe, portanto, para cada tipo de contorno, um número de Reynolds, dito número crítico, abaixo do qual a corrente é perfeitamente estável, de tal forma que as perturbações locais de qualquer natureza são gradualmente anuladas pela ação da viscosidade.

Para o caso de condutos de seção circular, o número crítico inferior de Reynolds é da ordem de 2 000, valor esse de grande significado prático. Entre este valor e 4 000 encontra-se uma zona de transição ao longo da qual a caracterização do regime da corrente não pode ser determinada com segurança. Assim, o escoamento laminar em condutos cilíndricos só se verifica para velocidade crítica, a qual nos é dada pela condição

$$c_{crítica} = \frac{2\ 000\ \mu/\delta}{D}.$$

A maior parte dos escoamentos comuns, na prática, verifica-se em velocidades superiores à velocidade crítica, o que nos indica serem os mesmos turbulentos. Assim, para a água à temperatura ambiente escoando-se em cano de 25 mm de diâmetro, a velocidade crítica seria:

$$c_{crítica} = \frac{2\ 000 \times 10^{-6}}{0,025} = 0,08 \text{ m/s}.$$

2-2-3. Atrito nas canalizações

Canalizações são constituídas por condutos fechados e acessórios diversos, destinados a transportar, por escoamento contínuo, sob pressão, fluidos.

Os condutos podem ser de seção circular (tubos), ou retangular (simplesmente condutos ou dutos). Excepcionalmente são adotadas seções transversais diversas das apontadas, como elípticas, trapezoidais, etc.

Os acessórios das canalizações são constituídos pelos elementos de ligação (como luvas, flanges, gaxetas, etc.), variações de seção (como reduções, aumentos, transformações, etc.), mudanças de direção (como joelhos, curvas, etc.), derivações e reuniões, elementos de controle (como registros, válvulas de retenção, válvulas automáticas, válvulas de redução de pressão, borboletas de regulação, filtros, secadores, etc.), elementos de medida (como bocais, diafragmas, ventúris, fluxômetros, etc.) e demais obstáculos que interferem com o fluido em escoamento.

De acordo com a equação geral do escoamento permanente, unidirecional, sujeito unicamente ao campo de forças da gravidade

$$-v\,dp = dh + d\,\frac{c^2}{2g} + dL_R,$$

o trabalho utilizável $(-v\,dp)$ de expansão da veia fluida é aproveitado para alterar a energia mecânica potencial ou cinética, e para entreter as resistências passivas devidas ao atrito.

No caso de condutos, a resistência oposta ao escoamento pode ser considerada como a força resultante da tensão tangencial σ_0 de contracorrente que age na periferia do conduto, devido aos efeitos da viscosidade.

Assim, chamando de perda de carga (j) a diferença de pressão necessária para vencer a resistência oposta pelo atrito,

$$dj\Omega = \sigma_0 P\,dx,$$

isto é,

$$\frac{dj}{dx} = i = \frac{P}{\Omega} \sigma_0,$$

onde i é o gradiente de pressão devido ao atrito, ou perda de carga unitária (por unidade de comprimento de conduto) e P é o perímetro do conduto.

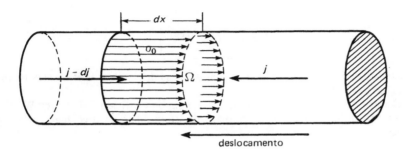

Figura 2-8

Assim, sempre que a tensão tangencial (σ_0) for constante (regime permanente, com velocidade constante) em condutos de seção também constante, o gradiente de pressão (i) também o será.

Substituindo, por outro lado, a tensão tangencial pelo conceito de coeficiente de resistência,

$$\lambda = 4f = 4 \frac{\sigma_0}{(c^2/2g)\gamma},$$

obtemos

$$i = \frac{dj}{dx} = \frac{\lambda}{4} \frac{P}{\Omega} \frac{c^2}{2g} \gamma.$$

O trabalho de atrito corresponde ao trabalho de expansão da veia fluida, $v\,dj$ (positivo, já que dj é positivo), de modo que podemos escrever

$$dL_R = v\,dj = \frac{\lambda}{4} \frac{P}{\Omega} \frac{c^2}{2g} dx.$$

A relação entre a seção transversal do conduto e o seu perímetro toma o nome de raio hidráulico (r_h), o qual, para o caso de tubos, vale:

$$r_h = \frac{\Omega}{P} = \frac{\pi D^2/4}{\pi D} = \frac{D}{4}.$$

O conceito de raio hidráulico permite estabelecer a equivalência, para uma mesma velocidade média de escoamento, entre condutos de seção circular e de uma seção qualquer, quanto à perda de carga unitária.

Conceito de equivalência quanto à perda de carga unitária, mais completo do que o de raio hidráulico, é o de diâmetro equivalente, que estabelece a equivalência citada para uma mesma vazão, independentemente da velocidade de escoamento.

Substituindo nas expressões anteriores a relação do raio hidráulico pela quarta parte do diâmetro, obtemos, para os condutos circulares, as equações

$$i = \frac{dj}{dx} = \frac{\lambda}{D} \frac{c^2}{2g} \; ;$$

e

$$dL_R = \frac{\lambda}{D} \frac{c^2}{2g} dx \; ,$$

que, a rigor, nada mais são do que formas diversas de apresentação da clássica equação de Darcy Weisbach.

O valor de λ, dito coeficiente de resistência ou coeficiente de Darcy Weisbach, pode ser determinado a partir do número de Reynolds e da rugosidade relativa do conduto.
Assim:

• para um escoamento laminar,

$$\lambda = \frac{64}{Re} \quad \text{(Poiseuille)};$$

• para um escoamento turbulento em tubos lisos,

$$\frac{1}{\sqrt{\lambda}} = 2 \log Re \sqrt{\lambda} - 0,8 \quad \text{(Karman-Prandtl)};$$

• para um escoamento turbulento em tubos rugosos

$$\frac{1}{\sqrt{\lambda}} = 2 \log \frac{D}{\zeta} + 1,14 \quad \text{(Karman-Prandtl)};$$

• para um escoamento turbulento na zona de transição liso-rugoso,

$$\frac{1}{\sqrt{\lambda}} = 1,74 - 2 \log \left(\frac{2\zeta}{D} + \frac{18,7}{Re \sqrt{\lambda}} \right) \quad \text{(Colebrook)};$$

$$\lambda = 0,0055 \left[1 + \left(20\,000 \frac{\zeta}{D} + \frac{10^6}{Re} \right)^{1/3} \right] \quad \text{(Moody)}.$$

Essas equações permitem a elaboração de um diagrama único, onde o valor de λ é dado em função de Re e $\frac{\zeta}{D}$ na Fig. 2-9.

Mecânica dos fluidos

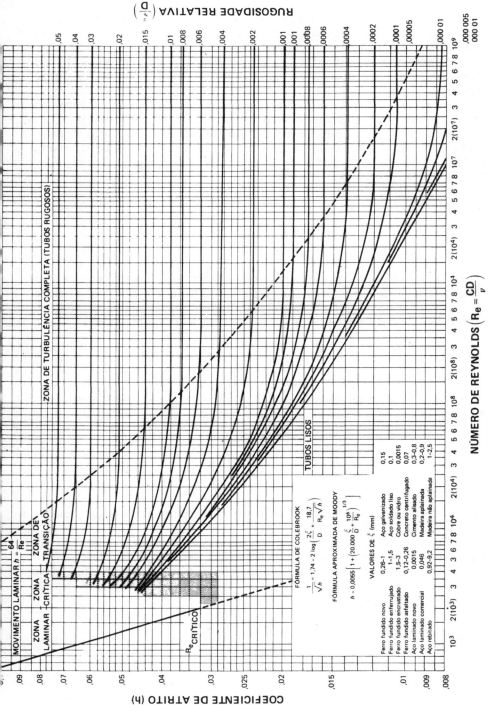

Figura 2-9. Diagrama de Stanton segundo Moody.

Os acessórios de uma canalização, por sua vez, constituem resistência ao escoamento, em vista das mudanças de seção ou mudanças de direção que ocasionam na corrente fluida.

As perdas de energia verificadas nas mudanças de seção devem-se às transformações de energia cinética que entram em jogo durante as compressões ou expansões sofridas pela massa fluida em escoamento.

As perdas de energia verificadas nas mudanças de direção são causadas pelo aparecimento de aceleração em direção diversa daquela do deslocamento, secundadas por turbilhões e entrechoques das partículas fluidas, cujas trajetórias, na maior parte das vezes, se desprendem dos contornos. Essas perdas de energia podem ser calculadas de uma maneira geral a partir da energia cinética apresentada pela veia fluida, isto é, fazendo:

$$L_R = \lambda_1 \frac{c^2}{2g}$$

O coeficiente de atrito λ_1, que podemos considerar como independente da natureza do fluido e das condições de escoamento, é determinado experimentalmente.

Identificando a expressão do trabalho de atrito de um acessório com aquela correspondente ao trabalho de atrito de um conduto reto de comprimento ℓ,

$$L_R \text{ conduto} = L_R \text{ acessório}$$

$$\lambda \frac{\ell}{D} \frac{c^2}{2g} = \lambda_1 \frac{c^2}{2g},$$

podemos dizer que o acessório de coeficiente de atrito λ_1 em consideração opõe a mesma resistência ao escoamento que o conduto reto de comprimento:

$$\ell_e = \ell = \frac{\lambda_1}{\lambda} D$$

O comprimento assim definido toma o nome de comprimento equivalente do acessório correspondente.

Assim, o trabalho de atrito de uma canalização complexa, constituída por condutos retos e acessórios, pode ser facilmente calculado, considerando-se, simplesmente, para a mesma, um comprimento hipotético (dito equivalente total) dado pela soma dos comprimentos correspondentes aos condutos retos com aqueles equivalentes aos diversos acessórios:

$$L = \ell_{\text{condutos}} + \ell_{\text{acessórios}} = \ell + \Sigma \frac{\lambda_1}{\lambda} D$$

As Tabs. 2-4 e 2-5 nos fornecem valores médios de λ_1 para diversos acessórios.

Mecânica dos fluidos

Tabela 2-4

ELEMENTO	ILUSTRAÇÃO	CONDIÇÃO	VALOR DE λ_1
CURVA DE SEÇÃO CIRCULAR		$\frac{R}{D}=\begin{cases}0,5\\0,75\\1,0\\1,5\\2,0\end{cases}$	0,73* 0,38 0,26 0,17 0,15
CURVA DE SEÇÃO RETANGULAR		$\frac{W}{D}\cdot\frac{R}{D}$ $0,5\begin{cases}0,5\\0,75\\1,0\\1,5\end{cases}$ $1A3\begin{cases}0,5\\0,75\\1,0\\1,5\end{cases}$	1,3 0,47 0,26 0,18 0,95 0,33 0,20 0,13
CURVA DE SEÇÃO RETANGULAR		N° DE DEFLETORES $\frac{R}{D}$ $1\begin{cases}0,5\\0,75\\1,0\\1,5\end{cases}$ $2\begin{cases}0,5\\0,75\\1,0\\1,5\end{cases}$	. . 0,70 0,16 0,13 0,12 0,45 0,12 0,10 0,15
CURVA DE SEÇÃO CIRCULAR EM ESQUADRO			0,07*
CURVA DE SEÇÃO RETANGULAR EM ESQUADRO			1,25**
CURVA DE SEÇÃO RETANGULAR EM ESQUADRO COM DEFLETORES	A) ESP. SIMPLES B) ESP. DUPLA	DEFLETORES CURVOS DE ESPESSURA SIMPLES DEFLETORES CURVOS DE ESPESSURA DUPLA	0,35 + 0,10**
CURVA DE 45°		TANTO RETANGULAR COMO CIRCULAR; COM OU SEM DEFLETORES	METADE DO VALOR DA CURVA DE 90° SIMILAR
EXPANSÃO		$\alpha = 5°$ $\alpha = 10°$ $\alpha = 20°$ $\alpha = 30°$ $\alpha = 40°$ PERDA REFERIDA A $(h_{v_1} - h_{v_2})$	0,17 0,29 0,45 0,59 0,73
CONTRAÇÃO		$\alpha = 30°$ $\alpha = 45°$ $\alpha = 60°$ PERDA REFERIDA A V_2	0,02 0,40 0,07
TRANSFORMAÇÃO			0,15
ENTRADA ABRUPTA			0,50
SAÍDA ABRUPTA			1,0
ENTRADA BORDOS ARREDONDADOS			0,03
SAÍDA BORDOS ARREDONDADOS			1,0
CONTRAÇÃO ABRUTA		$\frac{V_1}{V_2}\begin{cases}0,0\\0,25\\0,50\\0,75\end{cases}$ PERDA REFLETIDA A V_2	0,50 0,45 0,32 0,10
EXPANSÃO ABRUTA		$\frac{V_2}{V_1}\begin{cases}0,0\\0,20\\0,40\\0,60\\0,80\end{cases}$ PERDA REFLETIDA A V_1	1,0 0,64 0,36 0,16 0,04

Tabela 2-5

Acessório	λ_1
Registro tipo sede (a) (aberto)	4
Registro tipo sede (b) (aberto)	3,3
Registro tipo sede (c) (aberto)	2,7
Registro tipo sede (d) (aberto)	2,6
Registro tipo sede (e) (aberto)	1,0
Registro tipo sede (f) (aberto)	0,56
Registro tipo Vane — (aberto)	0,3 - 1
Registro tipo Macho — passagem direta (aberto)	0,5 - 1,5
Registro tipo Macho passagem a 90° (aberto)	2 - 4
Válvula de retenção	0,4 - 2
Compensadores de dilatação	1,2 - 1,6
Separadores de água	5 - 10
Filtros metálicos	10 - 20
Radiadores	2 - 3
Caldeiras de água quente	2 - 3

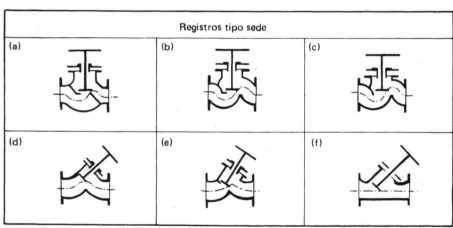

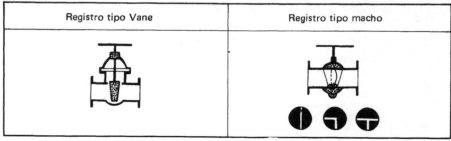

2-3. Cálculo de canalizações

Com base na equação geral do escoamento permanente, unidirecional, sujeito unicamente ao campo de forças da gravidade,

$$-v\,dp = dh + d\left(\frac{c^2}{2g}\right) + dL_R,$$

onde o trabalho de atrito elementar tem por expressão

$$dL_R = \frac{\lambda}{D}\,\frac{c^2}{2g}\,dx$$

e nas equações já apontadas da continuidade e da transformação termodinâmica seguida pelo fluido em escoamento

$$G_s = c\Omega\gamma = \text{constante},$$

e

$$pv^n = \text{constante},$$

podemos resolver os problemas referentes ao cálculo de canalizações. Para isso, consideraremos particularmente o caso de escoamento isométrico.

O escoamento isométrico, como já tivemos oportunidade de salientar, caracteriza-se por apresentar um peso específico (volume específico) constante. Na prática podem ser considerados como isométricos todos os escoamentos dos fluidos incompressíveis (líquidos) e os escoamentos dos fluidos compressíveis (gases e vapores) quando estes se verificam com uma variação de pressão inferior a 10%.

Considerando o peso específico como constante, a equação geral pode ser integrada ao longo de um conduto de seção constante, no qual, em vista da equação da continuidade, a velocidade também não variará:

$$c = \frac{G_s}{\Omega\gamma} = \text{constante}.$$

Assim, para um comprimento total equivalente L, teremos:

$$-(p_2 - p_1) = (h_2 - h_1)\gamma + \frac{\lambda L}{D}\cdot\frac{c^2}{2g}\gamma$$

isto é, a perda de carga (j), para o caso, vale

$$\boxed{\,j = \frac{\lambda L}{D}\cdot\frac{c^2}{2g}\,\gamma = (p_1 - p_2) - (h_2 - h_1)\gamma\,}$$

A perda de carga, nos escoamentos isométricos em condutos de seção constante, é igual à variação da pressão dinâmica menos a variação de pressão de gravidade.

Na maioria dos casos, o termo final ou inexiste (escoamento a nível), ou é desprezado (para pequenos valores de γ), de modo que a perda de carga da instalação se identifica com a perda de pressão dinâmica da corrente, isto é,

$$\boxed{\, j = p_1 - p_2 = \frac{\lambda L}{D} \cdot \frac{c^2}{2g} \gamma \,}$$

Ou, ainda, lembrando que $i = j/L$,

$$\boxed{\, i = \frac{j}{L} = \frac{\lambda}{D} \cdot \frac{c^2}{2g} \gamma \,}\,,$$

expressão na qual, substituindo o valor de c dado pela equação da continuidade

$$c = \frac{G_s}{\Omega \gamma} = \frac{4 G_s}{\pi D^2 \gamma}\,,$$

obtemos

$$\boxed{\, i = 8{,}27 \cdot 10^{-2} \cdot \lambda \cdot \frac{G_s^2}{D^5 \gamma} \,}$$

ou, ainda,

$$\boxed{\, G = \sqrt{\frac{100\,\gamma}{8{,}27\lambda} \cdot i \cdot D^5} \,}$$

Nas equações anteriores notamos que:

• para uma mesma descarga (considerando-se o valor de λ constante), a perda de carga é inversamente proporcional à quinta potência do diâmetro da canalização;

• para um mesmo diâmetro (considerando-se o valor de λ constante), a perda de carga é diretamente proporcional ao quadrado da descarga ou da velocidade;

• para uma mesma velocidade e diâmetro D, a perda de carga é diretamente proporcional ao peso específico do fluido, enquanto que, para uma mesma descarga, esta é inversamente proporcional a γ (considerando-se λ como constante).

Os problemas de cálculo de canalizações que usualmente aparecem na prática são de três tipos:

• dados $G_s, D, \mu, \gamma, \xi, \ell, \Sigma\lambda_1$, calcular a perda de carga (j);
• dados $D, \mu, \gamma, \xi, j, \ell, \Sigma\lambda_1$, calcular a descarga (G_s);
• dados $G_s, \mu, \gamma, \xi, j, \ell, \Sigma\lambda_1$, calcular o diâmetro (D).

Mecânica dos fluidos

Em qualquer um desses casos, a solução pode ser obtida analiticamente por meio de tabelas ou, ainda, por meio de diagramas de cálculo, a partir do conjunto de equações:

$$Re = \frac{cD}{\mu/\delta} \; ;$$

$$L = \ell_{condutos} + \ell_{acessórios} = \ell + \frac{\Sigma\lambda_1}{\lambda}D \; ;$$

$$G_s = c\Omega\,\gamma = c\,\frac{\pi D^2}{4}\,\gamma \; ;$$

$$i = \frac{J}{L} = 8,27 \cdot 10^{-2}\lambda\,\frac{G_s^2}{D^5\,\gamma} \; ;$$

e do diagrama de Stanton, que nos fornece

$$\lambda = f\!\left(Re,\,\frac{\xi}{D}\right).$$

2-3-1. Solução analítica

No primeiro caso, em que todas as características da corrente são conhecidas a solução é direta, pois podemos calcular:

$$Re = \frac{cD}{\mu/\delta} \; e \; \frac{\xi}{D},$$

que nos fornecem λ (diagrama de Stanton), donde o valor de

$$i = f(G_s,\,D,\,\lambda,\,\gamma\,).$$

E, finalmente,

$$j = j_{condutos} + j_{acessórios} = \left(\ell + \frac{\Sigma\lambda_1}{\lambda}D\right)i = L_i.$$

Problemas semelhantes a esse são aqueles em que, em vez do diâmetro, é dada uma velocidade (c), recomendada pela prática (Tab. 2-6). É o que acontece, não raras vezes, em projetos de ventilação, captação de poeiras, transporte pneumático, recalque de água, canalizações de vapores, etc. Nesse caso, a equação da continuidade permite o cálculo do diâmetro e o problema recai no tipo já analisado.

No segundo caso, embora seja dada a canalização (D, ℓ,), não sendo conhecida a velocidade, o valor de λ não pode ser calculado com exatidão.

O processo de cálculo analítico, portanto, não oferece uma solução direta. Deve-se recorrer ao expediente das tentativas, arbitrando-se um valor inicial para λ. A tentativa pode ser feita, com boa aproximação, com o auxílio ξ/D (na zona de turbulência completa, λ é independente de Re), isto é,

$$\lambda = f\!\left(\frac{\xi}{D}\right).$$

Tabela 2-6

Fluido	Utilização	c (m/s)
Ar	Ventilação: tomada de ar exterior	3,5 – 6,2
	filtros de ar	1,3 – 1,8
	ventilador aspiração	5 – 15
	ventilador descarga	5 – 15
	dutos principais	3 – 11
	dutos secundários	2,5 – 8
	grelhas de insuflamento	1 – 10
	grelhas de retorno	2 – 6
	circulação em recintos	0,025 – 0,25
	Turbocompressores, aspiração e descarga	20 – 25
	Compressores alternativos, aspiração	15 – 20
	Compressores alternativos, descarga	25 – 30
	Fornos metalúrgicos	12 – 15
Gases	Iluminação	0,3 – 3
	Motores a gasolina, admissão	10 – 20
	Motores a gasolina, escape (4 tempos)	15 – 25
	Motores a gasolina, escape (2 tempos)	10 – 15
	Motores Diesel, admissão	25 – 30
	Motores Diesel, escape (4 tempos)	35 – 40
	Motores Diesel, escape (2 tempos)	25 – 30
Vapores	D'água saturado (6 – 10 kg/cm^2)	15 – 30
	De água saturado (> 10 kg/cm^2)	30 – 45
	De água superaquecido	45 – 60
	Turbinas a vapor	50 – 80
	Alimentadores gerais de vapor	> 100
Água	Abastecimento por gravidade	0,5 – 1,5
	Abastecimento por recalque	1 – 2,5
	Bombas de êmbolo, aspiração	0,8 – 1
	Bombas de êmbolo, descarga	1 – 2
	Bombas centrífugas, aspiração	1 – 1,5
	Bombas centrífugas, descarga	2 – 3
	Turbinas hidráulicas	3 – 6
	Tubulação refrigeração motores	> 2
	Calefação por termossifão	0,5 – 1
	Calefação por circulação forçada	0,5 – 2
Óleos	Lubrificação de motores	0,5 – 1

Assim, poderemos calcular

$$i = \frac{j}{1 + \frac{\Sigma\lambda_1}{\lambda} D},$$

donde

$$G_s = f(D, i; \lambda, \gamma).$$

Com base na descarga obtida, o cálculo deverá ser verificado, determinando-se a velocidade do mesmo e, caso necessário, deverá ser refeito com um valor mais exato de λ.

No terceiro caso, não sendo conhecido o valor do diâmetro, a arbitragem torna-se mais difícil. Pode-se, entretanto, recorrer a valores médios já tabelados para os casos mais comuns:

Canalizações de ar comprimido	0,025
Canalizações de ventilação	0,02
Canalizações de vapor d'água (EBERLE)	0,0206
Abastecimento de água por gravidade (CHEZY)	0,03
Abastecimento de água por bomba	0,026
Calefação a água por gravidade	0,035
Calefação a água por bomba	0,025

Da mesma forma, para esse caso deve ser arbitrado também o comprimento equivalente dos acessórios, a fim de ser calculada a perda de carga unitária. Pode-se, para isso, imaginar um valor para D, ou mesmo fazer-se

$$L = \ell_{condutos} + \ell_{acessórios} = 1 + \beta L,$$

onde β pode variar de 0,1 a 0,5, correspondendo o valor mais baixo a canalizações de trechos longos e o mais elevado a canalizações curtas e ricas em acessórios.

Nessas condições podemos calcular, numa primeira aproximação, inicialmente,

$$i = \frac{j}{L} = \frac{j}{\ell/(1-\beta)}$$

e a seguir

$$D = f(G_s, i, \lambda, \gamma).$$

A partir desse primeiro diâmetro aproximado, podemos selecionar valores mais exatos para λ e L, donde podemos chegar a um segundo diâmetro e assim por diante, até que os dois últimos valores obtidos sejam suficientemente próximos.

2-3-2. Solução por meio de tabelas

Para isso são elaboradas, para cada tipo de canalização e fluido a escoar (ξ, μ, γ), a partir de diversos diâmerros e descargas (D, G_s), tabelas que fornecem geralmente: as perdas de cargas unitárias, as velocidades e, por vezes, as pressões cinéticas.

Em virtude do já exposto, a única necessidade de tentativa aparecerá nos problemas em que o diâmetro é desconhecido, para a fixação inicial do comprimento equivalente da canalização. Assim, poderemos, para o terceiro tipo de problema, calcular inicialmente

$$i = \frac{j}{L} = \frac{j}{\ell/(1-\beta)}$$

e, a seguir, por meio da tabela, os valores de D e c para a descarga dada. Como verificação, a perda de carga obtida,

$$j = j_{\text{condutos}} + j_{\text{acessórios}} = li + \Sigma\lambda_1 \cdot \frac{c^2}{2g} \;,$$

deve identificar-se com a perda de carga dada. Caso houver discrepância, o diâmetro deverá ser alterado (veja o Cap. 4, "Calefação").

2-3-3. Solução por meio de diagramas

A solução gráfica de uma equação de cinco incógnitas é pouco prática. Um procedimento mais adequado à solução dos problemas práticos consiste nos diagramas de três entradas (G_s, D, i), a partir dos valores exatos tabelados, de acordo com a solução dada na seção anterior.

Os diagramas assim obtidos em escala logarítmica apresentam as linhas representativas dos diversos diâmetros levemente curvadas. Uma compensação das mesmas pode transformá-las ainda em retas, sem alterar muito a precisão dos resultados. Tal orientação permite ainda o traçado de linhas representativas das velocidades que, no caso, passarão também a ser retas (veja os diagramas para o cálculo de canalizações de calefação a água quente no Cap. 4, "Calefação").

Proceder semelhante a esse é o de adotar, para o cálculo da perda de carga, fórmulas empíricas de fácil solução gráfica. Assim, para o cálculo de canalizações de água fria, a Norma Brasileira PNB 52 propôs a fórmula de Fair-Whipple-Hsiao, cuja expressão é:

$$V_s = 27{,}113 \left(\frac{i}{10^3}\right)^{0{,}532} D^{2{,}596},$$

ou, ainda,

$$i = 2{,}02 \frac{V_s^{1{,}88}}{D^{4{,}88}}.$$

Da mesma forma, para o cálculo de condutos normais de ventilação e ar condicionado, a ASHRAE propõe

$$i = 0{,}001\,199 \frac{c^{1{,}9}}{D^{1{,}22}} = 0{,}001\,88 \frac{V_s^{1{,}9}}{D^{5{,}02}},$$

equações que nos permitiram elaborar em escala logarítmica os diagramas anexos no final do livro.

Mecânica dos fluidos

EXEMPLOS

2-1. Calcular a potência de uma bomba destinada a recalcar 10 m³/h de água nas condições determinadas no esquema que segue.

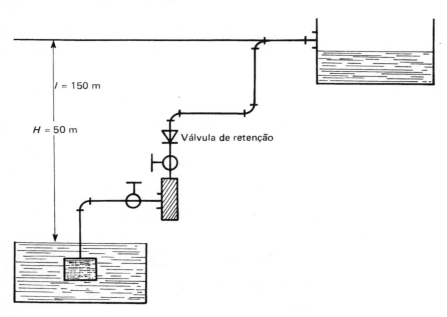

Velocidades recomendadas para recalque:

ℓ/H	1	2	3	4	> 4
c (m/s)	2,5	2	1,5	1	1

Coeficiente de atrito dos acessórios:

Acessório	⟶	⌐	⊢•	⊥	▭	▽
λ_1	0,36	0,75	1	1	2	2
Tabela	24	26	—	29	29	29

Trata-se de um problema em que são dados todos os elementos, com exceção do diâmetro e da perda de carga. Porém, como a vazão é dada, podemos arbitrar a velocidade de acordo com valores recomendados, e calculamos o diâmetro, recaindo assim num problema do primeiro tipo. Arbitraremos

$$c \cong 1,5 \text{ m/s } f(\ell/H),$$

$$\Omega = \frac{V_s}{c} = \frac{10}{1,5 \times 3\,600} = 0,001\,85 \text{ m}^2 \text{ (4,86 cm de diâmetro).}$$

Adotaremos um cano de 2 pol:

$$\Omega = 0{,}001\ 96\ m^2,$$

$$c = \frac{10}{0{,}001\ 96 \times 3\ 600}\ m/s = 1{,}26\ m/s.$$

$$\nu_{H_2O\ a\ 20\ °C} = 1{,}008 \cdot 10^{-6}\ \frac{m^2}{s}\quad (Tab.\ 2\text{-}2)$$

Podemos calcular

$$\lambda = f\!\left(Re\ \frac{\xi}{D}\right),$$

$$Re = \frac{cD}{\nu} = \frac{1{,}26 \times 0{,}05}{1{,}008 \times 10^{-6}} = 6{,}25 \times 10^4,$$

$$\frac{\xi}{D} = \frac{0{,}15}{50} = 0{,}003,$$

$$\lambda = 0{,}028\ 5,$$

$$i = \frac{\lambda \cdot c^2 \cdot \gamma}{D \times 2g} = \frac{0{,}028\ 5 \times 1{,}26^2 \times 1\ 000}{0{,}05 \times 19{,}6} = 46{,}2\ kgf/m^2,$$

$$L = \ell_{cond.} + \frac{\Sigma\lambda_1}{\lambda}D = 150 + \frac{10{,}36 \times 0{,}05}{0{,}028\ 5} = 168{,}2\ m,$$

$$j = iL = 168{,}2 \times 46{,}2 = 7\ 780\ kgf/m^2.$$

De modo que, a equação geral

$$-v\ dp = dh + d\!\left(\frac{c^2}{2g}\right) + DL_R + DL_m$$

nos fornece, para o caso,

$$L_m = -\frac{p_2 - p_1}{\gamma} - (h_2 - h_1) - L_R,$$

onde

$$\frac{p_2 - p_1}{\gamma} \cong 0,$$

$$h_2 - h_1 = H = 50\ m,$$

$$L_R = \frac{j}{\gamma} = \frac{7\ 780\ kgf/m^2}{1\ 000\ kgf/m^2} = 7{,}78\ m.$$

De modo que podemos calcular:

$$L_m = -(H + L_R) = 50 + 7{,}780 = 57{,}78\ kgfm/kgf,$$

$$p_m = \frac{G_s L_m}{75 \times \eta} = \frac{\frac{10\ 000}{3\ 600} \cdot (50 + 7{,}78)}{75 \times 0{,}8} = 2{,}78\ cv.$$

2-2. Calcular a ventilação provocada por um poço de 2 m de diâmetro num edifício de 20 m de altura, sabendo que a temperatura interna é de 30 °C e a externa 20 °C.

Trata-se de um problema do segundo Tipo, em que não conhecemos a descarga, porém podemos arbitrar λ em função de $\dfrac{\xi}{D}$. Nessas condições, partindo da equação geral

$$-v\,dp = dh + d\left(\dfrac{c^2}{2g}\right) + dL_R,$$

$$-\int_{p_1}^{p_a} v\,dp = \int dh + \int dL_R,$$

$$-v_2(p_a - p_1) = H + L_R,$$

$$p_1 = H\gamma_1 + p_a,$$

$$H\gamma_1 = H\gamma_2 + L_R\gamma_2,$$

$$H\gamma_1 - H\gamma_2 = j.$$

Isto é, a diferença de pressão criada pela coluna quente,

$$\Delta p = \dfrac{H\Omega\gamma_1 - H\Omega\gamma_2}{\Omega} = H(\gamma_1 - \gamma_2),$$

é que vai vencer a perda de carga da chaminé, a qual, no caso, nos é dada por

$$j = \left(\dfrac{\lambda\ell}{D} + \Sigma\lambda_1\right)\dfrac{c^2}{2g}\gamma_2,$$

onde $\Sigma\lambda_1$ corresponde apenas às perdas de entrada e saída do ar (da mesma seção), que imaginaremos igual a 1,5. De modo que

$$j = H(\gamma_1 - \gamma_2) = \left(\dfrac{\lambda\ell}{D} + 1{,}5\right)\dfrac{c^2}{2g}\gamma_2,$$

$$c^2 = \dfrac{2gH(\gamma_1 - \gamma_2)}{\left(\dfrac{\lambda L}{D} + 1{,}5\right)\gamma_2},$$

onde

$$H(\gamma_1 - \gamma_2) = 20(1{,}205 - 1{,}166) = 0{,}78\ \dfrac{\text{kgf}}{\text{m}^2};$$

$$\dfrac{\xi}{D} = \dfrac{5}{2\,000} = 0{,}002\,5 \rightarrow \lambda = 0{,}025;$$

$$c = \sqrt{\dfrac{19{,}6 \times 0{,}78}{\left(\dfrac{0{,}025 \times 20}{2} + 1{,}5\right)1{,}166}} = 2{,}737\ \text{m/s};$$

$$\text{Re} = \dfrac{cD}{\nu} = \dfrac{2{,}737 \times 2}{16 \times 10^{-6}} = 3{,}42 \cdot 10^5;$$

$$\lambda \cong 0{,}025,$$

o que confirma o cálculo anterior.

Volume de ar:

$$V_s = \Omega c = \dfrac{\pi D^2}{4}c = 3{,}14 \times 2{,}737 = 8{,}6\ \text{m}^3/\text{s}.$$

2-3. Calcular a canalização da instalação de aquecimento de água para consumo (termossifão) esquematizado, considerando:

$\ell = 10$ m; $\Sigma\lambda_1 = 15$; $H = 2,5$ m; $t_1 = 80\,°C$; $t_2 = 60\,°C$, $Q = 20\,000$ kcal/h.

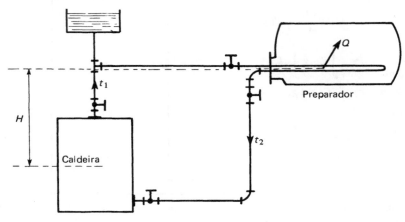

Os pesos específicos da água em função da temperatura são os seguintes:

Temperatura (°C)	0	10	20	30	40	50	60	70	80	90	100
$\dfrac{\text{kgf}}{\text{m}^3}$	999,9	999,7	998,2	995,7	992,2	988,1	983,2	977,8	971,8	965,3	958,0

Nessas condições, podemos calcular:

$j = \Delta p = H(\gamma_1 - \gamma_2) = 2,5\,(983,2 - 971,8) = 28,5$ kgf/m^2,

$i = \dfrac{j}{L} = \dfrac{j}{\ell(1-\beta)} \cong \dfrac{28,5}{10/(1-0,5)} = 1,425$ kgf/m$^2\cdot$m,

$G_{H_2O} = \dfrac{Q}{c\,\Delta t} = \dfrac{20\,000\text{ kcal/h}}{1\text{ kcal/kgf °C}(80-60)\,°C} = 1\,000$ kgf/h (0,278 litros/s).

E o diagrama de cálculo de canalizações de água para

$G_{H_2O} = 0,278$ l/s   e $i = 1,425$ kgf/m$^2\cdot$m

nos fornece, considerando o diâmetro comercial mais próximo,

$D = 2$ polegadas,
$c = 0,14$ m/s,
$i = 0,9$ kgf/m$^2\cdot$m.

De modo que podemos calcular com exatidão

$j = j_{\text{condutos}} + j_{\text{acessórios}}$

$= i\ell + \Sigma\lambda_1 \dfrac{c^2}{2g}\gamma$

$= 0,9\cdot 10 + 15\,\dfrac{0,14^2}{19,6}\cdot 977,5 = 2\,366$ kgf/m^2,

valor esse inferior ao Δp de termossifão disponível, o que confirma o diâmetro escolhido.

Capítulo 3

TRANSMISSÃO DE CALOR

3-1. Generalidades

3-1-1. Definição

Quando existe uma diferença de temperatura entre duas regiões do espaço, esta tende a desaparecer, espontaneamente, pela passagem de calor de uma região para outra.

Ao conjunto de fenômenos que caracterizam essa passagem de calor damos o nome de transmissão de calor. A transmissão de calor pode efetuar-se de três maneiras distintas, designadas de condução, convecção e radiação, obedecendo cada uma dessas formas a leis próprias, embora admitindo em comum as seguintes características:

necessidade de uma diferença de temperatura entre as duas regiões;
o fluxo térmico sempre se verifica no sentido das temperaturas decrescentes.

3-1-2. Condução

Condução é a passagem de calor de uma zona para outra de um mesmo corpo ou de corpos diversos em íntimo contato, devido ao movimento molecular dos mesmos, sem que se verifiquem deslocamentos materiais no corpo ou sistema considerado.

A teoria mecânica do calor considera que as moléculas dos corpos se acham animadas de movimento vibratório, cuja velocidade é tanto maior quanto mais elevada é sua temperatura.

Esse movimento vibratório permite um intercâmbio de energia cinética entre as moléculas, das quais as de maior temperatura cedem, por choque, energia às de menor temperatura, originando-se, assim, a transmissão de calor por meio de condução.

No fenômeno, na realidade muito mais complexo, intervêm os elétrons livres, únicos capazes de efetuar o transporte de energia em consideração.

3-1-3. Convecção

Convecção é a passagem do calor de uma zona a outra de um fluido por efeito do movimento relativo das partículas do mesmo, movimento esse provocado pela diferença de pressão ocasionada pela diferença de temperatura e conseqüente diferença de densidade da massa fluida considerada. Se esse fenômeno é intensificado mediante a agitação da massa fluida, toma a denominação de convecção forçada para distingui-la da convecção dita natural ou livre, que se verifica em caso contrário.

3-1-4. Radiação

Todos os corpos emitem energia calorífica sob a forma de radiações semelhantes à luz, em quantidade que depende essencialmente da sua natureza e temperatura.
A radiação será, portanto, a transmissão de calor verificada entre dois corpos de temperaturas diferentes, imersos em um mesmo meio mais ou menos transparente a essa espécie de radiação.
A atmosfera e o ar são sempre transparentes à radiação, enquanto que diversos gases (como o anidrido carbônico), vapores (o vapor de água) e a maior parte dos gases combustíveis não são permeáveis à radiação dentro de certos limites de comprimento de onda. Por outro lado, a maior parte dos líquidos, dentro dos limites de aplicação prática, pode ser considerada como não-permeável.

3-1-5. Regimes permanente e não-permanente

A quantidade de calor trocada na unidade de tempo (Q kcal/h), em qualquer um dos processos de transmissão de calor citados, recebe o nome de fluxo térmico. O fluxo térmico é chamado permanente quando não varia com o tempo, isto é, o calor que penetra no corpo é igual ao calor que abandona o mesmo.
No regime de transmissão de calor permanente, ou estacionário, a distribuição das temperaturas no interior do corpo no qual se verifica a passagem de calor também não varia com o tempo.
O fluxo térmico chama-se não-permanente, ou transitório, quando o mesmo varia com o tempo. É o que acontece no aquecimento ou esfriamento dos corpos no qual o fluxo térmico entrante é diferente do fluxo térmico nascente, de modo que as temperaturas no interior do corpo dependem não só do ponto considerado como do tempo.

3-1-6. Equação geral da transmissão de calor em regime permanente

O caso mais geral de transmissão de calor é o que se verifica entre dois fluidos separados por uma parede. As trocas de calor entre os fluidos e as faces da parede que lhes estão em contato podem verificar-se tanto por convecção-condução como por meio de radiação (como, por exemplo, no caso de uma canalização de água quente ao ar), enquanto que, através da parede de separação, o calor se transmite unicamente por condução.

É comum, para melhor caracterizar o problema, falar-se em condução externa, em vez de convecção-condução, quando se trata de transmissão de calor entre um fluido e uma parede ou vice-versa, a fim de diferenciá-lo da condução pura que se verifica no interior da parede (condução interna).

Assim, no caso citado, notamos transporte de calor por meio de:

radiação;
condução externa;
condução interna.

Os dois primeiros transportes, quando existentes, verificam-se em paralelo, enquanto que o terceiro dispõe-se em série em relação aos anteriores.

Quando o regime de transmissão é estacionário, a quantidade de calor cedida por um dos fluidos é igual à recebida pelo outro, e as parcelas de calor em jogo seja de radiação, condução externa ou condução interna, podem ser calculadas separadamente ou em conjunto por fórmula geral do tipo:

$$Q = KS \Delta t \quad , \tag{3-1}$$

onde:

Q = a quantidade de calor transmitida na unidade de tempo;
Δt = a diferença de temperatura;
K = um coeficiente de transmissão de calor que pode ser tanto geral (K), como de radiação (α_i), condução externa (α_c), ou mesmo condução interna (k/ℓ).

3-1-7. Conceito de resistência térmica

A Eq. (3-1) nos mostra que, de uma maneira geral, para qualquer tipo de transmissão de calor em regime permanente, o fluxo de calor (Q) é diretamente proporcional à diferença de temperatura (Δt). Nessas condições, por analogia à lei de Ohm,

$$R = \frac{U}{I} \, ;$$

da eletricidade, podemos chamar o quociente da diferença de potencial térmico pela intensidade do fluxo térmico, de resistência térmica, isto é:

$$R_t = \frac{\Delta t}{Q} = \frac{1}{KS} \quad . \tag{3-2}$$

Assim, lembrando que, tal como na eletricidade, a resistência resultante de um conjunto de resistências em série é a soma das resistências parciais, e o inverso da resistência resultante de um conjunto de resistências em paralelo é a soma dos inversos das resistências parciais, para o caso geral da transmissão de calor que se verifica entre dois fluidos separados por uma parede, aqui esquematizado:

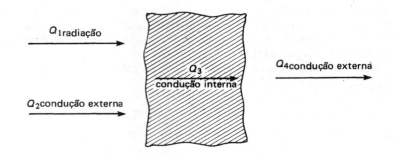

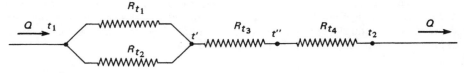

podemos escrever:

$$R_t = R_{t_{12}} + R_{t_3} + R_{t_4},$$

$$\frac{1}{R_{t_{12}}} = \frac{1}{R_{t_1}} + \frac{1}{R_{t_2}},$$

$$R_t = \frac{1}{\frac{1}{R_{t_1}} + \frac{1}{R_{t_2}}} + R_{t_3} + R_{t_4},$$

onde

$$R_{t_1} = \frac{t_1 - t'}{Q_1}; \qquad R_{t_2} = \frac{t_1 - t'}{Q_2};$$

$$R_{t_3} = \frac{t' - t''}{Q_3}; \qquad R_{t_4} = \frac{t'' - t_2}{Q};$$

de modo que

$$R_t = \frac{1}{\frac{Q_1 + Q_2}{t_1 - t'}} + \frac{t' - t''}{Q_3} + \frac{t'' - t_2}{Q_4}.$$

E como, em virtude da permanência do regime,

$$Q = Q_1 + Q_2 = Q_3 = Q_4,$$

obtemos

$$R_t = \frac{t_1 - t_2}{Q},$$

isto é, qualquer resistência, inclusive a resultante, é igual à diferença de potencial térmico aplicado a mesma, sobre a intensidade de fluxo térmico que por ela passa.

Transmissão de calor

O conceito de resistência térmica além de facilitar a caracterização do coeficiente geral de transmissão de calor (K) em casos mais complexos, nos permite o cálculo das temperaturas superficiais e intermediárias quando a transmissão se verifica entre fluidos separados por paredes compostas.

3-2. Transmissão de calor por condução interna

3-2-1. Lei de Fourier

A transmissão de calor por condução obedece à chamada lei de Fourier, segundo a qual o fluxo térmico é diretamente proporcional à superfície através da qual se verifica a passagem de calor e ao gradiente de temperatura.

Assim, para uma propagação de calor unidirecional e permanente, através de uma parede plana de faces paralelas (caso mais comum na prática), teríamos (Fig. 3-1).

$$\boxed{Q \frac{\text{kcal}}{\text{h}} = kS \frac{\Delta t}{\ell}}, \qquad (3\text{-}3)$$

onde

S = superfície através de qual se dá a passagem de calor, dada em m^2;
Δt = diferença de temperatura entre as faces extremas da parede, dada em °C;
ℓ = espessura da parede, dada em m;
k = coeficiente de proporcionalidade, denominado coeficiente de condutividade interna.

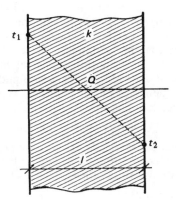

Figura 3-1

3-2-2. Coeficiente de condutividade interna

O valor k, de acordo com a Eq. (3-3), representa a quantidade de calor que flui na unidade de tempo, por unidade de superfície, quando o gradiente de temperatura no material considerado é de uma unidade de temperatura por unidade de comprimento. Assim, adotando-se como unidades kcal, h, m e °C, teremos

$$k = \frac{Q\,d\ell}{S\,dt}\,\frac{\text{kcal}\cdot\text{m}}{\text{h}\cdot\text{m}^2\cdot°\text{C}} = \frac{\text{kcal}}{\text{m}\cdot\text{h}\cdot°\text{C}}\,.$$

Na realidade, o coeficiente de condutividade é uma propriedade dos corpos, dependendo essencialmente de seu estado físico. Geralmente seu valor diminui na ordem sólido-líquido-gasoso, sendo seus valores-limites, para a prata,

$$360\,\frac{\text{kcal}}{\text{m}\cdot\text{h}\cdot°\text{C}}\,;$$

e, para o ar puro,

$$0{,}02\,\frac{\text{kcal}}{\text{m}\cdot\text{h}\cdot°\text{C}}$$

Além disso, o valor de k varia com a natureza do corpo, composição, pureza, temperatura, densidade aparente, conteúdo de umidade, homogeneidade, etc. De um modo geral, para os corpos sólidos, homogêneos, a experiência tem demonstrado que o coeficiente de condutividade interna é uma função linear da temperatura, podendo-se fazer.

$$k = k_0 + \alpha t$$

onde

k_0 = coeficiente de condutividade térmica a 0 °C;
α = coeficiente de temperatura.

O valor α é positivo para os materiais pouco condutores, enquanto que, para os metais, seu valor é negativo, com exceção do alumínio.

Por outro lado, para os corpos higroscópicos, o coeficiente de condutividade térmica cresce com a porcentagem de umidade. Para os materiais porosos, como tijolos de barro, papelão, etc., esse aumento pode ser bastante elevado devido à grande diferença entre o k da água e do ar. Para os líquidos, de um modo geral, o valor de k diminui com o aumento da temperatura, sendo a água uma exceção, pois, para ela, podemos fazer com boa aproximação de 0 a 80 °C:

$$k_{H_2O} = 0{,}477\,(1 + 0{,}002984\,t).$$

Como, por outro lado, a viscosidade dos gases aumenta com a temperatura, o mesmo podemos dizer do coeficiente de condutividade térmica dos mesmos. Assim, para o ar à pressão atmosférica normal, podemos fazer, de 0 a 100 °C,

$$k_{ar} = 0{,}0203 + 6\cdot 10^{-5}\,t$$

As Tabs. 3-1 e 3-2 dão os valores de k para os principais materiais de construção e isolantes, em função da sua temperatura de utilização.

Transmissão de calor

Tabela 3-1

Material	$t(°C)$	$k\left(\dfrac{kcal}{m \cdot °C \cdot h}\right)$	$C\left(\dfrac{kcal}{kgf \cdot °C}\right)$	$\gamma\left(\dfrac{kgf}{m^3}\right)$
Asfalto	20	0,65	0,22	2 120
Argila	25	0,8		1 775
Areia seca	20	0,28		1 580
Areia com 10% de H_2O	20	1,0		
Argamassas				
1 cimento, 2 areia seca	20	0,65		2 180
1 cimento, 5 areia, 9 H_2O	0	1,1		1 900
1 cimento, 4 cal, 12 areia com 2% H_2O	0	0,46		1 870
1 cal, 3 areia, 1,4 H_2O	20	0,58		1 820
Cimento em pó (*portland*)	90	0,25	0,186	1 505
Cimento agregado	0-100	0,9		
Concreto armado	20	0,7-1,21	0,21	1 950 a 2 305
Cimento de gesso	30	0,29		740
Granito	0-100	2,7-3,5	0,203	2 600
Granito	20	1,5-3,42		2 500 a 3 020
Gesso	0-50	0,37		1 250
Gesso	20	0,40	0,259	800 a 1 200
Piso				
Linóleo	20	0,16		1 183
Madeiras				
Balsa	0	0,046		200
Balsa	30	0,037-0,045	0,45-0,65	112-128
Balsa	50	0,066		200
Pinho ⊥ à fibra	20	0,14	0,65	550
Pinho ∥ à fibra	20	0,30	0,30	550
Cantaria				
Mármore	0-100	1,8-3,0	0,21	2 700
Mármore	20	2,4	0,193	2 500 a 2 705
Vidraria				
Vidro	0-100	0,65	0,22	2 500
Vidro de quartzo	0-100	1,4		
Paredes				
Tijolos, nova	10	1,2		1 960
Tijolos, velha	10	0,84		1 763
Tijolos, seca	30	0,37		1 850
Pedra arenosa	40	1,59		2 300
Terra argilosa seca	20	0,45	0,2	1 700
Terra argilosa molhada (úmida)	0	2,0		2 020
Tijolos				
De carvão, 89% de C	950	1,36		1 190
De cimento	30	1,0		
De argila úmida	500	1,0		
De argila, seco, à mão	25	0,34	0,18	1 570
De argila, seco, à máquina	0-100	0,42	0,22	1 620

Tabela 3-2

Material	$\gamma \left(\dfrac{kgf}{m^3}\right)$	t (°C)	$k \left(\dfrac{kcal}{m \cdot h \cdot °C}\right)$	Temp. trab. (°C)
Lã de vidro	24	−7	0,0323	540
		38	0,0466	
		93	0,0649	
Lã de vidro	64	−7	0,0267	540
		38	0,0356	
		93	0,0472	
Lã de vidro	76		0,030	
Lã de vidro	96	−7	0,0243	540
		38	0,0325	
		93	0,0429	
Lã de vidro	220	100	0,043	
		200	0,057	
		300	0,070	
Lã de vidro	410	100	0,064	540
		200	0,086	
		300	0,108	
Lã de rocha	64	−7	0,0224	600
		38	0,0334	
		93	0,0472	
Lã de rocha	70		0,022	600
	100		0,024	
Lã de rocha	128	−7	0,0255	600
		38	0,0340	
		93	0,0446	
Lã de rocha	192	−7	0,0273	
		38	0,0337	
		93	0,0419	
Diatomita pulverizada	60	204	0,057	900
		315	0,072	
		93	0,049	
Diatomita pulverizada	290	204	0,067	900
		315	0,073	
		−7	0,0353	
Magnésia, 85%	270	149	0,064	300
		204	0,069	
		93	0,061	
Diatomita	200	0	0,04	900
		100	0,05	
		200	0,061	
Serragem	200	0	0,06	
		50	0,065	
Papelão corrugado, quatro camadas por polegada	170	150	0,087	150
Papelão laminado	650	20	0,07	
Penas	80	20	0,030	
Plástico esponjoso	25	20	0,035	80
Borracha esponjosa	80	20	0,03	65

Tabela 3-2 (Continuação)

Material	$\gamma \left(\dfrac{\text{kgf}}{\text{m}^3}\right)$	t (°C)	$k \left(\dfrac{\text{kcal}}{m \cdot h \cdot °C}\right)$	Temp. trab. (°C)
Concreto celular	300	0	0,049	
	600	0	0,12	
Gesso celular	128	20	0,043	
	288	20	0,073	
Cortiça moída	150	30	0,037	100
Cortiça expandida	150-250	0	0,032	100
			0,039	
Feltro de lã	320	38	0,041	100
		200	0,036	
Feltro de crina	270	0	0,03	80
Lã vegetal (Kapok)	150	0	0,033	
		50	0,040	
Placas de cortiça bruta	200	0	0,040	100
		50	0,048	
Eucatex isolante	300	0	0,043	100
Eucatex frigorífico	210	0	0,028	
Amianto	700	0	0,201	
Amianto	470	0	0,133	
Poliestireno expandido	25	0	0,027	
Espuma rígida de poliuretano	22	0	0,020	

3-2-3. Resistência térmica na condução

De acordo com a Eq. (3-3), a resistência térmica de uma parede plana de faces paralelas nos será dada por

$$R_t = \frac{\Delta t}{Q} = \frac{l}{kS}$$

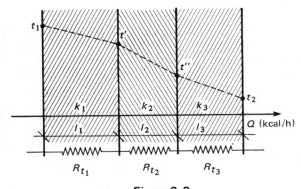

Figura 3-2

O conceito de resistência térmica nos permite simplificar os cálculos referentes à transmissão de calor que se verifica em paredes compostas de várias camadas. Basta, para isso, considerarmos cada camada como uma resistência térmica colocada em série com as demais (Fig. 3-2).

A resistência do conjunto nos será dada pela soma das resistências parciais, de modo que podemos escrever:

$$R_{t_1} = \frac{t_1 - t'}{Q} = \frac{l_1}{k_1 S};$$

$$R_{t_2} = \frac{t' - t''}{Q} = \frac{l_2}{k_2 S};$$

$$R_{t_3} = \frac{t - t_2}{Q} = \frac{l_3}{k_3 S};$$

$$R_1 = R_{t_1} + R_{t_2} + R_{t_3},$$

$$= \frac{t_1 - t'}{Q} + \frac{t' - t''}{Q} + \frac{t'' - t_2}{Q}$$

$$= \frac{l_1}{k_1 S} + \frac{l_2}{k_2 S} + \frac{l_3}{k_3 S}.$$

Isto é,

$$R_1 = \frac{t_1 - t_2}{Q} = \sum \frac{l}{kS}. \tag{3-5}$$

As expressões anteriores nos permitem calcular não só o fluxo térmico através de uma parede composta, como as temperaturas intermediárias t', t'', etc., das diversas camadas.

3-3. Transmissão de calor por convecção

3-3-1. Lei de Newton

Já tivemos a oportunidade de lembrar que a transmissão de calor por convecção está diretamente relacionada com o movimento do fluido transmissor de calor, por efeito do qual sempre novas partículas do mesmo se põem em contato com a superfície aquecedora ou esfriadora. A esse transporte de calor por meio de correntes de convecção corresponde, por outro lado, um transporte de calor por condução.

Como quase todos os gases e a maior parte dos líquidos conduzem mal o calor, essa quantidade de energia térmica transmitida por meio de condução é geralmente desprezável, em relação à transportada por meio de convecção. Entretanto, como, por outro lado, segundo a teoria das correntes de Prandtl, em todo fluido em movimento, em contato com superfícies sólidas, forma-se, na proximidade das paredes, uma camada mais ou menos quieta e que, em todos os casos, apresenta um movimento laminar paralelo à dita parede, que não permite a convecção, é forçoso admitir, que o calor atravesse essa "subcamada laminar" por condução, não podendo, portanto, essa espécie de transmissão de calor deixar de ser levada em conta.

A diferença física entre as transmissões de calor por condução e por convecção reside na grandeza das partículas que, dotadas de movimento, transportam o calor. Nessas condições, podemos dizer que a convecção é o resultado do movimento macroscópico das partículas dos fluidos, enquanto que a condução resulta do movimento microscópico das moléculas ou elétrons livres que entram na constituição dos corpos. Do exposto, depreende-se que a transmissão de calor por convecção pura não existe na prática, mas somente sob a forma de transmissão de calor entre fluidos e paredes, onde intervém também a condução.

Tal processo é designado usualmente como transmissão de calor por condução externa, para distingui-lo do processo de transmissão de calor por condução pura, que se verifica no interior dos corpos sólidos. O fluxo térmico, no caso, é expresso pela chamada lei de Newton:

$$Q = \alpha_c S \Delta t \qquad (3\text{-}6)$$

Ou, ainda, lembrando o conceito de resistência térmica:

$$R_t = \frac{\Delta t}{Q} = \frac{1}{\alpha_c S}, \qquad (3\text{-}7)$$

onde

Q = fluxo térmico, em kcal/h;
Δt = diferença de temperatura entre o fluido e a parede, em °C;
S = superfície de contato, em m^2;
α_c = um coeficiente de proporcionalidade denominado coeficiente de transmissão de calor por condução externa, coeficiente de condutividade externa ou coeficiente de película.

3-3-2. Coeficiente de condutividade externa ou coeficiente de película

O coeficiente de condutividade externa tem como unidade

$$\alpha_c = \frac{Q}{S\Delta t} \; \frac{\text{kcal}}{\text{m}^2 \cdot \text{h} \cdot {}^\circ\text{C}}.$$

O coeficiente de condutividade externa não é uma propriedade do fluido ou da parede, mas sim um coeficiente geral com o qual se pretende representar o efeito conjunto de vários fatores, sem se explicar o mecanismo em si da transmissão de calor.

Como fatores que afetam diretamente o coeficiente de película, podemos citar:

fluido;
temperatura do fluido e da parede;
pressão;
natureza, posição e dimensões da parede;
natureza e velocidade do escoamento;
mudanças de fase do fluido, se for o caso.

A determinação dos coeficientes de condutividade externa constitui-se em um dos aspectos mais complexos da transmissão de calor. Na prática, o cálculo de α_c é feito a partir de equações teórico-empíricas de aplicação bastante restrita, as quais tornam o formulário da convecção por demais extenso. Como orientação inicial, a Tab. 3-3 fornece a ordem de grandeza dos coeficientes de condutividade externa para vários casos.

Tabela 3-3. Coeficientes de condutividade externa

Tipo de convecção	Comportamento fluido	α_c $\dfrac{kcal}{m^2 \cdot h \cdot {}^\circ C}$	$\dfrac{Btu}{pé^2 \cdot h \cdot {}^\circ F}$
Natural	Gases	3-20	0,6-4
	Líquidos	100-1 000	20-200
	Água em ebulição	1 000-20 000	200-4 000
Forçada	Gases	10-100	2-20
	Líquidos viscosos	50-500	10-100
	Água	500-10 000	100-200
	Vapores em condensação	10 0000-100 000	2 000-20 000

3-4. Transmissão de calor por meio de radiação

3-4-1. Generalidades

Nos processos de transmissão de calor por condução e por convecção até agora estudados, o intercâmbio de energia não só é proporcional à diferença de temperatura, como necessita, ainda, de um meio ponderável para o seu transporte. Entretanto, se colocarmos um corpo quente no vácuo, isolado, portanto, do contato de qualquer meio ponderável, notaremos que o mesmo perde calor e que essa perda não é proporcional à diferença de temperatura entre o corpo e o meio. Esse tipo de transmissão de energia, completamente diverso dos anteriores, é conhecido como radiação.

Existem várias teorias para explicar a transmissão de calor pela radiação. Em nossos estudos, consideraremos a energia radiante como onda eletromagnética que se propaga com a velocidade da luz (300 000 km/s). Nessas condições, a radiação térmica é definida como sendo as radiações eletromagnéticas cujos comprimentos de onda estão compreendidos entre 0,1 a 100 μm (1 micrômetro = 0,000 001 m). Portanto as radiações térmicas e luminosas são fenômenos de mesma natureza que diferem apenas no comprimento de onda.

A Tab. 3-4 relaciona os vários tipos de radiações eletromagnéticas conhecidas, com suas respectivas faixas de comprimento de onda.

Tabela 3-4. Radiações eletromagnéticas

Radiação	Comprimento de onda, λ (μm)
Cósmica	< 0,0000004
Gama	0,0000004 a 0,0001
Tipo X (raios X)	0,00001 a 0,01
Ultravioleta	0,01 a 0,38
Luminosa (luz)	0,38 a 0,78
Infravermelha	0,78 a 1 000
Térmica	0,1 a 100
Radiocomunicação	1 000 a 2×10^{10}

3-4-2. Absorção, reflexão e transmissão

A energia que incide sobre um corpo pode ser absorvida, refletida ou transmitida.

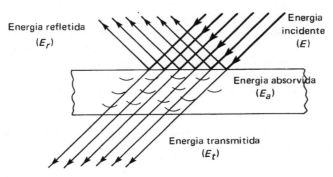

Figura 3-3

Assim de acordo com a Fig. 3-3,
$$E = E_r + E_a + E_t,$$
ou
$$1 = \frac{E_r}{E} + \frac{E_a}{E} + \frac{E_t}{E} = r + a + t.$$

Essas relações tomam as seguintes designações:

$$\frac{E_r}{E} = r \qquad \text{(coeficiente de reflexão);}$$

$$\frac{E_a}{E} = a \qquad \text{(coeficiente de absorção);}$$

$$\frac{E_t}{E} = t \qquad \text{(coeficiente de transmissividade).}$$

Para os corpos opacos, ou seja, aqueles que não transmitem nenhuma parcela da energia incidente, verifica-se

$$\frac{E_t}{E} = t = 0,$$

$$r + a = 1.$$

Os corpos opacos podem ser classificados em negros, grises e brancos. Dá-se o nome de corpo negro a um corpo capaz de absorver toda radiação térmica que sobre ele incida. Nessas condições, verifica-se que, para um corpo negro,

$$a = 1,$$
$$r = t = 0.$$

A denominação de corpo negro é conseqüência do comportamento das superfícies pintadas de preto, as quais apresentam coeficientes de absorção próximos de um.

Os corpos reais, de uma maneira geral, têm $a < 1$ e são denominados de corpos grises. Na prática, entretanto, podemos considerar como superfície negra a abertura de um corpo oco, cuja superfície interna foi pintada com uma substância cujo coeficiente de absorção é próximo de um. Isso se deve ao fato de que toda radiação que passa pelo referido orifício é em grande parte absorvida, enquanto que a parcela restante refletida irá sofrer novas absorções, de modo que a energia final que sai novamente pelo orifício será desprezável.

Por sua vez, um corpo de coeficiente de absorção nulo ($a = 0$), isto é, um corpo que reflete as radiações de qualquer comprimento de onda que sobre ele incide, toma o nome de corpo branco, ou espetacular.

Se $t = 1$, a e r são nulos, e o corpo recebe o nome de transparente ou diatérmico. Assim, as radiações térmicas atravessam o ar puro como se fosse o vácuo.

Quando opacos, os gases o são apenas para determinados comprimentos de onda, como acontece com o CO_2, os hidrocarbonetos, etc. O mesmo acontece com o vidro, que é transparente às radiações térmicas de pequenos comprimentos de onda (radiação solar) e opaco para as de grande comprimento de onda (radiações negras), fenômeno no qual se baseia o funcionamento das estufas ou jardins de inverno.

Os corpos absorventes de calor também emitem calor ao serem aquecidos. A energia total irradiada por um corpo qualquer pode ser calculada a partir das leis de Stefan-Boltzmann e Kirchoff:

$$\boxed{E = \zeta E_n = \zeta \sigma_n T^4} \text{ , kcal/m}^2 \cdot \text{h,} \qquad (3\text{-}8)$$

onde

σ_n é constante de irradiação de um corpo negro, a qual vale

$$\sigma_n = 4,96 \cdot 10^{-8} \frac{\text{kcal}}{\text{m}^2 \cdot \text{h}(\text{K})^4} \;;$$

ξ é a emissividade, ou seja, a relação entre o poder emissivo do corpo qualquer e o poder emissivo de um corpo negro,

$$\xi = \frac{E}{E_m},$$

de uma maneira geral, $\xi = a$, indicando que, quanto mais absorvente é um corpo, maior é também sua emissividade. O valor de ξ, como o de a depende essencialmente da natureza da superfície dos corpos e da sua temperatura.

Superfícies seletivas são aquelas que apresentam coeficientes de absorção elevados para radiações de alta freqüência e emissividades reduzidas para radiações de baixa freqüência (absorvedores solares). A Tab. 3-5 nos dá valores de ξ para diversos materiais.

3-4-3. Equação geral da transmissão de calor por meio de radiação entre dois corpos

A transmissão de calor por meio de radiação entre duas superfícies, S_1 e S_2, pode ser calculada pela expressão geral:

$$\boxed{Q = F_a F_e S_1 \sigma_n (T_1^4 - T_2^2)} \quad , \text{kcal/h} \tag{3-9}$$

onde:

F_a é o fator de forma ou de configuração, que leva em conta a disposição da superfície S_2 em relação à superfície envolvida S_1, o qual, na maior parte dos casos, vale 1;

F_e é o fator de emissividade, que leva em conta a correção devida às diferenças de dimensões e emissividade das superfícies, o qual, na maior parte dos casos, vale:

$$F_e = \frac{1}{\frac{1}{\xi_1} + \frac{S_1}{S_2}\left(\frac{1}{\xi_2} - 1\right)}, \quad \text{ou } \xi_1 \cdot \xi_2$$

(para maiores detalhes, consulte a Bibliografia).

A Eq. (3-9) pode ser posta sob a forma da equação geral da transmissão de calor

$$Q = KS\Delta t,$$

já analisada na Sec. 3-1-6, isto é,

$$Q = \alpha_i S_1 (t_1 - t_2) = F_a F_e \sigma_n \frac{T_1^4 - T_2^4}{t_1 - t_2} S_1 (t_1 - t_2),$$

Tabela 3-5

Superfície	t (°C)	ξ
Alumínio polido	23	0,040
Alumínio áspero	26	0,055
Alumínio oxidado a 600 °C	200-600	0,11-0,19
Zinco puro (99,1%), polido	227-327	0,045-0,053
Zinco oxidado a 400 °C	400	0,11
Ferro galvanizado, brilhante	28	0,276
Ferro galvanizado, oxidado	24	0,228
Cobre comercial, polido	118	0,023
Cobre oxidado a 600 °C	200-600	0,57-0,57
Folha-de-flandres brilhante	25	0,043-0,064
Latão laminado a frio e polido	21	0,038
Latão laminado e esmerilhado	22	0,20
Latão laminado, mate	50-350	0,22
Latão laminado, oxidado a 543 °C	200-543	0,61-0,59
Ferro niquelado e polido	20	0,11
Ferro polido niquelado e polido	23	0,045
Ferro niquelado, oxidado a 543 °C	200-543	0,37-0,48
Ouro puro, polido	227-627	0,018-0,035
Prata pura, polida	227-627	0,0198-0,0324
Ferro fundido, polido	200	0,21
Ferro fundido, trabalhado em torno	882-988	0,60-0,70
Ferro fundido, oxidado	100	0,736
Ladrilho vermelho, áspero	21	0,93
Ladrilho de sílica, áspero	1 100	0,85
Materiais refratários	600-1 000	0,65-0,85
Mármore gris, polido	22	0,931
Esmalte branco sobre ferro áspero	23	0,929
Laca negra, brilhante, sobre ferro		0,875
Pintura a óleo, segundo a cor e o número de demãos	22	0,8-0,96
Pintura a esmalte	22	0,9
Pintura negra a álcool	22	0,825
Pintura de alumínio	22	0,37-0,41
Gelo	52	0,63
Água ou superfície molhada	(20) 52	(0,67)-0,95
Vidro liso	22	0,937
Porcelana vitrificada	22	0,924
Tapeçaria		0,8-0,95
Papelão de amianto		0,95
Negro-fumo, carvão	22	0,95
Areia	22	0,75
Gesso, com 0,5 mm de espessura	22	0,903
Reboco áspero de cal	10-88	0,91
Alvenaria não-rebocada	22	0,93

ou, ainda,

$$Q = F_a F_e \sigma_n 10^8 \frac{\left(\frac{T_1}{100}\right)^4 - \left(\frac{T_2}{100}\right)^4}{t_1 - t_2} S_1(t_1 - t_2) \quad . \tag{3-10}$$

onde o coeficiente de transmissão de calor por meio de radiação (α_i), cuja dimensão é idêntica ao do coeficiente de condutividade externa (ou de película), toma a expressão

$$\alpha_i = F_a F_e \sigma_n 10^8 \frac{\left(\frac{T_1}{100}\right)^4 - \left(\frac{T_2}{100}\right)^4}{t_1 - t_2} = 4,96 F_a F_e \theta,$$

onde θ é o fator de temperatura, que vale

$$\theta = \frac{\left(\frac{T_1}{100}\right)^4 - \left(\frac{T_2}{100}\right)^4}{t_1 - t_2} \cong 4 \times 10^{-8} \left(\frac{T_1 - T_2}{2}\right)^3$$

podendo ser inferior a 1 (t_1 e t_2 inferiores a 0 °C).

3-4-4. Calor de radiação solar

O Sol emite radiações cujo espectro corresponde aproximadamente à emissão de um corpo negro aquecido a 6 000 K (intensidade máxima de radiação num comprimento de onda de cerca de 0,48 μm).

Essas radiações atingem o nosso planeta com a intensidade bastante reduzida de $A = 1\,162,2$ kcal/m$^2 \cdot$ h (constante solar). Ao atravessarem a atmosfera, mesmo perpendicularmente, as radiações solares sofrem ainda uma redução adicional devido à transparência da mesma, a qual, em dias completamente límpidos (na espessura correspondente à vertical, ou zênite), varia de 0,7244 a 0,7888, ou seja, em média cerca de $t = 0,75$.

Quando as radiações solares atravessam a atmosfera obliquamente, o caminho percorrido através da mesma aumenta na proporção (e), dada pela expressão

$$e = \frac{L}{l} = \sqrt{(100 \cos \theta_H)^2 + 201} - 100 \cos \theta_H \quad , \tag{3-11}$$

onde:

l = a espessura da atmosfera no zênite, a qual vale, aproximadamente, um centésimo do raio da Terra,

$$l = 0,01R;$$

L = a espessura da atmosfera atravessada pelas radiações, a qual, de acordo com a Fig. 3-4, nos é dada pela equação

$$(R + l)^2 = L^2 + R^2 - 2RL \cos(180 - \theta_H),$$

onde θ_H é o ângulo de incidência da radiação em relação à superfície horizontal do local, o qual varia com a latitude, época do ano e hora do dia.

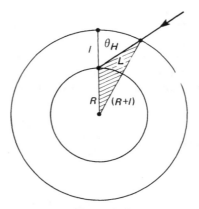

Figura 3-4

Nessas condições, a energia solar recebida num local qualquer da superfície da Terra, sobre um plano perpendicular às radiações, nos será dada por

$$E_0 = A \cdot t^e, \qquad (3-12)$$

isto é,

$$E_0 = 1\,162{,}2 \cdot 0{,}75^e \text{ kcal/m}^2 \cdot \text{h}.$$

Quando as radiações solares não incidem perpendicularmente à superfície, a energia recebida por metro quadrado fica reduzida na proporção da área projetada perpendicularmente às radiações, isto é,

$$E = E_0 \cos \theta, \qquad (3-13)$$

onde θ é o ângulo de incidência das radiações, isto é, o ângulo formado pelos raios incidentes e a normal à superfície considerada.

O ângulo de incidência das radiações sobre uma superfície qualquer, pode ser calculado em função dos ângulos que caracterizam a orientação do Sol e da superfície em relação ao plano horizontal do local, que seguem.

• Declinação (δ) do Sol, isto é, o ângulo formado pela direção Terra-Sol e o plano do Equador (positiva para o norte). A declinação caracteriza o ângulo da eclítica, o qual vale, para o solstício de verão, $+23°45'$, para o solstício de inverno, $-23°45'$, e, para os equinócios, $0°$. Para uma época qualquer, a declinação pode ser calculada com boa aproximação pela fórmula empírica de Cooper,

$$\delta = 23{,}45 \operatorname{sen}\left(360 \, \frac{284 + n}{365}\right), \qquad (3-14)$$

onde n é o número do dia considerado, no ano.
- Latitude (φ) do local (positiva para o norte).
- Inclinação da superfície (S) em relação à horizontal.
- Azimute da superfície (γ), isto é, o ângulo de desvio da normal à superfície em relação ao meridiano do local, medida a partir do sul (positiva para o leste).
- Ângulo horário (W), isto é, o ângulo formado a partir da posição 12 horas (zero°), no qual cada hora vale 15° de longitude, com manhãs positivas e tardes negativas.

Observação. Outras soluções adotam, para caracterizar a orientação do Sol, em vez da declinação e do ângulo horário, a altura e o azimute.

A partir das coordenadas trigonométricas citadas, o ângulo de incidência das radiações nos será dado pela expressão:

$$\begin{aligned}\cos\theta = &+ \operatorname{sen}\delta \operatorname{sen}\varphi \cos S; \\ &- \operatorname{sen}\delta \cos\varphi \operatorname{sen}S \cos\gamma ; \\ &+ \cos\delta \cos\varphi \cos S \cos W; \\ &+ \cos\delta \operatorname{sen}\varphi \operatorname{sen}S \cos\gamma \cos W; \\ &+ \cos\delta \operatorname{sen}S \operatorname{sen}\gamma \operatorname{sen}W;\end{aligned}$$

a qual, naturalmente, se simplifica bastante para os seguintes casos particulares de interesse prático:

superfícies horizontais ($S = 0°$);
superfícies verticais ($S = 90°$);
superfícies quaisquer voltadas para o norte ($\gamma = 180°$);
superfícies horizontais voltadas para o norte ($\gamma = 180°$, $S = 0°$);
superfícies verticais voltadas para o norte ($\gamma = 180°$, $S = 90°$).

A partir das equações apresentadas, podemos elaborar tabelas com os valores das energias de radiação solar recebidas em função da latitude, época do ano (solstício de verão, inverno e equinócios) e hora do dia, para:

superfícies permanentemente perpendiculares aos raios solares (E_0, $\theta = \theta_H$);
superfícies voltadas para o norte com inclinações (S) de 0° (horizontal), 30°, 45°, 53,45°, 60°;
superfícies verticais voltadas para: N, 45° NE, E, 45° SE e S.

A ordem de cálculo adotada é a seguinte:

a) cálculo de θ_H em função da latitude, época do ano e hora do dia [Eq. (3-13) para $S = 0°$];
b) cálculo da espessura relativa (e) da atmosfera [Eq. (3-11)];
c) cálculo da energia solar recebida por uma superfície permanentemente perpendicular às radiações [Eq. (3-12)];
d) cálculo do ângulo de incidência das radiações sobre superfícies orientadas, como foi citado anteriormente [Eq. (3-13)];
e) cálculo da energia solar recebida por superfícies orientadas, como acima [Eq. (3-14)].

Os valores assim obtidos constam das Tabs. 3-6, 3-7 e 3-8.

Tabela 3-6. Superfícies perpendiculares à radiação (Porto Alegre, latitude 30° sul)
[21 de dezembro (n = 355); 22 de março (n = 81); 21 de setembro (n = 264); 21 de junho (n = 172)]

Hora	W	Solstício de verão ($\delta = -23°27'$) θ_H	e	E_0	Equinócios ($\delta = 0°$) θ_H	e	E_0	Solstício de inverno ($\delta = +23°27'$) θ_H	e	E_0
6	+90°	78,52°	4,533	315	90°	14,177	20	101,48°	—	—
7	+75°	66,13°	2,412	581	77,05°	4,108	356	89,62°	13,530	24
8	+60°	53,40°	1,662	720	64,34°	2,262	606	78,56°	4,546	314
9	+45°	40,47°	1,310	797	52,24°	1,620	729	68,73°	2,672	539
10	+30°	27,50°	1,126	841	41,41°	1,328	793	60,72°	2,013	651
11	+15°	14,89°	1,034	863	33,23°	1,193	825	55,36°	1,741	704
12	0°	6,55°	1,007	870	30°	1,153	834	53,45°	1,664	720
13	−15°	14,89°	1,034	863	33,23°	1,193	825	55,36°	1,741	704
14	−30°	27,50°	1,126	841	41,41°	1,328	793	60,72°	2,013	651
15	−45°	40,47°	1,310	797	52,24°	1,620	729	68,73°	2,672	539
16	−60°	53,40°	1,662	720	64,34°	2,262	606	78,56°	4,546	314
17	−75°	66,13°	2,412	581	77,05°	4,108	356	89,62°	13,530	24
18	−90°	78,52°	4,533	315	90°	14,177	20	101,48°	—	—
Totais				9 104			7 492			5 184

Tabela 3-7. Valores de $E = E_0 \cos\theta$ — Superfícies voltadas para o norte (Porto Alegre, latitude 30° sul)

Hora	S = 0° (horizontal) V	E	I	+30° V	E	I	+45° V	E	I	+53,45° V	E	I	+60° V	E	I
6	63	0	—	0	0	—	—	0	—	—	0	—	—	0	—
7	235	80	0	138	92	6	73	89	8	35	85	9	4	80	10
8	429	262	62	330	303	144	245	293	172	189	278	182	143	263	187
9	606	446	196	517	516	350	417	498	393	348	473	406	289	447	410
10	746	595	318	668	687	517	559	663	567	480	630	578	411	595	578
11	834	690	400	765	797	624	650	770	675	565	731	684	491	690	680
12	864	722	429	798	834	661	681	806	712	595	765	720	518	722	715
13	834	690	400	765	797	624	650	770	675	565	731	684	491	690	680
14	746	595	318	668	687	517	559	663	567	480	630	578	411	595	578
15	606	446	196	517	516	350	417	498	393	348	473	406	289	447	410
16	429	262	62	330	303	144	245	293	172	189	278	182	143	263	187
17	235	80	0	138	92	6	73	89	8	35	85	9	4	80	10
18	63	0	—	0	0	—	—	0	—	—	0	—	—	0	—
Totais	6 670	4 868	2 381	5 634	5 624	3 943	4 569	5 432	4 342	3 829	5 159	4 438	3 194	4 872	4 445

Tabela 3-8. Valores de $E = E_0 \cos \theta$ – Superfícies verticais, $S = -90°$ (Porto Alegre, latitude 30° sul)

Hora	N $\gamma = 180°$ V	E	I	45° NE $\gamma = 135°$ V	E	I	E $\gamma = 90°$ V	E	I	45° SE $\gamma = 45°$ V	E	I	S $\gamma = 0°$ V	E	I
6	—	0	—	—	14	—	289	0	—	281	14	—	—	109	0
7	—	46	11	128	276	23	515	344	21	457	211	7	—	131	—
8	—	152	180	271	478	304	572	525	250	463	264	49	—	83	—
9	—	258	360	346	547	502	517	516	502	377	182	—	—	16	—
10	44	343	483	354	523	553	386	397	299	242	38	—	—	—	—
11	85	399	555	304	433	510	205	214	167	85	—	—	—	—	—
12	99	417	578	205	295	409	0	0	0	0	—	—	—	—	—
13	85	399	555	70	131	274	—	—	—	—	—	—	—	—	—
14	44	343	483	—	—	130	—	—	—	—	—	—	—	—	—
15	—	258	360	—	—	8	—	—	—	—	—	—	—	16	—
16	—	152	180	—	—	—	—	—	—	—	—	—	—	83	—
17	—	46	11	—	—	—	—	—	—	—	—	—	—	131	—
18	—	0	—	—	—	—	—	—	—	—	—	—	—	109	0
Totais	357	2 813	3 756	1 678	2 697	2 713	2 484	1 996	1 239	1 905	709	56	—	678	0

Transmissão de calor

O calor de radiação solar recebido por superfícies planas pode ser aproveitado para o aquecimento a baixas temperaturas do ar ou da água (calefação de ambientes, aquecimento de água para consumo, pré-aquecimento industrial, etc.).

Nesse caso, adotam-se superfícies de grandes coeficientes de absorção das radiações solares (superfícies pretas ou seletivas), protegidas por uma ou mais lâminas transparentes, afastadas cerca de 20 mm.

O rendimento desses painéis de absorção depende de vários fatores:

da natureza da superfície (a, ξ,);
da intensidade da radiação solar;
da diferença de temperatura entre o painel e o exterior;
do tipo e do número de lâminas transparentes adotadas como proteção;
do deslocamento do ar externo;
do isolamento geral adotado, etc.

A Tab. 3-9 nos dá uma idéia desse rendimento para superfícies pretas (a = 0,95) e seletivas (a = 0,95, ξ = 0,10), protegidas com uma (t = 0,87), duas (t = 0,8) ou três (t = 0,75) lâminas de vidro, para as intensidades de radiação solar máxima (860 kcal/m² · h) ou média (645 kcal/m² · h) de verão a 30° de latitude sul, em função da diferença de temperatura entre o coletor e o ambiente externo.

Tabela 3-9. Rendimento de painéis de absorção

Superfície	Proteção	E	Δt (°C)								
			10	20	30	40	50	60	70	80	90
Preta	1	Máximo	78	73	67	61	54	46	38	30	22
		Médio	78	71	64	55	46	36	26	15	4
	2	Máximo	72	69	66	63	59	55	51	47	42
		Médio	72	68	64	60	55	50	44	38	32
	3	Máximo	68	66	64	62	59	56	53	50	47
		Médio	68	65	62	59	56	52	48	44	39
Seletiva	1	Máximo	78	76	73	69	66	62	58	54	50
		Médio	78	74	70	66	61	56	51	44	40
	2	Máximo	72	70	68	66	64	62	59	56	53
		Médio	72	70	67	64	61	58	55	52	48
	3	Máximo	67	66	65	64	62	60	58	56	54
		Médio	67	65	63	61	59	57	55	53	50

3-5. Transmissão de calor entre dois fluidos separados por uma parede

3-5-1. Coeficiente total de transmissão de calor

Quando dois fluidos, a temperaturas diversas, são separados por uma parede, o calor se transmite do fluido cuja temperatura é mais elevada, por condutividade externa e radiação, à parede para, a seguir, atravessar a parede, por condutividade interna, e, finalmente, passar novamente da parede ao segundo fluido, por condutividade externa e radiação.

Tal transmissão complexa de calor pode ser calculada introduzindo-se o conceito de "coeficiente total de transmissão de calor", admitindo-se, para isso, que o calor que passa de um fluido a outro, através de uma parede simples ou composta, seja dado pela expressão geral

$$Q = KS\Delta t \; \frac{\text{kcal}}{\text{h}},$$

onde

S = superfície da parede;
K = coeficiente total de transmissão de calor, em kcal/m² · h · °C;
Δt = diferença de temperatura entre dois fluidos considerados.

O coeficiente total de transmissão de calor, naturalmente, compõe-se dos coeficientes de transmissão de calor externo (condutividade externa e radiação, se for o caso), entre cada um dos fluidos e a respectiva parede, e do coeficiente de

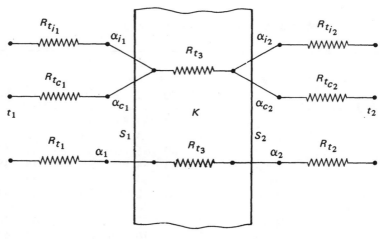

Figura 3–5

condutividade interna da própria parede. Assim, considerando o caso geral representado na Fig. 3-5 e empregando o conceito de resistência térmica, podemos escrever, em se tratando de um fluxo permanente (Q = constante) que:

Transmissão de calor

- a resistência térmica resultante das resistências térmicas R_{t_i} e R_{t_c} que se verificam em paralelo vale:

$$\frac{1}{R_{t_1}} = \frac{1}{R_{t_{i_1}}} + \frac{1}{R_{t_{c_1}}} = \frac{1}{\frac{1}{\alpha_{i_1} S_1}} + \frac{1}{\frac{1}{\alpha_{c_1} S_1}} = (\alpha_{i_1} + \alpha_{c_1})S_1,$$

isto é,

$$R_{t_1} = \frac{1}{(\alpha_{i_1} + \alpha_{c_1})S_1} = \frac{1}{\alpha_1 S_1},$$

onde

$$\boxed{\alpha_1 = \alpha_{i_1} + \alpha_{c_1}}$$

e, igualmente,

$$R_{t_2} = \frac{1}{\alpha_2 S_2},$$

onde

$$\boxed{\alpha_2 = \alpha_{i_2} + \alpha_{c_2}},$$

- a resistência térmica do conjunto será

$$R_t = \frac{1}{KS} = \frac{\Delta t}{Q} = R_{t_1} + R_{t_3} + R_{t_2},$$

de modo que, para o caso de uma parede plana de faces paralelas ($S_1 = S_2 = S$):

$$R_t = \frac{t_1 - t_2}{Q} = \frac{1}{\alpha_1 S} + \frac{\ell}{kS} + \frac{1}{\alpha_2 S}.$$

E podemos calcular o fluxo térmico por meio da expressão

$$\boxed{Q = KS\, \Delta t = \frac{1}{\frac{1}{\alpha_1} + \frac{\ell}{k} + \frac{1}{\alpha_2}} S(t_2 - t_1)}, \qquad (3\text{-}15)$$

onde o coeficiente total de transmissão de calor (K) vale

$$K = \frac{1}{\frac{1}{\alpha_1} + \frac{\ell}{k} + \frac{1}{\alpha_2}} \qquad (3\text{-}16)$$

Tratando-se de uma parede composta, a mesma equação pode ser usada, substituindo-se apenas o valor ℓ/k pelo somatório

$$\sum \frac{\ell}{k}.$$

Nessa expressão, $\alpha = \alpha_i + \alpha_c$ representa o coeficiente de transmissão de calor global entre o fluido e a parede, misto de condutividade externa e radiação.

Nas nossas aplicações, são particularmente importantes os valores de α que se verificam contra as paredes, pisos e forros das habitações. É interessante salientar que, numa superfície horizontal, quando a transmissão de calor verifica-se para cima, ela é ajudada pelo movimento convectivo, de modo que o valor α é maior do que quando a transmissão de calor se verifica para baixo. A Tab. 3-10 nos dá os valores médios de $\alpha_i + \alpha_c$ para os casos apontados e a Tab. 3-11, por sua vez, nos dá valores de K para os casos mais correntes em construção.

Tabela 3-10

Caso	$\alpha\left(\dfrac{kcal}{m^2 \cdot h \cdot {}^\circ C}\right)$
Ar contra paredes de habitações (internamente)	7
Ar contra paredes de habitações (externamente)*	20
Ar contra chapas horizontais (int.) para cima	9
Ar contra chapas horizontais (int.) para baixo	5
Ar contra chapas horizontais (ext.) para cima	25
Ar contra chapas horizontais (ext.) para baixo*	13

*O ar exterior foi considerado com um deslocamento de 24 km/h

Tabela 3-11

Número	Tipo de separação	$K\left(\dfrac{kcal}{m^2 \cdot h \cdot {}^\circ C}\right)$
A	*Paredes internas*	
1	Simples, de madeira, 1,5 cm	2,88
2	Simples, de estuque	3,03
3	Simples, de Celotex, 1,5 cm	1,71
4	Simples, de Celotex, 2,5 cm	0,93
5	Dupla, de madeira (2,5 cm) e estuque, em cada lado	1,65
6	Dupla, de Celotex (1,5 cm), em cada lado	0,88
7	Dupla, de Celotex (2,5 cm), em cada lado	0,59
8	De concreto (5 cm), sem reboco	3,1
9	De concreto (10 cm), sem reboco	2,7
10	De concreto (15 cm), sem reboco	2,4
11	De concreto (5 cm), rebocada nas 2 faces	2,7
12	De concreto (10 cm), rebocada nas 2 faces	2,4
13	De concreto (15 cm), rebocada nas 2 faces	2,2
14	De tijolos comuns, cheios (12 cm), rebocada nas 2 faces	2,05
15	De tijolos comuns, ocos (12 cm), rebocada nas 2 faces	1,90
16	De tijolos comuns, ocos (25 cm), rebocada nas 2 faces	1,33
17	De tijolos de concreto, ocos (10 cm), rebocada nas 2 faces	1,56
18	De tijolos refratários, cheios (12 cm), rebocada nas 2 faces	2,1
19	De tijolos refratários, cheios (25 cm), rebocada nas 2 faces	1,6

Tabela 3-11. (*Continuação*)

Número	Tipo de separação	$K\left(\dfrac{\text{kcal}}{\text{m}^2 \cdot \text{h} \cdot °C}\right)$
B	**Paredes externas**	
1	Simples, de chapa ondulada de ferro	6,34
2	Simples, de chapa ondulada de cimento-amianto (1 cm)	5,66
3	Simples, de chapa lisa de cimento-amianto (1 cm)	5,36
4	Dupla, de chapa ondulada e chapa lisa de ferro	3,66
5	Dupla, de ondulado de ferro e madeira (2,5 cm)	2,3
6	Dupla, de ondulado de cimento-amianto e madeira (2,5 cm)	2,1
7	Dupla, de ondulado de ferro, madeira (1,5 cm) + madeira (2,5 cm)	1,32
8	Simples, de madeira (2,5 cm)	2,83
9	Dupla, de madeira (2,5 cm + 1,5 cm)	1,51
10	Dupla, de madeira (2,5 cm) e Celotex (1,5 cm)	0,82
11	De tijolos comuns, cheios (25 cm), sem reboco	1,75
12	De tijolos comuns, cheios (12 cm), rebocada nas 2 faces	2,5
13	De tijolos comuns, cheios (25 cm), rebocada nas 2 faces	1,7
14	De tijolos comuns, cheios (38 cm), rebocada nas 2 faces	1,34
15	De tijolos refratários, cheios (12 cm), rebocada em 1 face	2,9
16	De tijolos refratários, cheios (25 cm), rebocada em 1 face	2,0
17	De tijolos refratários, cheios (38 cm), rebocada em 1 face	1,6
18	De tijolos comuns, ocos (25 cm), rebocada nas 2 faces	1,81
19	De tijolos comuns, ocos (25 cm), com 1,5 cm de Celotex	0,98
20	De tijolos de concreto, ocos (20 cm), rebocada nas 2 faces	2,73
21	De tijolos de concreto, ocos (30 cm), rebocada nas 2 faces	2,44
22	De concreto (5 cm), sem reboco	4,2
23	De concreto (10 cm), sem reboco	3,6
24	De concreto (15 cm), sem reboco	3,1
25	De concreto (5 cm), rebocada nas 2 faces	3,5
26	De concreto (10 cm), rebocada nas 2 faces	3,0
27	De concreto (15 cm), rebocada nas 2 faces	2,7
28	De pedra (20 cm)	3,42
29	De pedra (30 cm)	2,58
30	De pedra (40 cm)	2,39
31	De pedra (60 cm)	1,61
32	De tijolos comuns, cheios (12 cm), e Celotex (1,5 cm), rebocada nas 2 faces	1,11
33	De tijolos comuns, cheios (25 cm), e Celotex (1,5 cm), rebocada nas 2 faces	0,93
34	De tijolos comuns, cheios (12 cm), e Celotex (2,5 cm), rebocada nas 2 faces	0,71
35	De tijolos comuns, cheios (25 cm), e Celotex (2,5 cm), rebocada nas 2 faces	0,64
36	Dupla, de tijolos (2 × 12 cm), rebocada nas 2 faces (camada de ar de 5 a 12 cm)	1,38
37	Dupla, de tijolos (2 × 25 cm), rebocada nas 2 faces (camada de ar de 5 a 12 cm)	0,93
38	Tijolo-fachada (10 cm), tijolo oco (15 cm), rebocada em 1 face	1,67
39	Tijolo-fachada (10 cm), tijolo oco (20 cm), rebocada em 1 face	1,57
40	Tijolo-fachada (10 cm), tijolo-concreto, oco (20 cm), rebocada em 1 face	2,00

Tabela 3-11. (*Continuação*)

Número	Tipo de separação	$K\left(\dfrac{\text{kcal}}{\text{m}^2 \cdot \text{h} \cdot {}^\circ\text{C}}\right)$
41	Tijolo-fachada (10 cm), concreto (15 cm), rebocada em 1 face	2,63
42	Tijolo-fachada (10 cm), concreto (20 cm), rebocada em 1 face	2,44
43	Pedra-fachada (10 cm), tijolo oco (15 cm), rebocada em 1 face	1,77
44	Pedra-fachada (10 cm), tijolo oco (20 cm), rebocada em 1 face	1,67
45	Pedra-fachada (10 cm), tijolo-concreto, oco (20 cm), rebocada em 1 face	2,15
46	Pedra-fachada (10 cm), concreto (15 cm), rebocada em 1 face	2,84
47	Pedra-fachada (10 cm), concreto (20 cm), rebocada em 1 face	2,59

[*Observação*. Os valores apresentados até aqui foram calculados para exteriores com um deslocamento de ar da ordem de 24 km/h.]

C	Entrepisos	
1	Piso de madeira (2,5 cm), sobre barrotes	1,7-2,1
2	Piso de madeira (2,5 cm), sobre barrotes, forro de madeira (1,5 cm)	1,0-1,18
3	Piso de madeira (2,5 cm), sobre barrotes, forro de estuque	1,17-1,46
4	Piso de madeira (2,5 cm), sobre barrotes, forro contraplacado (1,0 cm)	1,10-1,37
5	Piso de madeira (2,5 cm), sobre barrotes, forro de Celotex (1,5 cm)	0,86-1,07
6	Piso de madeira (2,5 cm), sobre barrotes, forro de Celotex (1,5 cm) e estuque	0,83-1,03
7	Piso de madeira (2,5 cm), sobre barrotes, forro de Celotex (2,5 cm) e estuque	0,63-0,78
8	Concreto (10 cm) rebocado	2,1-2,8
9	Concreto (10 cm), com piso de mosaico e forro rebocado	2,15-2,7
10	Concreto (10 cm), com piso linóleo (3 mm) e forro rebocado	2,0-2,6
11	Concreto (10 cm), com piso de tacos e forro rebocado	1,6-2,0
12	Concreto (10 cm), com tacos e estuque suspenso	1,37-1,71
13	Concreto (10 cm), com piso de mosaico e estuque suspenso	1,33-1,66
14	Concreto (10 cm), com piso de tacos e estuque suspenso	1,10-1,37
15	Concreto (10 cm), com forro de Celotex (1,5 cm) suspenso	0,95-1,12
16	Concreto (10 cm), com piso de mosaico e forro de Celotex (1,5 cm) suspenso	0,92-1,10
17	Concreto (10 cm) com tacos e forro de Celotex (1,5 cm) suspenso	0,83-0,98

[*Observação*. Os valores tabelados neste item C correspondem, respectivamente, a um fluxo térmico de cima para baixo e vice-versa.]

D	Forros	
1	Estuque	3,37
2	Contraplacado de 1 cm	2,88
3	Celotex de 1,5 cm	1,81
4	Celotex de 1,5 cm e estuque	1,71
5	Celotex de 2,5 cm e estuque	1,12

E	Sotéias	
1	Concreto (10 cm), com impermeabilização de feltro	3,5
2	Concreto (15 cm), com impermeabilização de feltro	3,17
3	Concreto (10 cm), com isolante (1,5 cm)	1,66

Transmissão de calor

Tabela 3-11. (*Continuação*)

Número	Tipo de separação	$K\left(\dfrac{\text{kcal}}{\text{m}^2 \cdot \text{h} \cdot {}^\circ\text{C}}\right)$
4	Concreto (15 cm), com isolante (1,5 cm)	1,61
5	Concreto (10 cm), com isolante (2,5 cm)	1,12
6	Concreto (15 cm), com isolante (2,5 cm)	1,07
F	*Coberturas*	
1	Telha de barro	10
2	Madeira de 2,5 cm e telha de barro	2,6
3	Chapa de ferro e telhas de barro	5,0

[*Observação*. Os itens E e F foram calculados para exteriores com um deslocamento de ar da ordem de 24 km/h.]

G	*Aberturas externas*	
1	Portas simples, de ferro, com vidros	6,5
2	Portas simples, de madeira, com vidros (85%)	5,5
3	Portas duplas, de madeira, com vidros (espaço $>$ 2 cm)	2,2
4	Portas triplas, de madeira, com vidros (espaço $>$ 2 cm)	1,37
5	Portas de madeira maciça (2 cm)	3,37
6	Portas de madeira maciça (2,7 cm)	2,88
7	Portas de madeira maciça (3,3 cm)	2,54
8	Portas de madeira maciça (4,0 cm)	2,25
9	Blocos de vidro (19,5 × 19,5 × 9,8 cm)	2,40
10	Clarabóias simples	6,5
11	Clarabóias duplas	3

[*Observação*. Esses valores (G) foram calculados para exteriores com um deslocamento de ar da ordem de 24 km/h.]

H	*Aberturas internas*	
1	Janelas simples	4
2	Janelas duplas	1,7
3	Portas de madeira maciça (2,0 cm)	2,05
4	Portas de madeira maciça (2,7 cm)	1,85
5	Portas de madeira maciça (3,3 cm)	1,71
6	Portas de madeira maciça (4,0 cm)	1,56
7	Blocos de vidro (19,5 × 19,5 × 9,8 cm)	1,95

3-5-2. Paredes de tijolos furados

De acordo com a Tab. 3-11, nota-se que as paredes de tijolos furados têm um valor de K menor do que as paredes de tijolos cheios. Isso se deve ao fato de que uma camada de ar entre duas paredes (ou no interior de um tijolo) representa uma resistência térmica equivalente a uma espessura ℓ_e de material (tijolo), que nos é dada por (Fig. 3-6):

$$R_1 = R_{t_1} + R_{t_2} = \frac{1}{\alpha S} + \frac{1}{\alpha S} = \frac{\ell_e}{kS},$$

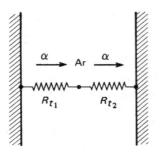

Figura 3-6

isto é,

$$\ell_e = \frac{2k}{\alpha}.$$

Ora, como, para as transmissões de calor que se verificam nas habitações, $\alpha \cong 7$, e o valor apresentado por k para os tijolos comuns é da ordem de 0,84, teremos

$$\ell_e = \frac{1,68}{7} = 0,24 \text{ m}.$$

Desse modo, ao substituirmos (mesmo parcialmente) uma porção de material de espessura inferior a 0,24 m por uma camada de ar, estaremos aumentando a resistência térmica do tijolo. Assim, os tijolos furados terão uma resistência térmica superior (k menor) à dos tijolos cheios, e seu valor de k será tanto menor quanto maior for o número de seus furos.

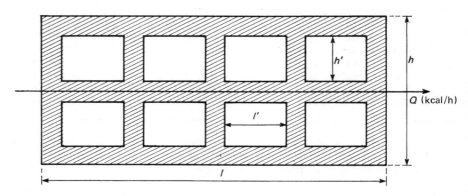

Figura 3-7

Assim (Fig. 3-7), chamando de:

A a parcela de cheios perpendicularmente à direção de propagação do calor,

$$A = \frac{h - 2h'}{h}, \quad 1 - A = \frac{2h'}{h};$$

Transmissão de calor

B a parcela de cheios na direção de propagação do calor,

$$B = \frac{\ell - n\ell'}{\ell};$$

n o número de furos na direção de propagação do calor;
k o coeficiente de condutibilidade do tijolo cheio;
k_e o coeficiente de condutibilidade interna equivalente do tijolo furado considerado como homogêneo;

e aplicando o conceito de resistência térmica, podemos chegar teoricamente à expressão

$$k_e = k \left[A + \frac{1 - A}{B + (0{,}12n/\ell)} \right]. \quad (3\text{-}17)$$

EXEMPLO

3-1. Determinar o coeficiente de condutibilidade interna equivalente de um tijolo furado, considerado como homogêneo, sabendo que:

$l = 0{,}15$ m; $l' = 0{,}025$ m;
$h = 0{,}08$ m; $h' = 0{,}025$ m;
$n = 4$; $k = 0{,}84 \frac{\text{kcal}}{\text{m} \cdot \text{h} \cdot \text{°C}}$:

$$A = \frac{h - 2h'}{h} = 0{,}375, \quad B = \frac{l - nl'}{l} = 0{,}333,$$

$$k_e = 0{,}84 \left[0{,}375 + \frac{0{,}625}{0{,}333 + (0{,}48/0{,}15)} \right] = 0{,}465 \frac{\text{kcal}}{\text{m} \cdot \text{h} \cdot \text{°C}}.$$

A Eq. (3-17) nos mostra, ainda, que o tijolo furado ideal é aquele que apresenta os valores de *n* máximos e *A* mínimos (Fig. 3-8). Da mesma forma, podemos concluir que um tijolo furado não deve ser colocado com os furos na direção da propagação do calor.

Por outro lado, o enchimento dos furos de um tijolo furado com material isolante seco (lã de vidro, *styropor*, cortiça, etc.) só é interessante quando a dimensão *l'* dos furos é superior a cerca de 1,5 cm.

A análise feita para os tijolos furados pode ser aplicada às camadas de ar entre paredes de alvenaria, usadas para criar uma resistência térmica superior à que se obteria com o mesmo espaço cheio de tijolos.

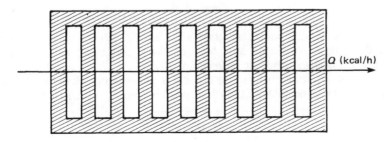

Figura 3-8

3-5-3. Radiação solar na transmissão de calor entre dois fluidos separados por uma parede

Na transmissão de calor entre dois fluidos separados por uma parede, o calor de radiação solar que entra em jogo, pode ser avaliado considerando-se um aumento hipotético (Δt_i) da diferença de temperatura real de transmissão de calor (Δt) criada pela incidência dos raios solares (diferença de temperatura de insolação).

Assim, devido à insolação, imaginaremos que, para efeito de cálculo da transmissão de calor, a temperatura externa assume um valor t'_e, tal que

$$t'_e = t_e + \Delta t_i.$$

Nessas condições, para o caso de *superfícies opacas*, de acordo com a Fig. 3-9, podemos escrever

$$Q = \alpha_e(t'_e - t_p),$$

ou, ainda, considerando o balanço energético (radiação-condutividade externa) na superfície que recebe a insolação,

$$Q = aE - \alpha_e(t_p - t_e),$$

podemos tirar

$$\boxed{\Delta t_i = t'_e - t_e = \frac{aE}{\alpha_e}}. \qquad (3\text{-}18)$$

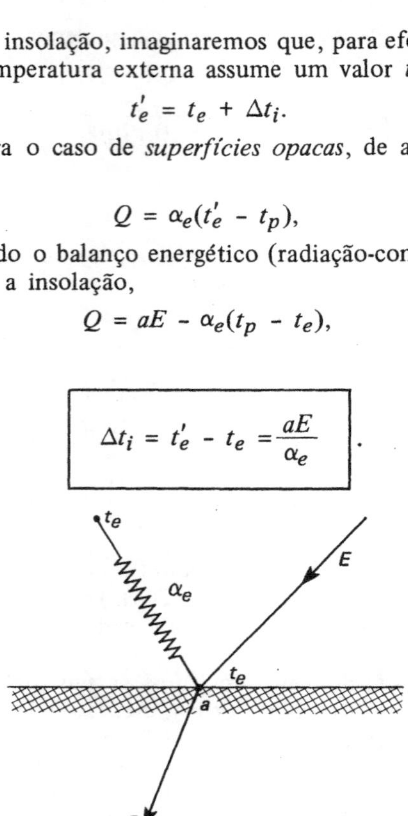

Figura 3-9

Os valores de Δt_i podem ser tabelados em função na natureza da superfície (a) da latitude, época do ano, hora do dia e orientação da superfície (E), assim como do deslocamento do ar exterior (α_e).

A equação anterior nos permite calcular a temperatura máxima atingida por uma superfície exposta ao Sol, a qual se verifica para $Q = 0$, isto é,

$$\boxed{t_{p\,\max} = \frac{aE}{\alpha_e} + t_e}.$$

O valor de α_e, que, para temperaturas ambientes, varia de 7 a 25 kcal/m² · h · °C (dependendo da posição da superfície e do deslocamento do ar), para temperaturas superiores a 50 °C pode atingir valores da ordem de 10 a 30 kcal/m² · h · °C.

Para o caso de painéis de absorção protegidos com placas de vidro, o valor de E diminui (cerca de 15% por placa), mas α_e também fica bastante reduzido (6 a 9 para uma placa, e 4 a 6 para duas).

Assim, um *terrace* de cor média ($a = 0,75$) sujeito à insolação máxima de 860 kcal/m² · h atinge, quando o deslocamento de ar é médio ($\alpha_e = 20$ kcal/m² · h · °C), uma temperatura máxima de

$$t_{p\,max} = \frac{0,75 \cdot 860}{20} + 32\,°C = 64\,°C,$$

enquanto que um painel de absorção preto ($a = 0,95$), protegido por uma placa de vidro ($t = 0,85$), nos daria

$$t_{p\,max} = \frac{0,95(860 \times 0,85)}{9} + 32\,°C = 109\,°C$$

(com uma proteção de duas placas, esse valor atingiria $\sim 130\,°C$).

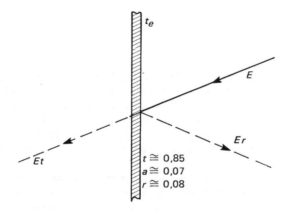

Figura 3-10

Para o caso de *superfícies transparentes* (Fig. 3-10), além do calor transmitido

$$Q' = K(t_e + \frac{aE}{\alpha_e} - t_i),$$

devemos considerar o calor que passa por transparência,

$$Q'' = Et.$$

De modo que

$$Q = K(t_e + \frac{aE}{\alpha_e} - t_i) + Et,$$

$$= K(t_e - t_i) + \left(\frac{Ka}{\alpha_e} + t\right)E,$$

onde $(Ka/\alpha_e) + t$ recebe o nome de *fator solar*.

Lembrando, por outro lado, o conceito de *diferença de temperatura de insolação* (Δt_i), podemos igualmente fazer

$$K\Delta t_i = \left(\frac{Ka}{\alpha_e} + t\right)E,$$

donde

$$\boxed{\Delta t_i = \left(\frac{a}{\alpha_e} + \frac{t}{K}\right)E}. \qquad (3\text{-}19)$$

Assim, para o caso de uma clarabóia sujeita à insolação máxima de 860 kcal/m² · h, quando o deslocamento de ar for médio ($\alpha_e = 16$ kcal/m² · h · °C) obteremos

$$K = 6{,}5 \text{ kcal/m}^2 \cdot \text{h} \cdot °\text{C} \qquad (\text{Tab. 3-11})$$

$$\Delta t_i = \left(\frac{0{,}07}{16} + \frac{0{,}85}{6{,}5}\right)860 = 116\ °\text{C}.$$

3-5-4. Isolamento

Isolantes são materiais de baixo coeficiente de condutibilidade (k). Os materiais isolantes normalmente são materiais porosos cuja elevada resistência térmica se baseia na baixa condutibilidade do ar contido em seus vazios.

Do exposto, depreende-se que, quanto menor a densidade do material e maior o número de poros, maior o seu poder de isolamento. O limite dessa capacidade, naturalmente, é a condução pura do ar em repouso, cujo valor é da ordem de 0,02 kcal/m² · h · °C.

A finalidade do isolamento é evitar as trocas térmicas indesejáveis e manter a temperatura da parede a níveis adequados, tanto na técnica do calor como na do frio. Um bom isolante deve apresentar as seguintes qualidades:

baixa condutibilidade térmica;
resistir bem à temperatura em que é aplicado;
ter boa resistência mecânica;
ser imputrescível e inatacável por pragas;
ser incombustível;
não ser higroscópico e apresentar, se possível, baixa porosidade à penetração do vapor de água.

Os materiais isolantes mais usados, tanto na indústria da construção como nas instalações térmicas, estão registrados com suas respectivas características nas Tabs. 3-1 e 3-2. Comparando a resistência térmica desses isolantes com a do tijolo comum,

$$\frac{l_{\text{isolante}}}{k_{\text{isolante}}} = \frac{l_{\text{tijolo}}}{k_{\text{tijolo}}} = \frac{l_{\text{tijolo}}}{0{,}84},$$

podemos concluir que, em média:

Uma espessura isolante de 1 cm	Equivale a	Uma espessura de tijolo de
Madeira de pinho		6 cm
Amianto		6 cm
Papelão corrugado		10 cm
Cortiça, lã-de-vidro		18 cm
Eucatex isolante		19 cm
Madeira de balsa		21 cm
Eucatex frigorífico		30 cm
Poliestireno expandido		31 cm
Espuma rígida de poliuretano		42 cm

O cálculo da espessura a adotar para os isolamentos pode obedecer a três critérios, que expomos a seguir.

Critério econômico

À medida que aumentamos a espessura de isolamento, as perdas térmicas diminuem, mas o custo do isolamento aumenta. O investimento mais econômico será, pois, aquele para o qual a soma do custo anual das perdas térmicas e do custo anual de amortização do material isolante seja mínimo. A Fig. 3-11 mostra um diagrama típico, usado para a determinação gráfica da espessura de isolamento mais econômica.

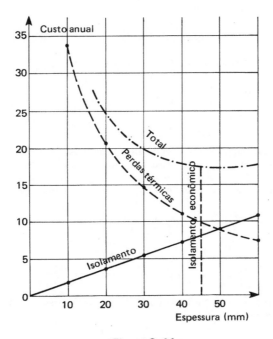

Figura 3-11

Critério da temperatura superficial

Consiste em calcular a espessura do isolamento a partir da fixação de uma temperatura superficial que elimine a possibilidade de condensação da umidade do ar sobre a superfície da parede. Assim, para evitar a condensação superficial, a temperatura da superfície da parede não deve ser inferior à temperatura de orvalho do ar ambiente.

Realmente, quando a temperatura do ar baixa aquém de sua temperatura de orvalho, este perde a umidade. A deposição da umidade se dá, portanto, na direção do quente para o frio, sendo completamente errado concluir que as paredes das habitações em dias frios umedecem pelo lado de dentro devido à umidade externa. O fenômeno, na realidade, é resultante da condensação de vapor de água do ar interior, em contato com a parede excessivamente fria. Pela mesma razão, as janelas embaciam no inverno pelo lado de dentro das habitações.

EXEMPLO

3-2. Sabendo que o ar no interior de uma residência apresenta as condições

$$TTS = 20\ °C,$$
$$TTU = 18\ °C,$$
$$\psi = 82\%,$$

verificar a possibilidade de condensação da umidade em paredes de alvenaria de 15 cm, quando a temperatura externa atingir 0 °C. Caso houver possibilidade de se verificar tal inconveniente, calcular a espessura de Eucatex necessária para eliminá-lo.

Numa parede externa de alvenaria de 15 cm,

$$k = 2{,}5\ \frac{kcal}{m^2 \cdot h \cdot °C}\quad (Tab.\ 6\text{–}8),$$

$$Q = KS\Delta t = 2{,}5 \cdot 1 \cdot (20 - 0) = 50\ \frac{kcal}{m^2 \cdot h},$$

$$R_t = \frac{t_1 - t'}{Q} = \frac{l}{\alpha_1 S},$$

$$t' = t_1\frac{Q}{S\alpha_1} = 20 - \frac{50}{7 \cdot 1} = 12{,}86\ °C.$$

Ora, como, de acordo com a carta psicrométrica (veja a Sec. 1-7-6), a temperatura de orvalho do ar interior é igual a 17 °C, haverá necessariamente condensação na face interna da parede.

Para evitar esse inconveniente, o valor mínimo da temperatura t' deve ser fixado em 17 °C, isto é:

$$t' = t_1 - \frac{Q}{\alpha_1 S} = 17\ °C,$$

donde

$$\frac{Q}{S} = \alpha_1(t_1 - t') = 7(20 - 17) = 21\ \frac{kcal}{m^2 \cdot h}.$$

Portanto a resistência térmica ($\Delta t/Q$), que era 20/50, passará a ser 20/21, o que corresponde a um aumento de

$$\frac{20}{21} - \frac{20}{50} = 0{,}55\ \frac{°C}{kcal/h \cdot m^2}.$$

Para se conseguir esse aumento de resistência térmica com Eucatex ($k = 0,03$ kcal/m · h · °C), será necessária uma espessura de isolamento de

$$R_t = \frac{l}{KS} = 0,55 \frac{°C}{kcal/h \cdot m},$$

$l = 0,55 KS = 0,55 \cdot 0,03 \cdot 1 = 0,0165$ m.

Caso diverso da condensação superficial é o da condensação no interior das paredes [condensação oculta (*concealed condensation*)].

Os materiais de construção, de um modo geral, por mais impermeáveis que sejam, deixam passar o vapor de água, quando sujeitos a uma diferença de pressão de vapor. Como a pressão do vapor no ar quente geralmente é superior à do ar frio, há uma tendência da passagem do vapor do ambiente mais quente para o ambiente mais frio.

A condutibilidade de umidade dos materiais é caracterizada por um coeficiente semelhante ao da condução térmica, que toma o nome de permeabilidade. A permeabilidade, (*P*) de um material é a quantidade de umidade em gramas por hora e por metro quadrado de superfície de passagem, que atravessa uma parede de 1 m de espessura do mesmo por mm Hg de diferença de pressão de vapor. A Tab. 3-12 nos dá valores de permeabilidade de diversos materiais de construção e isolantes.

Tabela 3-12. Permeabilidade de alguns materiais

Material	$\frac{P}{l}$	$P\left(\frac{g \cdot m}{m^2 \cdot h \cdot mm\ Hg}\right)$
Ar		0,0833
Fibra de madeira		0,003 a 0,028
Lã-de-vidro		0,008
Estuque		0,007
Concreto, 1:2:4		0,0023
Cortiça		0,0017
Parede de tijolos ocos		0,0015
Parede de tijolos maciços		0,0003-0,00055
Styropor, 15 kgf/m³		0,00125
Styropor, 30 kgf/m³		0,00075
Styropor, 50 kgf/m³		0,00062
Madeira compensada		0,0002
Papel impermeável	0,0055	
Feltro asfáltico (1,8 a 3 kgf/m²)	0,000038	
Pintura a óleo, 3 demãos	0,000025	
Pintura asfáltica, 2 demãos	0,000012	
Papel de revestimento impregnado de asfalto	0,0067	

À semelhança da resistência térmica, podemos definir uma resistência à passagem do vapor, a qual nos é dada por

$$R_v = \frac{p \text{ mm Hg}}{M_v g/h} = \frac{\ell \text{ m}}{PS \text{ m}^2}.$$

Nessas condições, podemos calcular a variação das pressões do vapor ao longo de uma parede de maneira idêntica à variação das temperaturas.

Caso a pressão do vapor atingida no interior da parede seja superior à de saturação, que é uma função da temperatura local do material da própria parede, haverá condensação.

EXEMPLO

3-3. Verificar a possibilidade de condensação no interior de uma parede de uma residência, constituída de 30 cm de tijolos maciços, isolada internamente com 1" de fibra de madeira prensada ($P = 0,055$ g · m/m² · h · mm Hg), quando sujeita às condições:

internas, 22 °C e 60% de umidade;
externas, 0 °C e 90% de umidade.

De acordo com a Fig. 3-12, a distribuição de temperaturas pode ser calculada a partir de:

$$\frac{\Delta t}{Q} = \frac{1}{\alpha_1} + \sum \frac{l}{k} + \frac{1}{\alpha_2},$$

$$\frac{22}{Q} = \frac{1}{7} + \frac{0,0254}{0,03} + \frac{0,30}{0,84} + \frac{1}{20},$$

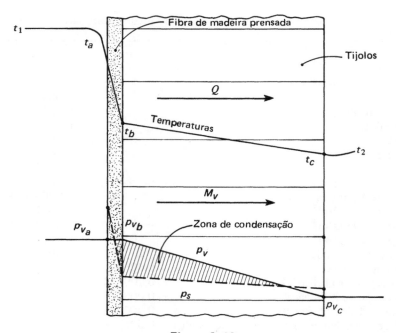

Figura 3-12

$$\frac{22}{Q} = 0{,}143 + 0{,}848 + 0{,}357 + 0{,}05 = 1{,}398,$$

$$Q = \frac{22}{1.398} = 15{,}75 \ \frac{\text{kcal}}{\text{m}^2 \cdot \text{h}};$$

$$t_a = t_1 - \frac{Q}{\alpha_1} = 22 - \frac{15{,}75}{7} = 19{,}75 \ °C;$$

$$t_b = t_a - Q\frac{l}{k} = 19{,}75 - 15{,}75 \cdot 0{,}848 = 6{,}4 \ °C;$$

$$t_e = t_b - Q\frac{l}{k} = 6{,}4 - 15{,}75 \cdot 0{,}357 = 0{,}75 \ °C.$$

Por sua vez, a distribuição de pressões é calculada a partir de (Tab. 3-12):

$$R_v = \frac{p \text{ mm Hg}}{M_v} = \sum \frac{1}{p} = \frac{0{,}3}{0{,}00055} + \frac{0{,}0254}{0{,}055},$$

$$R_v = \frac{p \text{ mm Hg}}{M_v} = 545 + 0{,}46 = 545{,}46 \ \frac{\text{mm Hg} \cdot \text{m}^2 \cdot \text{h}}{\text{g}},$$

onde, sendo (veja a Sec. 1-7)

$$\left.\begin{array}{l} p_{v_a} = f(t_1, \psi_1) = 12 \text{ mm Hg} \\ p_{v_c} = f(t_2, \psi_2) = 4{,}0 \text{ mm Hg} \end{array}\right\} \Delta p \text{ mm Hg} = 8 \text{ mm Hg},$$

obtemos

$$M_v = \frac{8}{545{,}46} = 0{,}0147 \text{ g/m}^2 \cdot \text{h},$$

donde

$$p_{v_b} = p_{v_a} - M_v \frac{l_{\text{isolante}}}{p_{\text{isolante}}} = 12 - 0{,}0147 \cdot 0{,}46 = 11{,}93 \text{ mm Hg}.$$

Os valores achados, juntamente com as pressões de saturação correspondentes às temperaturas locais da parede, estão registrados na tabela que segue:

Valores	Em a	Em b	Em c
t °C	19,75	6,4	0,75
p_s mm Hg	17	7,5	5
p_v mm Hg	12	11,93	4

Ora, como as pressões assumidas pelo vapor ultrapassam, em algumas zonas, à pressão de saturação correspondente à temperatura reinante no local considerado (veja também a Fig. 3-12), podemos concluir que haverá condensação nos mesmos.

Na prática, a condensação no interior das paredes é evitada pela disposição adequada do material isolante. Assim, quando o material isolante é de grande permeabilidade (como, por exemplo, fibra de madeira, lã-de-vidro, cortiça, etc.), a colocação do mesmo no lado quente da parede facilita a condensação, enquanto que a colocação no lado frio, ao contrário, dificulta bastante a condensação. A mesma coisa acontece, mas em menor escala, quando o material isolante é de baixa permeabilidade.

Outra técnica normalmente adotada para se evitar a condensação é o uso de barreiras de vapor constituídas de materiais de baixa permeabilidade colocados no lado de maior pressão de vapor (lado quente da parede), e que reduzem a pressão do vapor no interior da mesma.

Na técnica de isolamento de frigoríficos, onde as possibilidades de condensação são enormes, em virtude das grandes diferenças de pressão de vapor que surgem, não só o material isolante é colocado normalmente do lado frio da parede, como obrigatoriamente são usadas barreiras de vapor (pintura asfáltica) colocadas entre o isolante e a alvenaria.

É interessante salientar que barreiras de vapor mal-localizadas (no lado frio) criam condições favoráveis à condensação. Quando a condensação se verifica a uma temperatura inferior a 0 °C, poderá ocorrer a destruição da parede pela formação de gelo no interior da mesma.

Numa parede homogênea, em regime de transmissão de calor estacionário, não havendo condensação superficial, também não ocorrerá condensação interna (as retas p_s e p_v não podem cruzar-se).

Critério do fluxo térmico-limite

Atendendo tanto ao aspecto econômico como de condensação interna durante o inverno, o isolamento pode ser definido por um fluxo térmico máximo.

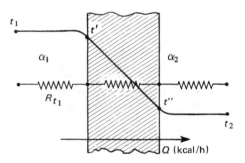

Figura 3-13

Com efeito, ao especificarmos um fluxo térmico máximo não só estaremos atendendo a uma economia de calor, como limitando também a diferença de temperatura entre o ar interior e a superfície interna da habitação, causa da condensação. Isto é, de acordo com a Fig. 3-13,

$$R_{t_1} = \frac{t_1 - t'}{Q} = \frac{1}{\alpha_1 S},$$

$$\Delta t' = t_1 - t' = \frac{Q}{\alpha_1 S}.$$

Para evitar a condensação, a temperatura t' da superfície deve ser superior à temperatura de orvalho (t_0) do ar do interior da habitação, caracterizado para as condições mais desfavoráveis possíveis, que fixaremos em:

$$t_1 = 20\,°C, \quad \psi_1 = 85\%,$$

isto é,

$$t_0 \cong 18\,°C \quad \text{(veja a Sec. 1-7-6),}$$
$$t_1 - t_0 \cong 2\,°C.$$

Dessa forma fica definido um fluxo térmico máximo (com a finalidade de evitar a condensação), válido para cada situação de superfície (α_1), que nos será dado por:

$$Q_{max} < (t_1 - t_0)\alpha_1 S.$$

Assim, para a condição mais desfavorável, que corresponde ao ar interior parado, podemos tabelar os seguintes valores:

Tabela 3-13

Superfície	α_1	Q_{max}
Horizontais para cima (forros)	9 kcal/m² · h · °C	18 kcal/m² · h
Verticais (paredes)	7 kcal/m² · h · °C	14 kcal/m² · h
Horizontais para baixo (pisos)	5 kcal/m² · h · °C	10 kcal/m² · h

Com base nesse fluxo máximo e na máxima diferença de temperatura possível no inverno, entre o interior e o exterior da habitação,

$$\Delta t = t_1 - t_2 = \Delta t_{max}$$

podemos calcular a resistência térmica mínima (R_t) e, portanto, o valor de K a adotar, para o isolamento:

$$R_t = \frac{\Delta t_{max}}{Q_{max}} = \frac{1}{K}.$$

Isolamentos diversos dos até agora estudados, são o dinâmico e o por inércia.

Isolamento dinâmico. Consiste em reduzir a penetração de calor (sobretudo de insolação), pelo *arrasto* de parte do mesmo por meio de uma camada de ar móvel (veja as Secs. 6-4-1, "Ventilação natural", e 8-9-1, "Proteção contra a insolação").

Isolamento por inércia. São aqueles em que as trocas periódicas de calor (regime não-permanente) são amortecidas pelo próprio material de separação devida à sua grande capacidade calorífica.

Isto é, o material de separação, retendo o calor na fase de aquecimento (acumulação) ou cedendo o calor na fase de esfriamento (desacumulação), protege o ambiente interno contra as variações periódicas de temperatura do exterior, funcionando como um verdadeiro isolante (veja a Sec. 3-6, "Transmissão de calor em regime não-permanente").

Essas trocas de calor de acumulação e desacumulação realizadas pelos materiais de grande capacidade calorífica podem ser feitas na forma de calor sensível ou na forma de calor latente. Neste último caso, que constitui técnica mais recente, são utilizados materiais sólidos cujo ponto de fusão se situa próximo das condições normais de conforto, de tal forma que a penetração ou fuga do calor do ambiente, fará apenas com que o material considerado mude de estado sem variar sua temperatura, tendendo a estabilizar a temperatura do próprio ambiente.

Atualmente estão sendo feitas pesquisas com as parafinas e os sais hidratados.
Parafinas. Suas características como material isolante por inércia são:

ponto de fusão, 28 °C;
calor de fusão volumétrico, 25 000 kcal/m^3;
inflamável;
baixo valor de k;
custo alto como material de construção.

Sais hidratados. Como, por exemplo, o cloreto de cálcio hexa-hidratado com estabilizante mineral e aditivos, que é um subproduto da indústria da soda, cujas características são:

ponto de fusão, 28 °C;
calor de fusão volumétrico, 50 000 kcal/m^3;
não-inflamável;
alto valor de K;
corrosivo quando não-apassivado.

Materiais desse tipo, com pontos de fusão da ordem de 30 a 35 °C, seriam ideais como materiais de acumulação de calor nos sistemas de calefação solar de habitações, enquanto que materiais com pontos de fusão de 50 °C permitiriam a cômoda acumulação do aquecimento solar clássico de água para consumo.

3-6. Transmissão de calor em regime não-permanente

3-6-1. Difusibilidade térmica

O fluxo térmico que atravessa um corpo se verifica em regime não-permanente, isto é, é variável com o tempo, quando varia com o tempo o campo de temperatura desse corpo. Podemos considerar dois casos dessa variação:

antes de ser atingido o estado de regime permanente ou estacionário, uma parte do fluxo de calor é despendida para aumentar o conteúdo térmico do corpo, o qual vai constituir uma variação do campo de temperatura do mesmo;

muitas vezes a temperatura externa do corpo considerado está sujeita a variações periódicas, de modo que o fluxo de calor não é uniforme e a temperatura no interior do corpo sofre variações periódicas no espaço e no tempo.

A propriedade do material que normalmente influi na velocidade desses processos não é a condutividade do calor, mas sim a chamada *condutividade de temperatura* ou *difusibilidade térmica*, a qual tem por expressão

$$a = \frac{k}{C\delta} \frac{m^2}{h}. \qquad (3\text{-}20)$$

Para o caso mais simples, em que o fluxo térmico não-permanente é unidirecional, o balanço dos fluxos térmicos de entrada e saída da parcela elementar de parede plana, representada na Fig. 3-14, num tempo elementar $\partial \mathscr{C}$, nos permite escrever, por unidade de superfície,

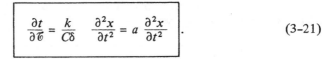

isto é,

$$\boxed{\frac{\partial t}{\partial \mathscr{C}} = \frac{k}{C\delta}\ \frac{\partial^2 x}{\partial t^2} = a\ \frac{\partial^2 x}{\partial t^2}}. \qquad (3\text{-}21)$$

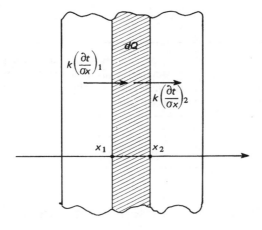

Figura 3-14

A integral da Eq. (3-20) pode apresentar-se sob várias formas, dependendo das condições iniciais e finais de espaço e tempo (limites de integração).

3-6-2. Caso de paredes planas de espessura infinita

Imaginando-se (Fig. 3-15) que a parede infinita, a uma temperatura t_2 uniforme em toda sua massa, sofra uma elevação brusca de sua temperatura super-

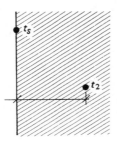

Figura 3-15

ficial para t_1, o fluxo térmico que fluirá através da superfície externa ($x = 0$) será:

$$Q_0 = k \frac{t_1 - t_2}{\sqrt{\pi \tau a}} \left(\frac{\text{kcal}}{\text{m}^2 \cdot \text{h}} \right). \qquad (3\text{-}22)$$

O calor total fornecido pela fonte, depois de um tempo τ, através a superfície externa por sua vez será

$$Q_{0,\tau} = \int_0^\tau k \frac{t_1 - t_2}{\sqrt{\pi \tau a}} \, d\tau = \frac{2k(t_1 - t_2)\sqrt{\tau}}{\sqrt{\pi a}}. \qquad (3\text{-}23)$$

Essas fórmulas poderão ser empregadas desde que a espessura da parede seja suficientemente grande com relação à difusibilidade térmica do material e tempo, para que a sua face interna não exerça influência sobre a transmissão estudada. Essa condição pode ser expressa por

$$\frac{l}{\sqrt{a\tau}} > 1{,}2. \qquad (3\text{-}24)$$

3-6-3. Caso de temperatura superficial variável

Nos problemas de transmissão de calor através da superfície da Terra, através das paredes dos edifícios, através dos blocos metálicos das máquinas, etc., interessa o estudo da variação da temperatura verificada em conseqüência das variações periódicas sofridas pela mesma numa das faces da parede.

Como essas variações são relativamente rápidas com relação à espessura da parede, podemos considerar o problema como sendo semelhante ao de uma parede infinita.

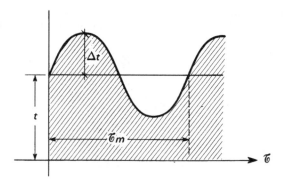

Figura 3-16

A variação periódica de temperatura pode ser expressa, por lei sinusoidal, pela equação (Fig. 3-16)

$$t_1 = t_m + \Delta t \operatorname{sen} \frac{2\pi \mathscr{C}}{\mathscr{C}_m}.$$

Para um ponto situado a distância x da face externa, sujeita à variação má-

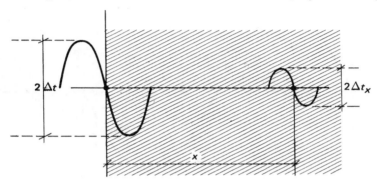

Figura 3-17

xima $2\Delta t$, teremos uma variação máxima $2\Delta t_x$, dada por (Fig. 3-17):

$$\frac{\Delta t_x}{\Delta t} = e^{-x \sqrt{\frac{\pi}{a \mathscr{C}_m}}}, \qquad (3\text{-}25)$$

a qual nos mostra a atenuação das oscilações de temperatura verificada com o aumento da profundidade da parede.

EXEMPLO

3-4. As oscilações diárias de temperatura se reduzem a $1/1\,000$ de seu valor para profundidades da superfície da Terra igual $1{,}35$ m.
Com efeito, admitindo para a crosta terrestre:

$$k = 2{,}5; \quad \delta = 2\,500; \quad C = 0{,}2.$$

$$a = \frac{k}{\delta C} = \frac{2{,}5}{2\,500 \times 0{,}2} = \frac{1}{2 \times 10^2}.$$

e, fazendo

$$e^{-x \sqrt{\frac{\pi}{a \mathscr{C}_m}}} = \frac{1}{1\,000},$$

obtemos

$$x = 6{,}909 \sqrt{\frac{24\text{ h}}{2 \times 104 \pi}} = 1{,}35 \text{ m}.$$

As variações anuais se reduzem, pela mesma razão, a 1/1 000 para uma profundidade de 26 m, razão pela qual os laboratórios científicos que necessitam da constância da temperatura são construídos a profundidades consideráveis.

No caso de uma parede de tijolos ($k = 0{,}84$, $\delta = 1\,900$ e $C = 0{,}2$) suposta de espessura bastante grande, pode-se calcular, de modo análogo, que: a cerca de 90 cm, as oscilações diurnas de temperatura se reduzem a 1/1 000; a 60 cm, a 1/100; e a 30 cm, a 1/10.

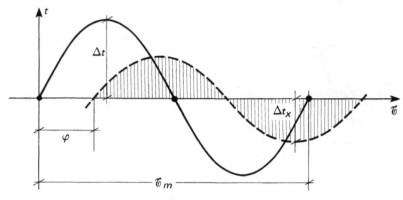

Figura 3-18

Além do amortecimento estudado, a inércia do material, ocasiona a defasagem da onda de variação periódica da temperatura (retardo que corresponde a uma impedância de natureza capacitiva), a qual nos é dada em horas pela expressão (Fig. 3-18):

$$\varphi_{horas} = \frac{x}{2} \sqrt{\frac{\tau_m}{a\pi}}. \qquad (3\text{-}26)$$

Por outro lado, a quantidade de calor que penetra na parede em um semiperíodo positivo $\tau_m/2$ nos será dada por

$$Q_0, \frac{\tau_m}{2} = \Delta t \sqrt{\frac{\delta C k \tau_m}{\pi}}, \qquad (3\text{-}27)$$

enquanto que o fluxo médio, nesse mesmo semiperíodo, será

$$Q_{médio} = \frac{2\Delta t}{\tau_m} \sqrt{\frac{\delta C k \tau_m}{\pi}}$$

e, o fluxo máximo (função senoidal):

$$Q_{max} = \frac{\pi}{2} Q_{médio} = \Delta t \sqrt{\frac{\pi \delta C k}{\tau_m}}. \qquad (3\text{-}28)$$

3-6-4. Influência da convecção

A transmissão de calor entre dois fluidos separados por uma parede, quando um dos fluidos sofre uma variação periódica de temperatura, apresenta grande interesse prático no estudo do isolamento das habitações.

Assim, devido à inércia oposta às variações de temperatura por efeito capacitivo (armazenagem do calor), criam-se resistências térmicas adicionais (impedância capacitiva) que, para as variações diárias de temperatura, assumem valores bastante significativos.

A análise matemática exata desse problema (transmissão em regime não-permanente com convecção) é bastante trabalhosa. Um estudo simplificado bastante aproximado consiste em aplicar à parede, de espessura finita, as fórmulas deduzidas para o caso de paredes infinitas, considerando, ao mesmo tempo, a transmissão de calor por convecção como em regime permanente.

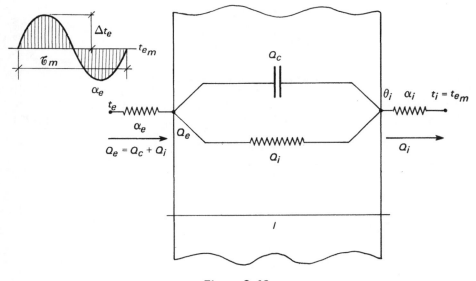

Figura 3–19

Assim, de acordo com a Fig. 3-19, o fluxo térmico máximo de saída da parede (Q_i) verifica-se para a elevação máxima da temperatura interna da parede $\Delta\theta_i$, isto é

$$Q_i = \Delta\theta_i \cdot \alpha_i.$$

E a resistência térmica hipotética da parede inercial (impedância capacitiva) nos será dada por

$$\boxed{R_t = \frac{\Delta t}{Q} = \frac{\Delta t_e}{Q_i} = \frac{\Delta t_e}{\Delta\theta_i \cdot \alpha_i}},$$

onde o valor de Δt_e, máxima diferença de temperatura da transmissão de calor em estudo, de acordo com a Fig. 3-19, pode ser obtida, a partir do fluxo térmico máximo que entra na parede [Eq. (3-28)], isto é,

$$Q_e = (\Delta t_e - \Delta \theta_e)\alpha_e = \Delta \theta_e \sqrt{\frac{\pi \delta C k}{\tau_m}},$$

$$\boxed{\Delta t_e = \frac{\Delta \theta_e}{\alpha_e} \sqrt{\frac{\pi \delta C k}{\tau_m}} + \Delta \theta_e}.$$

E, lembrando que [Eq. (3-25)]

$$\frac{\Delta \theta_i}{\Delta \theta_e} = e^{-l\sqrt{\frac{\pi}{a \tau_m}}},$$

obtemos, finalmente,

$$R_t = \frac{\frac{\Delta \theta_e}{\alpha_e} \sqrt{\frac{\pi \delta C k}{\tau_m}} + \Delta \theta_e}{\alpha_i \alpha_e e^{-l\sqrt{\frac{\pi}{a \tau_m}}}},$$

$$\boxed{R_t = \frac{\sqrt{\frac{\pi \delta C k}{\tau_m}} + \alpha_e}{\alpha_i \alpha_e e^{-l\sqrt{\frac{\pi}{a \tau_m}}}}}. \qquad (3\text{-}29)$$

Capítulo 4

CALEFAÇÃO

4-1. Generalidades

Trataremos neste capítulo do aquecimento do ar com finalidade de atender ao conforto humano nos ambientes habitados.

4-1-1. Fontes de energia

Quanto à fonte de energia adotada, podemos citar a eletricidade, a bomba de calor (máquina frigorífica funcionando em ciclo reverso) e os combustíveis, como o gás liquefeito do petróleo (G.L.P.), o óleo Diesel, a lenha, etc. Essas fontes, considerando-se os rendimentos normais na transformação em calor, guardam entre si os seguintes índices médios de custo operacional (Porto Alegre, 1979):

Fonte	Poder calorífico	Rendimento (%)	Custo (Cr$)	Cr$ Custo de 1 000 kcal (Cr$)	Índice médio de custo operacional
Eletricidade	860 kcal/kWh	100	2,0/kWh	2,325 6	100
G.L.P.	12 000 kcal/kgf	90	8,46/kgf	0,783 5	34
Bomba de calor	860 kcal/kWh	300	2,0/kWh	0,775 2	33
Óleo Diesel	10 600 kcal/kgf	80	4,80/kgf	0,566 0	24
Lenha	2 500 kcal/kgf	50 a 70	0,50/kgf	0,4	17
Óleo A.P.F.	10 600 kcal/kgf	70 a 80	2,40/kgf	0,323 5	14
Carvão	4 400 kcal/kgf	50 a 70	0,046/kgf	0,017 5	0,75
Sol	4 000 kcal/m² · dia	~ 50	—	—	—

4-1-2. Processos de aquecimento

Quanto ao processo adotado para o aquecimento do ar, as instalações de calefação podem ser de dois tipos: de aquecimento direto e de aquecimento indireto.

Instalações de aquecimento direto.

O aquecimento do ar é obtido pelo contato direto entre a fonte de calor e o mesmo. Assim, as lareiras, as estufas de combustão, as caldeiras a tubo de ar, as estufas elétricas constituem exemplos característicos desse tipo de calefação.

Instalações de aquecimento indireto.

O aquecimento do ar é feito por meio de um fluido intermediário, geralmente água ou vapor de água, que é posto previamente em contato com a fonte de calor. Nesse caso, a instalação disporá, necessariamente, de uma fonte de calor geradora do fluido intermediário aquecido e um intercambiador de calor entre este último e o ar a ser tratado. A calefação por meio de radiadores de água quente ou de vapor são exemplos desse processo de aquecimento.

O aquecimento por meio da chamada "bomba de calor", em que o fluido intermediário é um vapor frigorígeno aquecido por compressão, é outro exemplo do aquecimento indireto e constitui, do ponto de vista termodinâmico, o processo mais econômico de calefação.

4-1-3. Distribuição do calor

Quanto ao sistema adotado para a distribuição do calor nos ambientes a serem aquecidos, as instalações de calefação podem ser classificadas, ainda, em dois grandes grupos, ou seja, calefação local e calefação central.

Calefação local ou individual.

Nesse tipo de calefação, o aquecimento é obtido por meio de uma ou mais fontes de calor localizadas no próprio ambiente a ser aquecido.

Calefação central ou coletiva.

É constituída por uma fonte de calor única que, localizada adequadamente, distribui, por meio de um sistema de tubulações, o calor para os diversos ambientes a serem aquecidos, servindo-se, para isso, do próprio ar ou de um fluido intermediário. Podemos, assim, distinguir dois tipos fundamentais de calefação central:
    calefação central por meio de água quente; e
    calefação central por meio de ar quente.

4-2. Carga térmica de aquecimento

A quantidade de calor necessária à calefação de um ambiente toma o nome de carga térmica de aquecimento do ambiente considerado. Assim, a fim de manter, durante o inverno, a temperatura dos recintos (t_r) habitados dentro dos limites considerados por normas de conforto, torna-se necessário fornecer aos mesmos uma certa quantidade de calor (Q), que é dada em quilocalorias por hora pela expressão

$$Q = Q_1 + Q_2 - Q_3 \text{ kcal/h.} \tag{4-1}$$

A parcela Q_1 representa as trocas térmicas que se efetuam por transmissão de calor em regime permanente entre o ambiente aquecido e o exterior. Nessas condições, podemos fazer

$$Q_1 = \Sigma K S \Delta t \text{ kcal/h,} \tag{4-2}$$

onde K é o coeficiente total de transmissão de calor entre os dois meios considerados, S a superfície de separação dos mesmos e Δt a sua diferença de temperaturas.

A temperatura dos recintos (t_r) destinados à habitação devem obedecer às condições internas de conforto indicadas pelas normas NB-10 (A.B.N.T.) para inverno e registradas na Tab. 4-1.

Tabela 4-1. Condições de conforto para inverno

Temperatura externa, termômetro seco (°C)	Condições internas		
	Termômetro seco (°C)	Termômetro úmido (°C)	Umidade relativa (%)
15	22,0	15,5	50
10	20,0	13,5	50
5	18,0	12,0	48
0	16,0	10,0	46

Para a temperatura exterior (t_e), deve ser considerada a média das temperaturas mínimas verificadas durante o inverno no local onde se pretende efetuar e instalar a calefação. Como orientação, podem ser tomados os valores dados na Tab. 4-2, constantes também nas normas brasileiras a respeito do assunto.

Quanto aos valores de K que aparecem na Eq. (4-2), podem ser adotados os da Tab. 3-6, os quais foram elaborados para os tipos de paredes, pisos, forros, coberturas e aberturas usuais na técnica da construção atual em nosso país.

Tabela 4-2. Condições externas a adotar para inverno

Cidades	Termômetro seco (°C)	Termômetro úmido (°C)	Umidade relativa (%)
Rio de Janeiro	13,0	11,0	80
São Paulo	10,0	8,0	80
Curitiba	5,0	3,5	80
Florianópolis	5,0	3,5	80
Porto Alegre	5,0	3,5	80
Belo Horizonte	10,0	8,0	80
Brasília	10,0	8,0	80

A parcela Q_2 que consta na expressão geral da carga térmica representa a quantidade de calor necessária ao aquecimento desde a temperatura exterior (t_e) até a temperatura do recinto (t_r), do volume de ar exterior (V_e), dito de ventilação, que por hora é introduzido no ambiente. Nessas condições, podemos escrever

$$Q_2 = V_e \gamma C_p (t_r - t_e) \text{ kcal/h}, \qquad (4\text{-}3)$$

ou, ainda, lembrando que, para a pressão atmosférica normal e temperatura média de 20 °C,

$$C'_p = \gamma C_p = 1,2 \times 0,24 = 0,288 \text{ kcal/m}^3 \cdot {}^\circ\text{C},$$
$$Q_2 = 0,288 V_e (t_r - t_e) \text{ kcal/h}.$$

O volume de ar exterior depende das condições de ventilação do recinto, e pode ser calculado em função do volume (V) do mesmo pelo chamado *índice de renovação do ar*:

$$n = \frac{V_e}{V}.$$

Assim, para ventilações naturais, o índice de renovação é da ordem de 1 a 2, e pode ser selecionado, com o auxílio da Tab. 4-3, a partir do número de paredes externas providas de aberturas.

Tabela 4-3

Número de paredes externas com aberturas	$n = V_e/V$
0	0,75
1	1
2	1,5
3 ou 4	2

Calefação

Para o caso de ventilações artificiais, o volume de ar exterior a ser considerado deve ser igual ao do ar de ventilação adotado no sistema.

A parcela subtrativa Q_3 que aparece na Eq. (4-1) corresponde ao calor ganho pelo ambiente devido às suas fontes próprias de calor. Entre essas fontes, podemos incluir:

aparelhos mecânicos cuja potência é dissipada em forma de calor num equivalente de

$$632 \text{ kcal/h por cv};$$

aparelhos elétricos de aquecimento ou iluminação que dissipam 860 kcal/h por kW;

aparelhos de combustão (carvão, querosene, álcool, óleo, etc.) cujo calor de combustão é em parte transmitido ao ambiente;

ocupantes cujo calor sensível liberado, que depende da atividade exercida e da temperatura ambiente, varia em média de 60 a 100 kcal/h por pessoa.

O cálculo da carga térmica de aquecimento deve ser sempre elaborado para as piores condições de funcionamento da instalação. Como calor ganho, serão incluídas apenas as parcelas provenientes de fontes de calor permanentes do ambiente considerado. Assim, para ambientes cuja ocupação é possível durante o dia com iluminação natural, o calor dissipado pelos aparelhos de iluminação não deverá ser computado.

O mesmo critério deve ser adotado para a seleção do número de ocupantes que, como fontes de calor, devem ser incluídos no cálculo de carga térmica.

Com base na orientação geral de cálculo exposta, podemos elaborar, para o caso de instalações de calefação normais, onde,

a ventilação é natural;

a diferença de temperatura é da ordem de 10 a 16 °C em relação ao exterior;

a forma adotada para o piso é retangular, pouco alongada;

não existem fontes de calor a considerar;

a Tab. 4-4, que nos fornece as cargas térmicas por unidade de volume dos ambientes mais comuns.

Tabela 4-4

Ambiente	Q (kcal/m^3 · h)
Residências (no térreo)	25-40
Residências (no piso superior)	30-50
Grandes lojas, igrejas, etc.	10-15
Cinemas, teatros, auditórios, etc.	7-12

4-3. Calefação local

A calefação local é obtida por meio das lareiras, estufas de combustão, das estufas elétricas de aquecimento direto ou indireto, por meio de água ou óleo, etc.

A fim de garantir uma perfeita uniformidade no aquecimento, são adotados modernamente os chamados aerotermos de circulação forçada, como o da Fig. 4-1, que apresenta a vantagem de proporcionar renovação de ar.

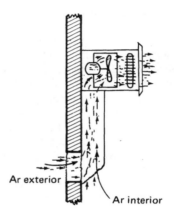

Figura 4-1

O aquecimento dos aerotermos pode ser direto (elétrico ou, excepcionalmente, por meio de uma caldeira a ar) ou indireto (por meio de água quente). Como o aquecimento do ar reduz o seu grau higrométrico, alguns desses aparelhos são providos de dispositivos que permitem ao ventilador nebulizar uma quantidade regulável de água ou vapor no ar aquecido, a fim de dar ao mesmo a umidade relativa aconselhável.

Os condicionadores de ar individuais — de parede ou janela — diretamente (por meio de resistências elétricas) ou indiretamente (por meio do próprio compressor de refrigeração funcionando em ciclo reverso — bomba de calor), são exemplos característicos desse moderno processo de aquecimento local.

Como elementos tradicionais de aquecimento local, mais decorativos do que econômicos, ainda são largamente usadas as lareiras. Lareiras são dispositivos de aquecimento local constituídos essencialmente de uma fornalha ou forno, de talhe especial e de uma chaminé, geralmente executados em alvenaria de tijolos comuns ou refratários.

Em uma lareira comum, tal como a representada na Fig. 4-2, praticamente apenas o calor irradiado pelo combustível é aproveitado para o aquecimento do ambiente, o que torna esse tipo de calefação antieconômico, pois seu rendimento é da ordem de 5 a 10%. As lareiras, além desse grave inconveniente, provocam uma forte aspiração, o que ocasiona desagradáveis e perigosas correntes de ar frio.

Calefação

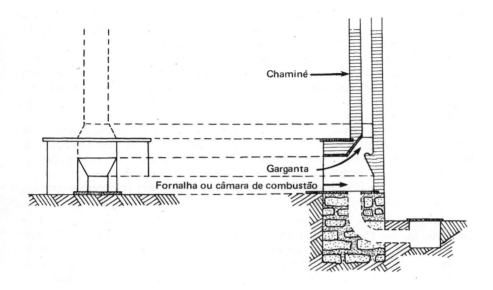

Figura 4-2

Modernamente, na execução de lareiras, procura-se impedir — ou pelo menos atenuar — os inconvenientes apontados, controlando-se a entrada do ar exterior por meio de canais colocados em contato com o conduto de chaminé, o que garante o pré-aquecimento do ar exterior que invade o recinto (Fig. 4-3).

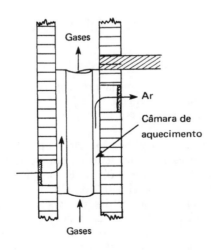

Figura 4-3

Esse proceder, adotado nas lareiras ditas de circulação de ar, além de eliminar os graves inconvenientes das correntes de ar frio, garante um rendimento bastante superior ao das anteriores (cerca de 20 a 30%).

As lareiras com circulação de ar permitem o aquecimento de vários locais. Basta, para isso, que se ligue a câmara de aquecimento da mesma com os ambientes a aquecer, por meio de dutos. Nesse caso, para se aumentar a eficiência do conjunto, as câmaras de aquecimento são mais complexas, aproximando-se em suas características das caldeiras de ar (caloríferos).

Não existe propriamente um processo de cálculo para a determinação exata das dimensões de uma lareira, em vista da grande variação de suas condições de combustão. Entretanto é interessante estabelecer as proporções mais aconselháveis entre o volume dos recintos a aquecer e as principais medidas das mesmas, ou seja, a sua superfície de boca e seção dos condutos de fumo. Para se chegar a esses valores, analisam-se separadamente:

o problema da tiragem proporcionada pela chaminé, ao longo da qual os produtos da combustão devem escoar-se com uma velocidade mínima de 5 m/s;

o problema de exaustão na boca das mesmas, onde a velocidade de escoamento do ar aspirado, dita *velocidade de controle*, não deve ser inferior a 0,2 m/s, a fim de que os produtos da combustão não invadam o ambiente aquecido.

Assim, considerando

que o coeficiente de excesso de ar da combustão seja $n = 4$, o que corresponde a uma temperatura de tiragem da ordem de 500 °C,

que o aproveitamento do calor do combustível para a calefação do recinto seja, no mínimo, de 5%;

que a quantidade de calor necessária para o aquecimento de cada metro cúbico do recinto seja, no máximo, 60 kcal/h,

podemos chegar ao seguinte dimensionamento:

$$S_b = V/140 = 9\Omega_c,$$

onde:

S_b = superfície da boca da lareira, em m²;
V = volume da peça, em m³;
Ω_c = seção da chaminé, em m².

Quanto à câmara de combustão, não é interessante fazê-la muito profunda. Entretanto, a fim de garantir um leito de combustível suficiente, é aconselhável que sua superfície seja superior a $0,5S_b$. Proporção bastante adequada seria fazer a profundidade da câmara igual a 0,6 da altura da mesma.

Finalmente, para que as perdas de carga verificadas no escoamento do ar e dos gases da combustão através da lareira, para as velocidades arbitradas, só excepcionalmente excedam os 3 mm de H_2O, podemos adiantar que alturas de chaminés da ordem de 4 m são geralmente suficientes, sendo, entretanto, aconselhável que as mesmas sobressaiam, no mínimo, 1 m acima da parte mais elevada da habitação.

4-4. Calefação central por meio de água quente

4-4-1. Generalidades

Uma instalação de aquecimento por meio de água quente é constituída de um conjunto de dispositivos formando um circuito fechado, onde podemos assinalar, como elementos essenciais, a caldeira (ou grupo de caldeiras em paralelo), a tubulação de distribuição, os elementos de aquecimento (radiadores, serpentinas ou convectores) através dos quais o fluido intermediário (água) cede calor ao ar, e de uma tubulação de retorno que recolhe a água parcialmente esfriada nos elementos de aquecimento para a caldeira, a fim de que o funcionamento da instalação seja contínuo.

O sistema de tubulação, por sua vez, deve ser mantido em comunicação com um recipiente dito *vaso de expansão*, que, colocado em nível superior ao ponto mais alto de toda a instalação, permite não só a expansão do fluido intermediário durante o seu aquecimento como também a saída do ar de todo o conjunto.

A fim de possibilitar a fácil saída do ar através do vaso de expansão, dá-se aos ramais horizontais da canalização, tanto de distribuição como de retorno, um caimento, no sentido do deslocamento do fluido, de 1% (no mínimo, 0,5%).

A existência de pontos altos, em qualquer setor da rede, pode excluir da circulação da água toda a canalização a jusante e, conseqüentemente, todos os radiadores por ela servidos. Em casos especiais, poderão ser usados, para aeração das partes altas, pequenos condutos de aeração ligados ao vaso de expansão ou, ainda, válvulas de aeração manuais ou automáticas.

É necessário permitir a toda a tubulação, seja horizontal seja vertical, a livre dilatação, a fim de se evitarem deformações a até ruptura das mesmas. Essa livre dilatação é obtida por meio de tubos flexíveis, liras, desvios de alinhamento, ou ainda dispositivos providos de gaxetas, ditos compensadores de prensa-estopas.

A passagem dos tubos através das paredes e tetos não deve ser rígida, usando-se, para isso, tubos de maior bitola, pelo interior dos quais passa a canalização. O intervalo de seção anelar pode ser então usado para o isolamento, o qual deverá ser flexível.

A caldeira deve ser instalada, sempre que possível, num plano inferior ao mais baixo a ser aquecido pela instalação. O vaso de expansão, geralmente provido de válvula de bóia, por meio da qual se mantém sempre cheia de água a instalação, deve apresentar comunicação direta com o exterior (na parte superior) e ter uma capacidade tal que permita o aumento de volume da água durante o seu máximo aquecimento.

A água da instalação não deve ser usada para consumo nem mudada, a fim de se evitar a rápida oxidação e incrustação das canalizações e demais elementos do conjunto. É aconselhável o uso de aditivos, que reduzem a formação de ferrugem e incrustações. Por outro lado, a instalação deve ser mantida sempre cheia, a fim de se evitar a secagem de juntas, vedações e torneiras, o que daria origem a posteriores vazamentos.

Convém salientar ainda que instalações de calefação a água quente em edifícios de muitos pavimentos criam pressões hidrostáticas muito elevadas, o que obriga ao uso de aparelhos de grande resistência. Mesmo não se levando em conta o aspecto econômico (radiadores e caldeiras secionais comuns são geralmente fabricados para pressões de teste da ordem de 10 kgf/cm²), tais instalações não são aconselháveis pelas conseqüências desagradáveis que podem originar, devido, às vezes, a pequenos defeitos. Nessas condições, tanto do ponto de vista técnico como econômico, torna-se necessário dividir os edifícios altos, para efeito de instalações de calefação a água quente, verticalmente, em zonas que abranjam um número limitado de pavimentos, a fim de que as pressões hidrostáticas atingidas não excedam valores da ordem de 2 kgf/cm².

A calefação central por meio de água quente, de acordo com o sistema de movimentação do fluido, pode ser classificada em natural e mecânica:

na circulação natural, termossifão ou à gravidade, o movimento do fluido intermediário é obtido pela simples diferença de temperatura e conseqüente diferença de pressão existente entre as colunas de distribuição (quente) e de retorno (fria);

na circulação mecânica, o movimento da água é obtido por meio de uma bomba (ou diversas, em paralelo), geralmente centrífuga, que vem instalada sobre o conduto principal de retorno e num ponto muito próximo à caldeira.

4-4-2. Termossifão

Consideremos o conjunto formado por um elemento de aquecimento (radiador), pela caldeira e pelas tubulações correspondentes de distribuição e retorno, de uma instalação de calefação a água quente, como nos mostra a Fig. 4-4.

Em vista da diferença de temperatura existente entre as colunas de distribuição (t_1) e de retorno (t_2), haverá uma diferença de pressão hidrostática (carga) entre os mesmos.

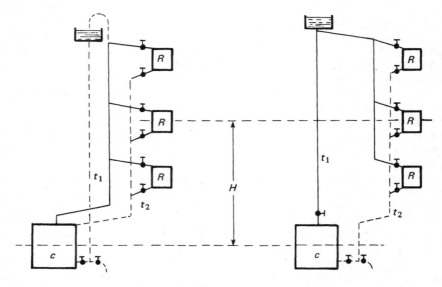

Figura 4-4

Calefação   **147**

Supondo que não haja perdas de calor através das tubulações e que, portanto, as temperaturas tanto de distribuição como de retorno sejam constantes, a referida carga hidrostática valerá:

$$\Delta p = p_2 - p_1 = H\gamma_2 - H\gamma_1 = H(\gamma_2 - \gamma_1), \qquad (4\text{-}4)$$

onde γ_1 e γ_2 são os pesos específicos da água, às temperaturas t_1 e t_2 (Tab. 4-5), e H a altura comum às colunas de distribuição e de retorno (onde aparece a diferença de temperatura aludida), a qual corresponde, praticamente, à diferença de nível existente entre a parte média da caldeira e a parte média do radiador.

Tabela 4-5

Temperatura (°C)	0	10	20	30	40	50	60	70	80	90	100
$y(\text{kgf}/m^3)$	999,9	999,7	998,2	995,7	992,2	988,1	983,2	977,8	971,8	965,3	958,0

Como o circuito é fechado e não dispõe de elementos móveis, toda a pressão disponível é consumida em vencer as resistências passivas, opostas ao deslocamento do fluido pelos condutos e seus acessórios, isto é,

$$p = j_{\text{condutos}} + j_{\text{acessórios}}.$$

Onde (veja Sec. 2-3):

$$j_{\text{condutos}} = \frac{\lambda l}{D}\frac{c^2}{2g}\gamma,$$

$$j_{\text{acessórios}} = \Sigma\lambda_1 \frac{c^2}{2g}\gamma = \frac{\lambda l_e}{D}\frac{c^2}{2g}\gamma,$$

onde l_e é o comprimento equivalente dos acessórios:

$$l_e = \frac{\Sigma\lambda_1}{\lambda}D.$$

Desse modo, podemos fazer

$$j = j_{\text{condutos}} + j_{\text{acessórios}} = \frac{\lambda(l+l_e)}{D}\frac{c^2}{2g}\gamma = \frac{\lambda L}{D}\frac{c^2}{2g}\gamma, \qquad (4\text{-}5)$$

onde o comprimento total de cálculo (L) pode ser expresso por

$$L = l + l_e = l + \frac{\Sigma\lambda_1}{\lambda}D. \qquad (4\text{-}6)$$

Geralmente a diferença de pressão está relacionada com o comprimento total da canalização, obtendo-se, assim, a perda de carga disponível por metro equivalente da mesma,

$$\frac{\Delta p}{L} = \frac{H(\gamma_2 - \gamma_1)}{L} = \frac{j}{L} = i = \frac{\lambda}{D}\frac{c^2}{2g}\gamma,$$

enquanto que a velocidade pode ser posta em função da descarga (G_s),

$$G_s = \Omega c\gamma = \frac{\pi D^2}{4}c\gamma,$$

isto é,

$$\frac{H(\gamma_2 - \gamma_1)}{L} = i = 0{,}0827 \frac{G_s^2}{D^5 \gamma}, \qquad (4\text{-}7)$$

onde a descarga dependerá naturalmente da quantidade de calor a transportar, a qual, para uma queda de temperatura Δt no elemento de aquecimento, vale

$$Q = 3\,600 G_s \Delta t \text{ kcal/h}. \qquad (4\text{-}8)$$

O simples exame das Eqs. (4-6), (4-7) e (4-8) mostra que o cálculo direto do diâmetro a partir de Q, t_1, t_2, H e l é impraticável, pois λ e l_e são funções complexas do próprio diâmetro (veja a Bibliografia). A solução exata adotada é a indireta, por meio de tabelas e diagramas que escapam ao nível de nosso curso.

A indeterminação analítica que aparece no cálculo direto do diâmetro, entretanto, pode ser eliminada à custa da exatidão do resultado, adotando-se:

para λ, o valor máximo de 0,04;
para l_e, o valor aproximado de l_e = 0,4l.

Nessas condições, fazendo

$$t_1 = 85\,°C \quad e \quad t_2 = 60\,°C,$$

podemos calcular, de acordo com a Tab. 4-5 e a Eq. (4-8):

$$\gamma_1 = 85\,°C = 968{,}6 \text{ kgf/m}^3;$$
$$\gamma_2 = 60\,°C = 983{,}2 \text{ kgf/m}^3;$$
$$\gamma_m \cong 976{,}0 \text{ kgf/m}^3;$$
$$Q = 3\,600 G_s \Delta t = 3\,600(85 - 60)G_s = 90\,000 G_s \text{ kcal/h}.$$

Desse modo, a partir da Eq. (4-7), obtemos

$$14{,}6 \frac{H}{L} = i = 0{,}418 \cdot 10^{-15} \frac{Q^2}{D^5} \frac{\text{kgf}}{\text{m}^2 \cdot \text{m}},$$

equação que nos fornece o diâmetro de cada conduto para uma determinada quantidade de calor em circulação, $Q = f(G_s)$, em função da diferença de pressão disponível por metro de comprimento equivalente da tubulação, em termos do desnível existente entre a caldeira e o elemento de aquecimento do circuito em consideração.

Como o comprimento equivalente da canalização não é conhecido, de acordo com o já arbitrado, podemos fazer

$$L = l + 0{,}4l = 1{,}4l.$$

donde

$$\frac{H}{l} = 0{,}04 \cdot 10^{-5} \frac{Q^2}{D^5}, \qquad (4\text{-}9)$$

onde H/l passará a representar a diferença de pressão, em metros de diferença de nível, disponível em cada circuito (entre radiador e caldeira), por metro de comprimento real da canalização do mesmo.

Devido às hipóteses simplificativas feitas, esse processo de cálculo só tem sentido para uma primeira tomada de posição, anteprojetos ou orçamentos, mormente em virtude da prática solução gráfica que proporciona. Com efeito, a Eq. (4-9) pode ser posta sob a forma

$$\log H/l = 2 \log Q - (5 \log D + 16{,}398),$$

a qual, num plano de coordenadas logarítmicas, permite-nos estabelecer, para cada diâmetro, uma linha representativa da função $H/l = f(Q)$, que é uma linha reta de parâmetro angular igual a 2 e parâmetro linear igual a $-(5 \log D + 16{,}398)$ (Fig. 4-5).

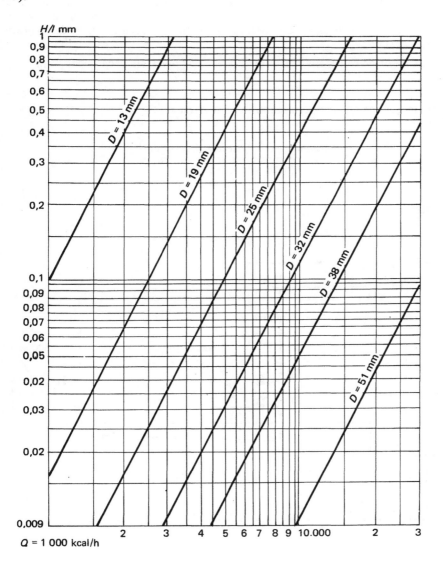

Figura 4-5

A marcha a seguir nos projetos de calefação a água quente com circulação por termossifão pode ser a seguinte:

traçado de canalização;
determinação das quantidades de calor necessárias para cada elemento de aquecimento;
determinação das quantidades de calor a transportar em cada trecho, lembrando que as mesmas se repartem ou se adicionam nas ramificações ou reuniões;
determinação da diferença de pressão, em metros de diferença de nível, disponível em cada circuito (entre radiador e caldeira) por metro de comprimento real de canalização do mesmo, a partir do circuito mais desfavorável (menor H/l).

A perda de carga, em metros de diferença de nível, em cada trecho, será

$$\frac{H}{l} \cdot l_{trecho},$$

de modo que, no circuito seguinte, o valor de H/l a adotar será

$$\frac{H_{circuito} - \Sigma(\frac{H}{l} \cdot l_{trechos\ já\ calculados})}{l_{trechos\ não-calculados}}$$

EXEMPLO

4-1. Dimensionar o termossifão esquematizado na figura.

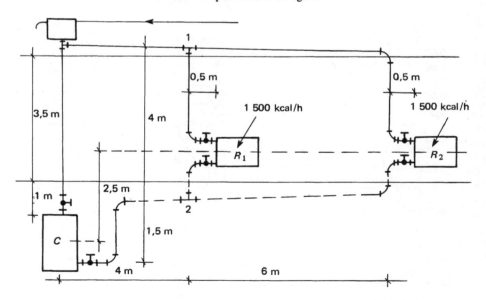

O circuito mais desfavorável é o $C-1-R_2-C$, que dispõe de:

$$H = 2,5\ m, \quad l = 31\ m \quad H/l = 0,081$$

Calefação

O outro circuito a calcular é o $C-1-R_1-2-C$, que mantém, com o anterior, os trechos comuns C–1 e 2–C.

Para melhor compreensão dos cálculos efetuados com o auxílio do diagrama da figura 4-5, é interessante elaborar tabela, tal como a que segue.

Circuito	Trechos	l_{trecho}	$\frac{H}{l} \cdot l_{trecho}$	D (pol)	Observações
1	C1	8,5	0,69	1	$H = 2,5$ m
	$1R_2 2$	17,0	1,37	3/4	$l = 31$ m;
	2C	5,5	0,44	1	$H/l = 0,081$
2	C1		já calculado		$\frac{H}{l} = \frac{2,5 - (0,69 + 0,44)}{5} = 0,274$
	$1R_1 2$	5	1,37	3/4	
	2C		já calculado		

4-4-3. Circulação mecânica

O sistema de calefação a água quente com circulação forçada consiste em provocar o movimento da água necessária ao aquecimento por meio de uma bomba, geralmente centrífuga, intercalada na tubulação de retorno e na proximidade da caldeira (água mais fria). A pressão disponível, nesse caso, que pode ser considerada como devida unicamente à bomba, é igual para todos os circuitos.

O cálculo das canalizações desse caso é feito a partir do circuito mais favorável, arbitrando-se para o mesmo uma velocidade-limite ($c < 2$ m/s) e uma diferença de temperatura ($\Delta t = 5$ a $10\ °C$).

Com isso, calculam-se:

os diâmetros dos tubos desse circuito;
a perda de carga desse circuito;
a diferença de pressão a adotar para a bomba (igual à do item anterior);
a perda de carga disponível para os circuitos seguintes, os quais serão calculados, então, por processo idêntico ao já explanado para o caso do termossifão.

Cuidados especiais nas instalações de calefação por bomba, principalmente nos casos em que a pressão criada artificialmente atinge valores elevados, devem ser tomados quanto à localização do vaso de expansão. Este, preferencialmente, deve estar colocado a montante da bomba, a fim de que a mesma trabalhe afogada, evitando-se, assim, possíveis cavitações. A bomba deve ser fixada ao solo por meio de base amortecedora e unida à tubulação por meio de juntas elásticas ou mesmo mangotes, de modo a não provocar ruídos que se transmitam aos locais habitados.

A calefação a água quente com circulação por meio de bomba é adotada quando a fonte de calor está colocada acima dos elementos de aquecimento, quando a diferença de pressão disponível por termossifão é insuficiente (desnível pequeno entre a caldeira e os aquecedores), ou quando a economia da instalação, em virtude da grande redução dos diâmetros das tubulações, torna-a muito vantajosa.

4-5. Calefação central por meio de ar quente

A calefação por meio de ar quente consiste na utilização do próprio ar aquecido como agente transportador de calor. O aquecimento do ar pode ser feito diretamente, por meio de resistências elétricas e caloríferos (caldeiras a ar), ou indiretamente, por meio de água quente ou bomba de calor.

A bomba de calor atualmente só é usada em instalações de ar condicionado de pequeno porte, nas quais o equipamento de refrigeração trabalha com condensador a ar. Nas grandes instalações de condicionamento de ar, o tipo de aquecimento preferido é o indireto, por meio de água quente, em vista de sua fácil regulagem.

A circulação do ar aquecido pode ser natural ou forçada. A circulação natural se restringe a aquecimentos de caráter local; a circulação forçada consiste em movimentar a massa de ar aquecido por meio de dispositivos mecânicos, geralmente constituídos por ventiladores do tipo centrífugo. Modernamente, o sistema mais adotado de aquecimento por meio de ar quente é o central, com circulação forçada, o qual, além de permitir uma regulagem completa das condições ambientes, independentemente das condições atmosféricas exteriores (o que não acontece com a circulação natural) permite, ainda, um tratamento adequado do ar, ou seja, sua filtragem ou umidificação (condicionamento do ar).

Ao contrário do que acontece nas instalações de ventilação pura, nas instalações de calefação central por meio de ar quente, o ar insuflado no ambiente só é integralmente colocado fora em casos especiais (salas de operações, salas com doenças contagiosas, etc.). Tal técnica é adotada por motivos econômicos, já que o

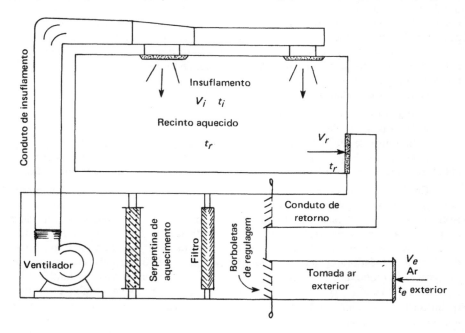

Figura 4-6

Calefação

ar do recinto tem uma temperatura superior à do exterior, e sua rejeição representaria um dispêndio adicional de calor. Parte do ar insuflado, entretanto, deve ser renovado, a fim de proporcionar a indispensável ventilação do ambiente. Nessas condições (Fig. 4-6), o ar de insuflamento (V_i) será constituído de uma parcela de ar que retorna do ambiente (V_r) e de uma parcela exterior (V_e):

$$V_i + V_r + V_e.$$

Para se calcularem essas quantidades de ar em circulação, é indispensável dividir a carga térmica de aquecimento da instalação de calefação em duas partes, isto é:

a carga térmica ambiente, Q_A;
a carga térmica externa, Q_E.

A carga térmica externa (do circuito externo) engloba as trocas de calor sofridas pelo ar, desde a sua retirada da peça até a sua entrada no elemento de aquecimento, ficando, portanto, nela incluídas:

as perdas de calor nos dutos de retorno e local de tratamento até o elemento de aquecimento do ar;

aquecimento da parcela de ar renovado (V_e), desde a temperatura externa (t_e) até a temperatura do recinto (t_r):

$$Q_E = V_e \gamma C_p (t_r - t_e) \text{ kcal/h}.$$

A carga térmica ambiente, por sua vez, engloba as trocas de calor sofridas pelo ar (circuito interno) desde o seu tratamento (aquecimento) até a sua retirada da peça, ficando, portanto, nela incluídas (veja as notações já adotadas na Sec. 4-2):

as perdas de calor por transmissão do recinto, Q_1;
os ganhos de calor devido aos ocupantes, equipamentos etc., Q_3;
as perdas por transmissão nos dutos de insuflamento, ventilador e local de tratamento, a partir do elemento de aquecimento.

Ora, como o calor necessário para manter as perdas referidas é fornecido pelo ar de insuflamento, que é aquecido a uma temperatura t_i superior a t_r, podemos escrever

$$Q_A = V_i \gamma C_p (t_i - t_r) \text{ kcal/h}.$$

Nessas condições, dispondo de V_e e da carga térmica ambiente (Q_A), podemos calcular

$$V_i = \frac{Q_A}{\gamma C_p (t_i - t_r)} = \frac{Q_A}{0{,}288(t_i - t_r)} \text{ m}^3/\text{h},$$

$$V_r = V_i - V_e,$$

onde a temperatura de insuflamento (t_i) é cerca de 8 a 16 °C superior à temperatura do recinto (t_r) a aquecer.

Para se corrigir a excessiva redução da umidade relativa do ar, ao ser este aquecido, adota-se, nas instalações de calefação a ar quente mais completas, após o aquecimento, a umidificação do ar. Essa operação pode ser obtida por meio de injeção de vapor de água, borrifação de água quente ou mesmo fria. No caso de se adotar água, deve-se incluir, na carga térmica ambiente, o calor de aquecimento (caso a temperatura da água for inferior à temperatura do termômetro úmido do ar) e o calor de vaporização da mesma, dados pela expressão

$$Q'_A = V_i \gamma \left[0,6 \Delta x + \frac{\Delta x}{1\,000} (t_u - t_{H_2O}) \right],$$

onde Δx (que só excepcionalmente atinge os 5 g) representa a variação do conteúdo de umidade absoluta do ar, dado em gramas de água por quilograma-força de ar seco (veja a Sec. 1-7).

O projeto de uma instalação de calefação, além do cálculo da carga térmica (que, para o caso, deve ser parcelada em ambiente e externa) e das quantidades de ar em circulação, inclui o dimensionamento dos elementos de aquecimento, ventilador e canalização de insuflamento, retorno e tomada de ar exterior (veja o Cap. 6, "Ventilação").

4-6. Calefação solar

A calefação solar consiste no aquecimento das habitações por meio do calor do Sol. Para isso adotam-se basicamente dois sistemas: calefação por meio de ar quente e calefação por meio de água quente (Figs. 4-7 e 4-8). A fotografia da Fig. 4-9 (residência do autor) mostra uma casa solar do primeiro tipo.

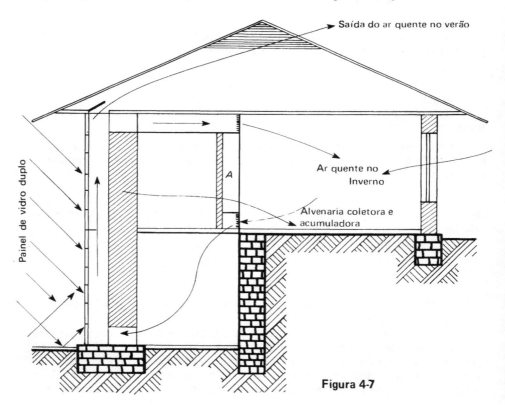

Figura 4-7

Calefação

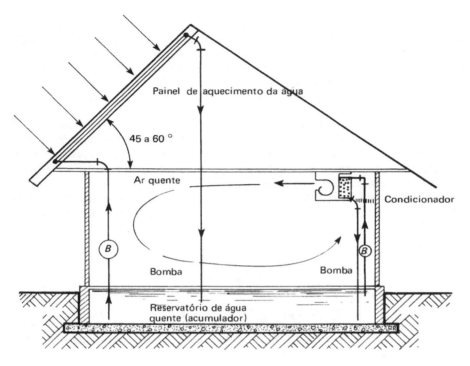

Figura 4-8

Figura 4-9

Como o calor necessário para o aquecimento de uma residência em (Porto Alegre) é de 75 a 150 kcal/m² · h (veja a Tab. 4-4) e um coletor solar, quando bem posicionado, recebe, no inverno, na melhor das hipóteses, 4 445 kcal/m² · dia (veja a Tab. 3-7), atendendo ao fator de transferência e à radiação difusa do céu médio na época mais necessária e um rendimento do painel da ordem de 70% (veja a Tab. 3-9) esses coletores deverão ter uma área de 1 a 2 m², por m² de área de habitação aquecida.

A necessária acumulação do calor para atender à calefação nos dias sem Sol (até um máximo de 5 dias) pode ser feita por meio da massa de alvenaria do próprio prédio (calefação a ar), por meio da massa da própria água (calefação a água) ou eventualmente na forma de calor latente, em massas de ponto de fusão próximas da temperatura de conforto desejada (veja a Sec. 3-4).

A tabela que segue nos dá os volumes das massas de acumulação do calor de calefação por metro quadrado de habitação, necessários para uma armazenagem de 5 dias (9 000-18 000 kcal/m² · 5 dias).

Tabela 4-6

Material	Massa (kg)	Volume (m³)	Tipo
Água	900 a 1 800	0,9 a 1,8	Calor sensível (Δt = 10 °C)
Alvenaria	8 640 a 17 280	5,4 a 10,8	Calor sensível (Δt = 5 °C)
Parafina		0,36 a 0,72	Calor latente
$CaCl_2$ + 6 H_2O		0,18 a 0,36	Calor latente

Capítulo 5

REFRIGERAÇÃO

5-1. Generalidades

Refrigeração consiste na manutenção de um sistema a uma temperatura inferior à do meio ambiente. Considerando que a tendência natural do calor é passar do corpo quente para o corpo frio, para se manter um sistema refrigerado, é necessário criar-se um fluxo de calor em sentido contrário, o que exige, de acordo com o segundo princípio da Termodinâmica, dispêndio de energia. Essa energia, conforme veremos, pode ser mecânica, calorífica ou mesmo elétrica.

A quantidade de calor a ser retirada do sistema a refrigerar, na unidade de tempo, recebe o nome de *potência frigorífica* ou *carga térmica de refrigeração*, e é medida em frigorias por hora (fg/h). A frigoria corresponde a uma quilocaloria retirada, ou quilocaloria negativa.

Na prática, a potência frigorífica é avaliada em toneladas de refrigeração (T.R.), unidade que equivale à quantidade de calor a retirar da água a 0 °C, para formar uma tonelada de gelo a 0 °C, em cada 24 h.

A tonelada a considerar é a tonelada curta (t_c), norte-americana, a qual vale:

$$1 \text{ short ton} = 2\,000 \text{ lb} = 907{,}184 \text{ kgf}.$$

Nessas condições, lembrando que

$$\text{calor latente de fusão do gelo} = 144 \frac{\text{Btu}}{\text{lb}} = 80 \frac{\text{kcal}}{\text{kgf}},$$

podemos calcular

$$1 \, t_r = \frac{907{,}184 \cdot 80}{24} = 3\,023{,}95 \frac{\text{fg}}{\text{h}} = 12\,000 \frac{\text{Btu}}{\text{h}}.$$

Teoricamente qualquer fenômeno físico ou químico de natureza endotérmica pode ser aproveitado para a produção do frio. Entre os processos endotérmicos usados na refrigeração, podemos citar:

a fusão de sólidos como o gelo de água (0 °C) e o gelo seco (neve carbônica, -78,9 °C);

a mistura de certos corpos, com água (-20 a -40 °C), com gelo de água (-20 a -50 °C), ou com gelo seco (-100 °C) as quais recebem o nome de misturas criogênicas;

a expansão de um gás com produção de trabalho;

a vaporização de um líquido;

os fenômenos termelétricos.

Os três primeiros processos são descontínuos, enquanto que os demais podem ser associados a seus inversos, de modo a permitir a produção contínua do frio. Assim, a expansão de um gás, associada à sua compressão, é adotada nas máquinas frigoríficas de ar e na indústria da liquefação dos gases.

A vaporização contínua de um líquido, por sua vez, pode ser obtida por meios mecânicos nas chamadas máquinas frigoríficas de compressão de vapor, por meio de ejeção de vapor nas máquinas frigoríficas de vapor de água e por meio do aquecimento, método usado nas chamadas instalações de absorção (refrigeradores a querosene).

Os fenômenos termelétricos (efeito Peltier) por sua vez, com a descoberta dos semicondutores, abriram novas possibilidades para a refrigeração. Os estudos para o aproveitamento direto da eletricidade na produção do frio, entretanto, ainda estão na sua fase inicial. Modernamente, inúmeras são as aplicações de frio, o qual é praticamente aproveitado em todos os ramos da atividade humana.

5-2. Refrigeração mecânica por meio de vapores

O processo de refrigeração mais adotado atualmente, tanto na técnica da refrigeração industrial como do conforto, é a refrigeração mecânica por meio de vapores. Consiste esse processo, na produção contínua de líquido frigorífico, o qual, por vaporização, fornece a desejada retirada de calor do meio a refrigerar.

Para se conseguir a vaporização de um líquido, é necessário que a tensão de seu vapor (função da temperatura), seja superior à pressão a que está submetido o fluido em vaporização. Assim, quanto mais baixa for a pressão, mais baixa poderá ser a temperatura conseguida no meio a refrigerar.

Por outro lado, para que a vaporização seja contínua, o fluido vaporizado deve ser novamente condensado. Isso é conseguido fazendo-se a vaporização em recinto fechado (evaporador), no qual a pressão é mantida no valor desejado, aspirando-se continuamente o vapor formado, por meio de um compressor. O vapor, então comprimido, pode ceder calor ao meio ambiente, por meio de um trocador de calor adequado (condensador), condensando-se novamente.

O líquido assim obtido, por meio de uma válvula de expansão, pode ser colocado à pressão de vaporização, compatível com a temperatura de refrigeração desejada, voltando a ser vaporizado. O fenômeno em si pode ser comparado com o frio obtido sobre a mão, com um simples lança-perfume (C_2H_5Cl). Quando no tubo, à temperatura ambiente, o cloreto de etila está a uma pressão absoluta de aproximadamente 2 kgf/cm^2. Ao abrir-se a válvula (de expansão), o líquido passa para a pressão atmosférica, vaporizando-se a uma temperatura de cerca de 12 °C. Se essa vaporização é feita em recinto fechado e o vapor formado é recolhido por meio de um compressor, o processo pode ser contínuo. Basta, para isso, que o compressor comprima o fluido novamente até a pressão de 2 kgf/cm^2 e o calor de condensação seja retirado do mesmo, até a sua completa liquefação (Fig. 5-1).

Assim, uma instalação de refrigeração mecânica por meio de um vapor nada mais é do que um conjunto de elementos ligados em circuito fechado, destinado a liquefazer o fluido frigorígeno e possibilitar a sua vaporização contínua, em condições de pressão adequadas.

Refrigeração

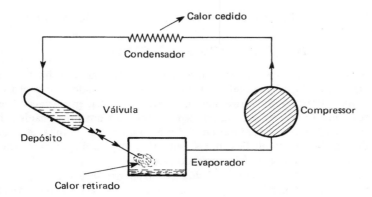

Figura 5-1

Do exposto, podemos concluir que uma instalação de refrigeração mecânica por meio de vapores deverá dispor essencialmente dos seguintes elementos:

compressor;
condensador;
válvula de expansão;
evaporador.

A disposição esquemática desses órgãos está representada na Fig. 5-2.

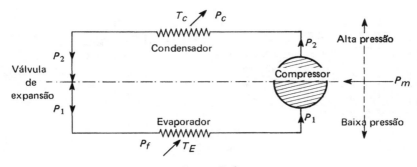

Figura 5-2

Como as transformações termodinâmicas que sofre o fluido frigorífico perfazem um ciclo fechado, a soma das energias em jogo é nula (primeiro princípio da Termodinâmica). Isto é, o calor que entra em forma de trabalho mecânico no compressor (1 cv = 632 kcal/h) deve ser igual ao calor que sai por hora da fonte quente, P_c (condensador):

$$P_c = P_f + 632 P_m.$$

Assim, um refrigerador doméstico que tem uma potência frigorífica de 150 fg/h e consome cerca de 1/10 cv (na realidade, em virtude das perdas, o motor adotado é de 1/8 a 1/6 cv) na sua compressão, libera no condensador uma potência calorífica de:

$$P_c = 150 + (1/10)632 = 213{,}2 \text{ kcal/h}.$$

Essa é a razão pela qual um refrigerador aberto não refrigera, mas sim aquece (com 213,2 − 150 = 63,2 kcal/h) o ambiente em que está colocado. Portanto o compressor, numa instalação de refrigeração mecânica, simplesmente transfere o calor da fonte fria (adicionado da parcela correspondente ao trabalho mecânico despendido na compressão) para a fonte quente, donde o nome de "bomba de calor" que lhe é atribuído. Nessas condições, um sistema de refrigeração mecânica, pode ser tanto utilizado na produção do frio como do calor.

Como a produção do calor é obtida normalmente invertendo-se o ciclo de funcionamento da instalação, obrigando-se o evaporador a funcionar como condensador e vice-versa, diz-se que a máquina frigorífica produz frio no ciclo direto e calor no ciclo reverso.

A inversão do ciclo de refrigeração, usada nos condicionadores de ar de pequena capacidade, é obtida por meio de válvulas de quatro vias, comandadas eletricamente, chamadas válvulas de reversão (Fig. 5-3).

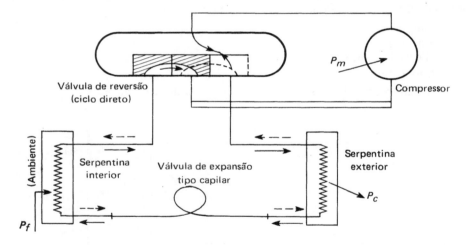

Figura 5-3

Do exposto, é fácil compreender por que o calor obtido por meio de uma instalação de refrigeração funcionando em ciclo reverso é bastante superior ao obtido pela transformação direta da energia mecânica de acionamento da instalação em calor (1 cv = 632 kcal/h).

5-3. Fluidos frigorígenos

Fluidos frigorígenos, agentes frigorígenos, ou simplesmente refrigerantes, como vulgarmente são chamados, são as substâncias empregadas como veículos térmicos na realização dos ciclos de refrigeração. Inicialmente foram usados como fluidos frigorígenos o NH_3, o CO_2, o SO_2 e o CH_3Cl. Mais tarde, com a finalidade de atingir temperaturas de 75 °C, Linde empregou o N_2O (1912), o C_2H_6 (1916) e mesmo o propano, C_3H_8, apesar do perigo de explosão. Com o desenvolvimento da indústria frigorífica, entretanto, novos equipamentos foram projetados, crescendo mais e mais a necessidade de novos refrigerantes. Assim, o emprego da refrigeração mecânica no lar e o uso de compressores rotativos e centrífugos determinaram a pesquisa de novos produtos, que levaram à descoberta dos hidrocarbonetos fluorados, sintetizados a partir dos hidrocarbonetos da série metano, que, devido a suas excepcionais qualidades, constituem modernamente os fluidos frigorígenos por excelência, para a maior parte das instalações de refrigeração.

A escolha dos fluidos frigorígenos obedece a alguns critérios; devem eles:

possuir bom rendimento na produção do frio;
ter pressão de condensação não muito elevada, nem pressão de vaporização abaixo da pressão atmosférica, para as temperaturas de funcionamento a que se destinam;
ter um volume a deslocar compatível com o tipo de compressor adotado;
ser quimicamente inertes, não-inflamáveis e atóxicos;
possibilitar sua identificação no caso de fugas;
ser de baixo custo.

Atualmente, os fluidos frigorígenos mais usados são:

a amônia (NH_3), nas grandes instalações industriais;

o freon 12 (dicloro-difluormetano), nos refrigeradores domésticos e comerciais, pequenas instalações de refrigeração industrial, nas grandes instalações de ar condicionado que trabalham com compressores alternativos, etc.;

o freon 22 (monocloro-difluormetano), em compressores alternativos, nas instalações de refrigeração industrial de pequeno porte e temperaturas médias, nos condicionadores de ar de janela, condicionadores de ar tipo compacto e mesmo em instalações de ar condicionado de grande porte;

o freon 114 (dicloro-tetrafluormetano), nas pequenas instalações que adotam compressores rotativos;

o freon 11 (tricloro-monofluormetano) e o freon 113 (tricloro-trifluormetano), nas grandes instalações de ar condicionado que adotam compressores centrífugos.

5-4. Elementos de uma instalação de refrigeração mecânica por meio de vapores

5-4-1. Condensadores

Os condensadores das instalações de refrigeração têm por finalidade esfriar e condensar o fluido proveniente da compressão, rejeitando o seu calor para o meio externo.

Os condensadores podem transferir o seu calor para o ar, para a água, ou mesmo para o ar com água em contato. Os condensadores a ar são geralmente serpentinas aletadas, por onde circula o ar naturalmente (refrigeradores domésticos) ou forçado (por meio de um ventilador Fig. 5-4). A elevação de temperatura do ar é da ordem de 10 a 15 °C, atingindo a temperatura de condensação, para uma temperatura ambiente de 30 a 35 °C, valores da ordem de 45 a 55 °C. Essa temperatura relativamente elevada, reduz o rendimento da instalação, razão pela qual a condensação a ar é usada só em pequenas instalações ou no caso de falta absoluta de água. Os condensadores a água são geralmente do tipo tubo-e-carcaça (*shell and tube*), vertical ou horizontal, onde o fluido frigorígeno entra em contato com um feixe de tubos, aletados ou não, no interior dos quais circula água (Fig. 5-5). A elevação de temperatura da água é da ordem de 5 a 10 °C, atingindo a temperatura de condensadores, para uma temperatura da água ambiente de 25,5 °C (temperatura do termômetro úmido), valores da ordem de 32 a 39 °C.

Figura 5-4

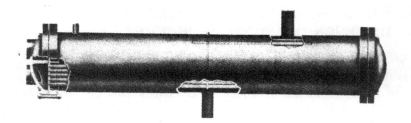

Figura 5-5

Refrigeração 163

A água de condensação, depois de passar pelo condensador, pode ser recuperada por meio de uma torre de arrefecimento, que baixa novamente a sua temperatura para cerca de 3 a 5 °C superior à temperatura do termômetro úmido, razão pela qual a temperatura de condensação, no caso, subirá para 35 a 45 °C (Fig. 5-6).

A torre de arrefecimento perde cerca de 5 a 10% da água em circulação em forma de água evaporada, necessária ao arrefecimento ou gotículas arrastadas pelo movimento do ar.

Os condensadores de ar e água em contato recebem o nome de condensadores evaporativos, e nada mais são do que uma torre de arrefecimento de água com uma serpentina condensadora colocada em seu interior (Fig. 5-7). A temperatura de condensação corresponderá, no caso, à de uma instalação de condensação a água, com torre de arrefecimento, isto é, cerca de 35 a 45 °C.

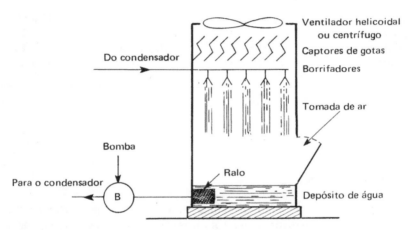

Figura 5-6

Figura 5-7

A Tab. 5-1 apresenta um resumo dos dados práticos analisados para os diversos tipos de condensadores.

Tabela 5-1

Condensador	Vazão para cada 1 000 kcal/h		Temperatura de condensação (°C)
	Ar (m³/h)	Água (litros/h)	
A ar	250 a 350	—	45 a 55
A água, sem torre	—	100 a 220	32 a 39
A água, com torre	200 a 250	100 a 200	35 a 45
Evaporativo	200 a 250	50 a 100	35 a 45

5-4-2. Compressores

Os compressores adotados na compressão mecânica por meio de vapores podem ser tanto alternativos como rotativos. Os alternativos são geralmente de êmbolo, embora sejam adotados também, para pequenas unidades, os compressores de membrana (tipo eletromagnético). Entre os rotativos volumétricos, são usuais os compressores de palhetas ou de engrenagens e, excepcionalmente, os de pêndulo, enquanto que, entre os turbocompressores, são adotados em refrigeração normalmente os compressores centrífugos de 1 até 8 estágios.

A escolha do tipo de compressor depende essencialmente da capacidade da instalação e do fluido frigorígeno usado. A potência mecânica consumida depende essencialmente das temperaturas T_E e T_c de vaporização (fonte fria) e de condensação (fonte quente) escolhidas.

Na produção do frio, T_E é aquela estipulada para a finalidade a que se destina o frio, enquanto que T_c deve ser superior à temperatura do meio para o qual se pretende transferir o calor (veja Tab. 5-1).

Na produção do calor, T_c é a temperatura estipulada para a finalidade a que se destina o calor (geralmente 30 a 40 °C), enquanto que T_E deve ser inferior à temperatura do meio do qual se pretende retirar o calor (no inverno, esse valor pode ser bastante baixo).

A Tab. 5-2 fornece os valores de P_f obtidos em uma instalação de refrigeração mecânica por meio de freon 12, para cada cavalo-vapor de potência mecânica consumida.

Tabela 5-2

T_E (°C) \ T_c (°C)	35	40	45	50	55
+10	3 940	3 730	3 530	3 250	3 100
+5	3 300	3 000	2 900	2 700	2 500
0	2 700	2 530	2 360	2 200	2 030
-5	2 200	2 030	1 900	1 750	1 600
-10	1 750	1 610	1 500	1 330	1 240
-15	1 400	1 270	1 170	1 060	950
-20	1 070	950	890	790	700
-25	810	730	650	560	490
-30	590	520	440	390	340

Observação. Para obter P_c basta fazer

$$P_c = P_f + 632 \eta_m P_m \cong P_f + 500 \text{ kcal/h} \cdot \text{cv}.$$

A Tab. 5-2 nos mostra que:

• uma câmara frigorífica que trabalha entre as temperaturas de -10 °C e +50 °C necessita, para cada T.R. de potência frigorífica, uma potência mecânica de

$$P_m = \frac{3\,023 \text{ fg/h}}{1\,330 \text{ fg/cv} \cdot \text{h}} = 2{,}27 \text{ cv};$$

• uma instalação de refrigeração para ar condicionado que trabalha entre as temperaturas de +5 °C e +40 °C necessita, para cada T.R. de potência frigorífica, uma potência mecânica de

$$P_m = \frac{3\,023 \text{ fg/h}}{3\,000 \text{ fg/cv} \cdot \text{h}} \cong 1 \text{ cv};$$

• uma instalação de refrigeração trabalhando em ciclo reverso entre temperaturas de -5 °C e +45 °C, para o aquecimento no inverno, necessita para produzir 632 kcal/h (equivalente a uma potência mecânica de 1 cv) uma potência mecânica de apenas

$$P_m = \frac{632 \text{ kcal/h}}{(1900 + 500)(\text{kcal/cv} \cdot \text{h})} = \frac{1}{3{,}8} \text{ cv},$$

isto é, 3,8 vezes menos potência do que a necessária para o aquecimento por meio da transformação direta da energia mecânica em calor (1 cv → 632 kcal/h).

5-4-3. Resfriadores

Resfriadores são os elementos das instalações de refrigeração que retiram o calor do meio a refrigerar. A retirada de calor do meio (seja este o próprio ar ambiente, um gás, um líquido ou um sólido qualquer) pode ser feita de duas maneiras, conforme segue.

• Por circulação direta de fluido que efetua o ciclo de refrigeração (fluido frigorígeno). Nesse caso, a refrigeração é dita a expansão direta, e o elemento que serve para a retirada do calor toma o nome de resfriador de expansão direta (evaporador); por exemplo, refrigeradores domésticos e comerciais, resfriadores de câmaras frigoríficas, aparelhos de ar condicionado de janela, compactos, de cinemas, etc.

• Por circulação de um líquido frigorígeno secundário (água ou salmoura), o qual refrigera o ambiente por meio de um resfriador de superfície (refrigeração seca) ou diretamente por mistura (refrigeração úmida), e a refrigeração é dita a expansão indireta; por exemplo, fabricação de gelo em barras, alguns ringues de patinação de gelo, instalações de ar condicionado semicentral, com distribuição do frio por meio de água gelada (Fig. 5-8).

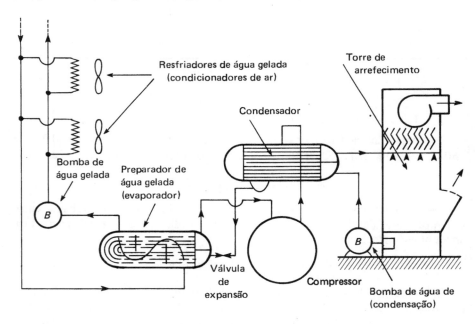

Figura 5-8

5-5. Refrigeração por absorção

O funcionamento da refrigeração por absorção baseia-se no fato de que os vapores de alguns dos fluidos frigorígenos conhecidos são absorvidos a frio, em grandes quantidades, por certos líquidos ou soluções salinas.

Se essa solução binária, assim concentrada, é aquecida, verifica-se uma destilação fracionada, na qual o vapor formado será rico no fluido mais volátil (fluido frigorígeno), podendo ser separado, retificado, condensado e aproveitado para a produção de frio, como nas máquinas de compressão mecânica. Isso é possível, mesmo de uma maneira contínua, se o fluido frigorígeno vaporizado para a produção de frio é posto novamente em contato com o líquido que, absorvendo-o rapidamente, além de proporcionar o abaixamento da pressão, dá origem à solução concentrada, que pode ser novamente aproveitada.

O sistema de refrigeração por absorção mais comum é aquele que usa amônia (NH_3) como fluido frigorígeno e água como absorvente. Atualmente, sobretudo nas instalações de ar condicionado, é adotada preferencialmente a solução binária constituída de água (fluido frigorígeno) e brometo de lítio (absorvente), a qual é menos perigosa que a anterior.

O maior inconveniente das máquinas de absorção é o seu consumo de energia (calor e bombas), muito mais elevado que o das máquinas de compressão mecânica. Basta dizer que as máquinas de absorção mais evoluídas consomem uma quantidade de energia superior a sua produção frigorífica. Por outro lado, essas máquinas têm a vantagem de utilizarem a energia térmica em lugar de energia elétrica. Elas permitem, por essa razão, uma melhor utilização das instalações de produção de calor ociosas. É o caso, por exemplo das instalações de aquecimento destinadas ao conforto humano durante o inverno, as quais podem fornecer energia térmica a preço acessível durante o verão. Até mesmo o calor solar pode ser aproveitado com essa finalidade, com níveis de rendimento aceitáveis.

Além das vantagens apontadas, as instalações de absorção se caracterizam pela sua simplicidade, por não apresentarem partes internas móveis (as bombas são colocadas à parte), o que lhes garante um funcionamento silencioso e sem vibração. Elas se adaptam bem às variações de carga (até cerca de 10% de carga máxima), apresentando um rendimento crescente com a redução da mesma.

Por todas essas razões, as máquinas de absorção atualmente estão cada vez mais difundidas, sendo construídas desde pequenas unidades empregadas em refrigeradores domésticos, até grandes unidades de ar condicionado com capacidade de 1000 T.R.

As instalações industriais de absorção são constituídas dos elementos que constam da Fig. 5-9. Nesse sistema, dito clássico, as temperaturas tanto do con-

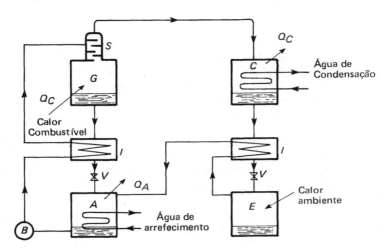

Figura 5-9. (*G*, gerador; *S*, separador (analisador); *C*, condensador; *V*, válvula de expansão; *E*, evaporador; *A*, absorvedor; *V'*, válvula de redução de pressão; *B*, bomba; *I*, intercambiadores)

densador como do evaporador são constantes, já que as mudanças de estado que neles sofre a amônia, são isobárias. Nas máquinas ditas a *ressorção*, o condensador é substituído por um absorvedor (ressorçor) e o evaporador por um desgaseificador (Figura 5-10).

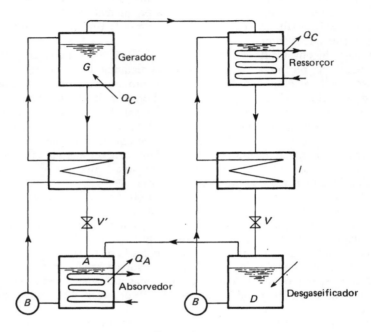

Figura 5-10

Os vapores de NH_3 não são liquefeitos, mas sim absorvidos por uma solução pobre, e a produção de frio resulta da desgaseificação dessa solução enriquecida sob pressão reduzida. Dessa forma, as quantidades de calor em jogo são favoráveis a um melhor rendimento, a temperatura da água de arrefecimento do ressorçor pode ser maior, de modo a permitir economia de água e a reduzir a potência mecânica das bombas.

Nas instalações de refrigeração doméstica a absorção, foi adotada (Platten e Münster) a inteligente solução de equilibrar as pressões totais, nos dois limites de funcionamento da aparelhagem, adicionando-se à parte de baixa pressão um gás neutro e perfeitamente difuzível (H_2), o que permite eliminar todas as válvulas e órgãos móveis da instalação.

Nos últimos anos (Carrier, 1945), sobretudo para o caso de grandes instalações de ar condicionado (100 a 1 120 T.R.) que trabalham com água gelada, o sistema de refrigeração a absorção utilizando a solução H_2O-LiBr tem sido largamente empregado.

Nesse sistema, a água é o fluido frigorígeno e o brometo de lítio o absorvedor. O que caracteriza fundamentalmente esse sistema é o fato do LiBr não ser volátil, resultando, na saída do gerador, somente vapor de água, o que torna dispensável, nesse caso, o uso de retificador. Nessas condições, o esquema de uma instalação desse tipo é bem mais simples, como se pode notar na Fig. 5-11. Para maiores detalhes consultar a Bibliografia.

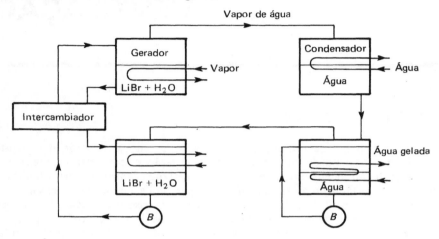

Figura 5-11

5-6. Instalações de refrigeração para ar condicionado

As instalações de refrigeração para o condicionamento de ar, de acordo com o tamanho e a disposição da instalação no prédio a condicionar, podem ser de quatro tipos, descritos a seguir.

• Instalações com condensador a ar, usadas nos condicionadores de janela e pequenas unidades centrais tipo compactas (*package*), que aproveitam o ciclo reverso para o aquecimento de inverno.

• Instalações com condensador a água e com torre de arrefecimento ou condensador tipo evaporativo. São usadas nas instalações centrais de grande porte (lojas, escritórios, cinemas, etc.), em que a distribuição do frio pode ser feita facilmente pelo ar já tratado.

• Instalações de refrigeração indireta com condensador a água e com torre de arrefecimento, ou condensador tipo evaporativo. São usadas nas instalações de grande porte em que a distribuição do frio não pode ser feita facilmente pelo ar já tratado (edifícios públicos, lojas de vários pavimentos, etc.). Nesse caso, o evaporador serve para refrigerar água, a qual é distribuída por meio de canalização adequada para todo o prédio, onde é então aproveitada para refrigerar o ar destinado ao conforto em equipamentos chamados condicionadores de ar propriamente ditos.

• Instalações de refrigeração a absorção, utilizando a solução H_2O-LiBr, têm sido usadas em grandes centrais de ar condicionado do tipo água gelada, quando se dispõe de fontes de energia térmica de baixo custo.

Capítulo **6**

VENTILAÇÃO

6-1. Generalidades

Dá-se o nome de ventilação ao processo de renovar o ar de um recinto (A.B.N.T.). A finalidade fundamental da ventilação é controlar a pureza e o deslocamento do ar em um recinto fechado, embora, dentro de certos limites, a renovação do ar também possa controlar a temperatura e a umidade do mesmo.

O ar é o constituinte da atmosfera, envolvente gasoso de nosso planeta, que tem uma espessura superior a 500 km. Recebe o nome de ar respirável o ar próximo ao nível do mar, numa espessura correspondente a 1 ou 2% da espessura total da atmosfera. A composição média do ar atmosférico respirável (ar puro), em condições normais, é, aproximadamente, em volume,

N_2, 78,03%;
O_2, 20,99%;
CO_2, 0,03%;
H_2O, 0,47%;
outros gases, 0,48%,

além de odores, poeiras e bactérias.

Recebe o nome de ar ambiente, todo ar contido em recintos limitados, destinados à habitação. O ar ambiente, naturalmente, não tem a mesma composição do ar puro, podendo, em muitos casos, apresentar alterações substanciais que o tornam inadequado para a respiração.

Um ambiente é chamado de salubre quando o ar que o mesmo contém apresenta propriedades físicas (pressão, temperatura, umidade e movimentação) e químicas tais que possibilitam favoravelmente a vida em seu meio.

6-2. Modificações físicas e químicas do ar ambiente e seus limites higiênicos admissíveis

6-2-1. Pressão

Modificações sensíveis da pressão atmosférica normal são ocasionadas pela elevação dos ambientes acima do nível do mar, conforme nos mostra a fórmula de Laplace (Sec. 1-7-1).

Ventilação

Quando a pressão atinge valores muito inferiores à pressão atmosférica normal (760 mm Hg = 10 332 mm H_2O), a respiração torna-se difícil e começam a manifestar-se no organismo transtornos conhecidos com o nome de mal-das-montanhas (a cerca de 3 300 m de altura, a pressão se reduz a 2/3 de seu valor ao nível do mar e a respiração começa e torna-se difícil).

6-2-2. Temperatura e umidade

A temperatura, juntamente com a umidade, é a responsável pelas trocas de calor com o exterior efetuadas pelo corpo humano e determina, para o ambiente, as suas características de conforto térmico (veja também a Sec. 7-2).

A sensação de bem-estar causada por um determinado ambiente pode ser caracterizada, no que diz respeito a sua temperatura e umidade, pela chamada *temperatura efetiva* do mesmo. Temperatura efetiva de um ambiente é a temperatura de um ambiente saturado de umidade que, subjetivamente, apresenta as mesmas condições de conforto térmico que o ambiente considerado.

Devido ao desprendimento de calor e de vapor de água efetuado pelo corpo humano (aparelho de iluminação, de combustão, máquinas, etc.), os ambientes sofrem um crescimento rápido em sua temperatura efetiva, tanto que, modernamente, considera-se como certo que as perturbações higiênicas que se verificam normalmente nos ambientes habitados devem atribuir-se primordialmente ao índice em estudo.

Assim, enquanto que, para temperaturas efetivas de 23 °C, verifica-se um conforto térmico absoluto, para temperaturas efetivas próximas dos 30 °C, o metabolismo humano começa a tornar-se difícil, privando o homem de suas atividades externas (trabalho braçal, etc.) e, para os 37 °C, as trocas térmicas com o ambiente se anulam, impossibilitando a vida (atividades internas) de forma permanente.

6-2-3. Oxigênio

Nem todo o oxigênio do ar é aproveitado para a respiração, pois o ar expirado contém ainda cerca de 15,4% de oxigênio. Desse modo, podemos tomar como 14% (cerca de 2/3 da porcentagem normal) o índice mínimo de oxigênio aconselhável para o ar destinado à respiração). Experiências têm demonstrado que, para uma porcentagem de oxigênio de 10%, verifica-se a asfixia e, de 7%, a morte.

6-2-4. Contaminantes

São várias as causas da contaminação do ar, conforme expomos a seguir.

• As pessoas e animais, que, além de reduzirem a porcentagem de O_2, aumentando assim a porcentagem de CO_2 e H_2O, exalam substâncias nauseabundas (miasma e microrganismos). As substâncias nauseabundas emitidas pelo corpo humano, em parte pela respiração e em parte através da pele, são constituídas de compostos orgânicos complexos, cuja presença, embora perceptível ao olfato, é de difícil verificação química. Por essa razão, torna-se mais fácil a sua verificação indiretamente, por meio do índice de CO_2.

- A combustão para fins de aquecimento ou iluminação, que consome o oxigênio e produz gases nocivos.
- Os motores a combustão, como os de automóveis e demais veículos automotores, que, em túneis, garages, oficinas, etc., consomem o oxigênio do ar e introduzem no ambiente os gases de seu escapamento.
- Os gases, vapores e mesmo pequenas partículas, produtos das indústrias que constituem elementos nocivos à saúde.
- Nas minas, as partículas de carvão e de outros minérios, os produtos resultantes, da oxidação de madeiras, da decomposição de rochas, cujas naturezas químicas muitas vezes originam gases deletérios (rochas mercuriais, betuminosas, arseniacais, etc.), os gases provenientes das explosões e mesmo gases explosivos como o grisu.

Quanto ao CO_2, embora não seja um gás tóxico, a sua presença no ar indica redução do oxigênio ou mesmo presença de miasma. Assim, admitindo-se que a porcentagem de CO_2 cresça proporcionalmente a porcentagem de miasma, é universalmente aceito 0,1% como índice máximo aconselhável para o anidrido carbônico contido no ar destinado à respiração.

Na realidade, o organismo suporta quantidades elevadas de CO_2, sucumbindo mais pela falta do oxigênio que ocasiona. Assim, para uma porcentagem de CO_2 igual a 10%, verifica-se a asfixia e, para cerca de 15%, a morte.

Quanto aos demais elementos como partículas sólidas (poeiras, fumaças e fumos), partículas líquidas (*mist, fog*), gases e vapores, organismos vivos (pólens, esporos de fungos e bactérias), serão considerados como contaminantes se suas concentrações passarem dos limites recomendados ou se sua natureza for nociva ao homem. (Para maiores detalhes consulte a Bibliografia.)

6-3. Quantidades de ar necessárias à ventilação

O organismo humano em repouso, a fim de manter as suas funções fisiológicas involuntárias, consome em média (metabolismo básico) 16 litros de O_2 (0 °C, 760 mm Hg), por hora. Entretanto nem todo o oxigênio do ar é aproveitado no processo da respiração, pois, conforme vimos, o ar inspirado contém 20,99% de oxigênio, enquanto que o expirado apresenta, ainda, desse elemento, uma parcela média de 15,4% em volume. Nessas condições, apenas 5,5% do volume do ar respirado é aproveitado para o metabolismo humano, de modo que o consumo do mesmo, para as condições indicadas será

$$\frac{16}{0,055} \cong 300 \text{ litros de ar por hora.}$$

Se o ar expirado fosse imediatamente substituído e, portanto, não voltasse aos pulmões, o ar necessário à ventilação por pessoa em repouso seria somente 0,3 m³/h. O problema, entretanto, não é de substituição e sim de diluição, pois o ar de ventilação é misturado com o do ambiente, o qual, embora já utilizado, volta novamente a ser respirado. Nessas condições, dependendo da atividade das pessoas (que aumenta o seu metabolismo e, portanto, o seu consumo de oxigênio) e do tipo de ambiente (produção de contaminantes), a quantidade de ar necessária à ventilação pode ser cerca de 25 a 150 vezes superior à indicada (8 a 50 m³/h).

Para locais em que a contaminação do ar é produzida unicamente pelas pessoas (fumando ou não) que os ocupam, podemos calcular a quantidade de ar adotada em m³/h por pessoa, a qual toma o nome de *ração de ar*, em função da finalidade do ambiente a ventilar.

Assim, de acordo com as normas brasileiras a respeito do assunto (BN-10, da A.B.N.T.), podemos relacionar os valores que constam da Tab. 6-1.

Tabela 6-1

Local	m³/h por pessoa Preferível	Mínima	Porcentagem de pessoas fumando
Apartamentos	35	25	Baixa
Bancos	25	17	Baixa
Barbearias	25	17	Baixa
Bar	35	25	30%
Cassinos (*Grill-room*)	45	35	80%
Escritório geral	25	17	Baixa
Estúdios	35	25	0
Lojas	13	8	0
Quartos (hospitais)	25	17	Baixa
Quartos (hotéis)	25	17	Baixa
Residências	35	25	Baixa
Restaurantes	35	25	25%
Salas de diretores	50	40	100%
Salas de operações (hospitais)	—	—	0
Teatros, cinemas, auditórios	13	10	0
Salas de aulas	50	40	0
Salas de reuniões	35	25	Baixa
Aplicações gerais			
Por pessoa (não fumando)	13	8	
Por pessoa (fumando)	50	40	

Quando, além da ventilação necessária à respiração, cogita-se melhorar as condições de conforto térmico do ambiente, agravadas no verão pelo metabolismo das pessoas, é preferível adotar-se uma ração de ar maior. Assim, para instalação de ventilação pura (sem ar condicionado) de teatros, cinemas, auditórios, etc., o Código de Obras da Prefeitura Municipal de Porto Alegre exige uma ração de ar mínima de 50 m³/h pessoa.

Quando se trata de ventilação permanente de ambientes onde são produzidas grandes quantidades de calor (sala de máquinas, de caldeiras, de fornos, cozinhas, churrascarias, etc.), nos quais se deseja manter a temperatura do recinto (t_r) pouco acima da temperatura exterior (t_e), a quantidade de ar necessária nos será dada por

$$V = \frac{Q}{\gamma C_p(t_r - t_e)} \cong \frac{Q}{0,288(t_r - t_e)}, \qquad (6-1)$$

onde Q representa a quantidade de calor a arrastar do ambiente considerado, por meio da renovação de ar, a qual é a diferença entre a quantidade de calor produzida no recinto por todos os elementos que representam fontes de calor (máquinas, fornos, fogões, aparelhos de iluminação, ocupantes, etc.) e a quantidade de calor trocada com o exterior por transmissão, em vista da diferença de temperatura $t_r - t_e$.

A relação entre o volume do ar de ventilação que penetra no ambiente por hora e o volume do mesmo tem o nome de *índice de renovação do ar*. Assim, para a ventilação natural,

$$n = \frac{V \, m^3/h}{V_a \, m^3} = 1 \text{ a } 2,$$

enquanto que, para a ventilação artificial, o índice de renovação atinge valores de 6 a 20.

Para valores de n superiores a 20, que podem ser considerados como excepcionais, surgem problemas de ordem técnica difíceis de ser superados (correntes de ar excessivas).

De acordo com a A.B.N.T. (NB-10), a velocidade do ar na zona de ocupação, isto é, no espaço compreendido entre o piso e o nível de 1,50 m, deve ficar compreendida entre 0,025 e 0,25 m/s. Excepcionalmente, será permitido ultrapassar esses limites, na vizinhança das grelhas de retorno e de insuflamento que, por necessidade de construção, forem localizadas abaixo do nível de 1,50 m e no espaço normalmente ocupado por pessoas.

Para facilitar a seleção dos índices de renovação de ar a adotar em cada caso, a fábrica de ventiladores Clarage (EUA) recomenda a Tab. 6-2, onde n é dado em função do tipo de ambiente a ventilar.

Tabela 6-2

Ambiente	n
Auditórios, igrejas, túneis, estaleiros	6
Fábricas, oficinas, escritórios, lojas, salas de diversões	10
Restaurantes, clubes, garages, cozinhas	12
Lavanderias, padarias, fundições, sanitários	20

EXEMPLO

6-1 Calcular a quantidade de ar necessária à ventilação pura de um auditório de 12 000 m³ destinado a 1 500 pessoas.

Considerando que a ventilação em consideração destina-se não só a fornecer o ar necessário a uma boa diluição do ar ambiente contaminado pela respiração das pessoas, mas também a melhorar as condições de conforto térmico do ambiente no verão, adotaremos a ração de ar exigida pelo código de obras da Prefeitura Municipal de Porto Alegre (50 m³/h pessoa).

Lembrando que cada pessoa, em repouso, no verão, produz cerca de 45 kcal/h de calor sensível (veja a Sec. 7-2), tal ração de ar corresponde aproximadamente à vazão necessária para arrastar esse calor com uma diferença de temperatura $t_a - t_e$ de 3 °C, isto é,

$$V = \frac{Q \text{ kcal/h} \cdot \text{pessoa}}{0{,}288(t_a - t_e)} = \frac{45 \text{ kcal/h} \cdot \text{pessoa}}{0{,}288 \cdot 3} = 52 \frac{m^3}{h \cdot \text{pessoa}},$$

de modo que teremos

$$V = 1\,500 \cdot 50 = 75\,000 \text{ m}^3/\text{h}.$$

Finalmente, considerando que o volume do recinto é de 12 000 m³ (a cada pessoa deve corresponder aproximadamente um volume de 50/6 = 8,3 m³), o índice de renovação de ar da instalação será

$$n = \frac{V}{V_a} = \frac{75\,000}{12\,000} = 6,25,$$

valor bastante razoável, de acordo com a Tab. 6-2. (Caso esse valor fosse excessivo, o volume da peça deveria ser aumentado a fim de dar condições técnicas à instalação de ventilação.)

6-4. Tipos de ventilação

De um modo geral, a renovação do ar de um ambiente pode ser classificada como segue:

Natural, ou espontânea

Artificial, ou forçada
- Local, exaustora
- Geral, diluidora
  - Por insuflamento
  - Por aspiração
  - Mista

6-4-1. Ventilação natural

A ventilação natural é provocada pela ação dos ventos ou por diferenças de temperaturas. A ação dos ventos, embora intermitente, ocasiona o escalonamento das pressões no sentido horizontal (Fig. 6-1). Diferenças de pressões da

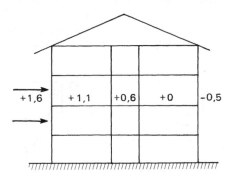

Figura 6-1

ordem de 0,05 mm H_2O já são suficientes para causar correntes de ar apreciáveis, desde que haja caminho para as mesmas.

Assim, lembrando que a diferença de pressão devida ao deslocamento do ar (pressão cinética) nos é dada por

$$p_c = \frac{c^2}{2g}\gamma \cong 0{,}06c^2, \tag{6-2}$$

podemos registrar, para os ventos comuns na prática, os valores que constam na Tab. 6-3.

Tabela 6-3

Velocidade		p_e
(km/h)	(m/s)	(mm H_2O)
5	1,39	0,116
10	2,78	0,463
20	5,56	1,85
30	8,33	4,17
40	11,11	7,41
50	13,89	11,58
60	16,67	16,67
70	19,45	22,69
80	22,22	29,63
90	25,00	37,50
100	27,78	46,30

A ventilação natural provocada pela ação dos ventos pode ser intensificada por meio de aberturas dispostas convenientemente. Assim, as portas e mesmo janelas, colocadas em paredes opostas e na direção dos ventos dominantes, representam um papel importante na ventilação de certos ambientes.

Quanto às diferenças de temperaturas, estas provocam variações de densidade de ar no interior dos ambientes, que causam, por efeito de tiragem (termossifão), diferenças de pressão que se escalonam no sentido vertical (Fig. 6-2).

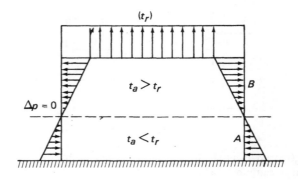

Figura 6-2

Ventilação

A diferença de pressão criada por uma coluna de ar quente (chaminé) à temperatura t_2, colocada em um ambiente à temperatura inferior t_1, depende (princípio de Arquimedes) das temperaturas citadas e da altura da coluna (Fig. 6-3):

$$E = \text{empuxo} = \Omega H \gamma_1;$$
$$G = \text{peso} = \Omega H \gamma_2;$$
$$\Delta p = \frac{\text{força ascencional}}{\Omega} = \frac{E - G}{\Omega},$$
$$\Delta p = H(\gamma_1 - \gamma_2) = H \gamma_0 \left(\frac{t_0}{t_1} - \frac{t_0}{t_2}\right),$$

$$\boxed{\Delta p = 1{,}293 H \left(\frac{273}{t_1} - \frac{273}{t_2}\right)} \tag{6-3}$$

Assim, para as variações de temperatura e desníveis usuais, podemos calcular os valores que constam da Tab. 6-4.

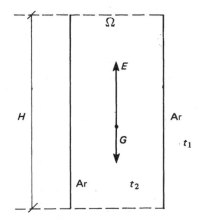

Figura 6-3

A ventilação natural provocada por efeito de tiragem pode ser intensificada jogando-se com os elementos que ocasionam a diferença de pressão estudada. Assim, aberturas dispostas em A e B (Fig. 6-2) permitem uma ventilação adequada por simples diferença de temperatura.

Como a diferença de nível entre as aberturas é importante, a mesma pode ser aumentada por meio de canais de saída do ar (chaminés de ventilação), técnica usual na ventilação de minas, túneis e mesmo ambientes industriais (Fig. 6-4). Um eventual aquecimento adicional da coluna de ar da chaminé poderá ser adotado.

Solução semelhante é a de colocar aberturas nas coberturas (residências, fábricas, etc.), as quais além de ocasionarem substancial acréscimo da ventilação natural, arrastam, pela formação de uma camada de ar móvel entre o forro e o telhado, o calor de insolação (no verão) que, incidindo sobre as telhas, aquece o forro (Fig. 6-5).

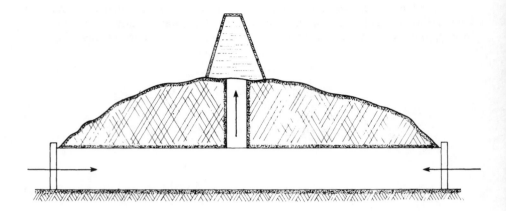

Figura 6-4

Tabela 6-4

Diferença de temperatura	H (m)	Δ (kgf/m³)	Δp (mm H$_2$O)
3	2	0,011273	0,02255
	4	0,011273	0,04509
	10	0,011273	0,11273
	20	0,011273	0,22545
	30	0,011273	0,33818
	40	0,011273	0,45092
	50	0,011273	0,56364
6	2	0,02233	0,04466
	4	0,02233	0,08931
	10	0,02233	0,22328
	20	0,02233	0,44656
	30	0,02233	0,66984
	40	0,02233	0,89312
	50	0,02233	1,11640
10	2	0,036741	0,07348
	4	0,036741	0,14696
	10	0,036741	0,36741
	20	0,036741	0,73482
	30	0,036741	1,10223
	40	0,036741	1,46964
	50	0,036741	1,83705

Ventilação

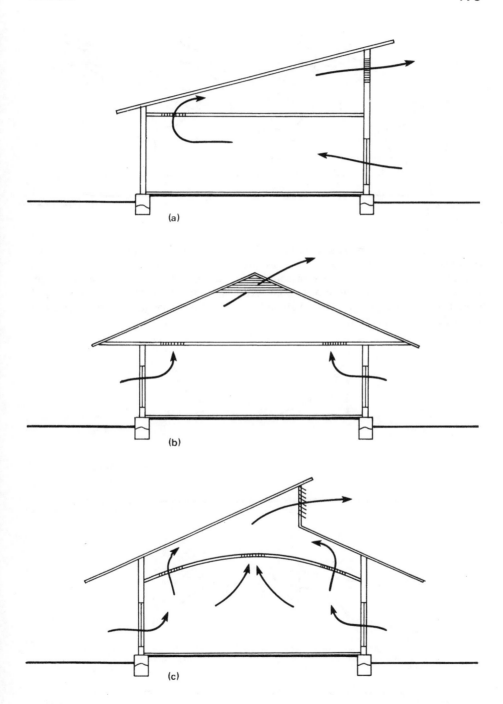

Figura 6-5

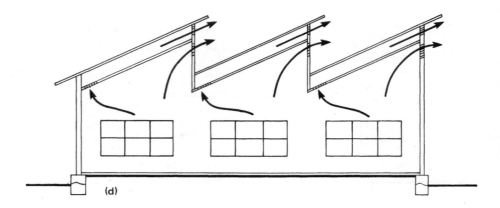

(d)

No caso de grandes ambientes — fundição, casas de máquinas, etc. —, onde o aquecimento preponderante é o do próprio recinto (a insolação é pequena), o forro pode ser dispensado e, a solução é a de disposição em Shede, a de lanternim simples, a de lanternim com proteção fixa ou mesmo com regulagem (Fig. 6-6). Essa regulagem eventualmente pode ser feita nas janelas inferiores, por meio de venezianas móveis.

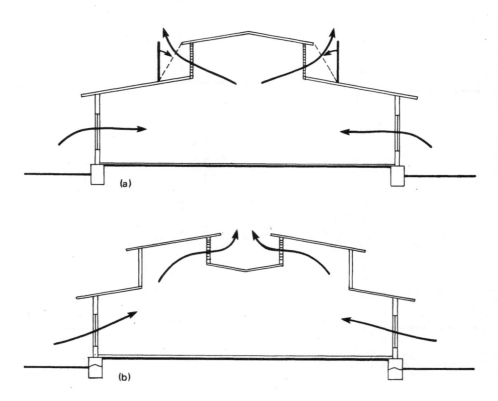

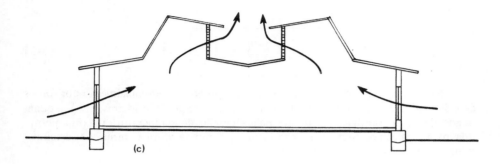

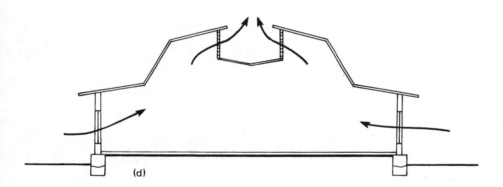

Figura 6-6

O cálculo da ventilação natural por diferenças de temperatura consiste em identificar a pressão disponível devida ao termossifão [Eq. (6-3)],

$$\Delta p = H\gamma_0 t_0 \frac{t_2 - t_1}{t_2 \cdot t_1}, \qquad (6\text{-}3)$$

com as perdas de carga que se verificam no deslocamento do ar quente, perdas essas constituídas normalmente pelas aberturas de passagem do ar (janelas, venezianas, lanternins, etc.):

$$J = \Sigma \lambda_1 \frac{c^2}{2g} \gamma_2, \qquad (6\text{-}4)$$

isto é,

$$c = \sqrt{\frac{2gH(T_2 - T_1)}{\Sigma\lambda_1 \cdot T_1}} \quad . \tag{6-5}$$

No caso em que o aquecimento do ar é provocado essencialmente por fontes de calor situadas no próprio ambiente (fundições, casas de caldeiras, etc.), a quantidade de ar de ventilação é fixada pela elevação de temperatura máxima permitida para o mesmo. Assim, chamando de t_1 a temperatura externa e t_2 a temperatura máxima admitida para o recinto, podemos escrever

$$Q = V \gamma C_p (T_2 - T_1).$$

E, como

$$V = 3\,600c \cdot \Omega,$$

podemos achar uma nova expressão para a velocidade de deslocamento do ar nas aberturas (causa das perdas de carga):

$$c = \frac{V}{3\,600\,\Omega} = \frac{Q}{3\,600\,\Omega\,\gamma C_p (T_2 - T_1)} \quad ; \tag{6-6}$$

a qual, juntamente com a expressão (6-5), nos permite calcular

$$\Omega = \sqrt{\frac{Q}{\sqrt{H(T_2 - T_1)^3}}} \sqrt{\frac{\Sigma\lambda_1 \cdot T_1}{3\,600^2 \cdot 2g\,\gamma_2 C_p^2}} \tag{6-7}$$

ou mesmo verificar, para instalações já projetadas (Q, H, Ω, $\Sigma\lambda_1$), qual a elevação da temperatura que resultará para o ambiente:

$$T_2 - T_1 = \sqrt[3]{\frac{\Sigma\lambda_1 \cdot T_1}{3\,600^2 \cdot 2g\,\gamma^2 C_p^2}} \sqrt[3]{\frac{Q^2}{H\Omega^2}} \quad . \tag{6-8}$$

EXEMPLO

6-2. Dimensionar as aberturas de ventilação (inferiores e superiores) de uma aciaria (Aços Finos Piratini S.A.) sabendo que:

Recinto A = 163 m;
Recinto B = 107 m;
H_{med} = 26 m;
V_r = 453 500 m³;
Q = 12 000 000 kcal/h;
Δt = $T_2 - T_1$ = 8 °C.

A solução adotada foi a de aberturas inferiores tipo veneziana reguláveis (λ_1 = 1,5) e aberturas superiores fixas (λ_1 = 1,5) de mesma área, dispostas em um grande lanternim

Ventilação 183

central, lançado ao longo de todo o comprimento da aciaria. O desnível, medido centro a centro dessas aberturas, foi de 28,6 m. Nessas condições, podemos calcular, para $t_1 = 32\,°C$:

$$\gamma = 1{,}16 \text{ kgf/m}^3;$$

$$\Delta p = H\,\gamma_0 t_0 \,\frac{T_2 - T_1}{T_2 \cdot T_1};$$

$$\Delta p = 28{,}6 \cdot 1{,}293 \cdot 273 \,\frac{8}{313 \cdot 305} = 0{,}846 \text{ kgf/m}^2;$$

$$c = \sqrt{\frac{2gH}{\Sigma \lambda_1 T_1}}\,(T_2 - T_1) = \sqrt{\frac{2g \cdot 28{,}6 \cdot 8}{3 \cdot 305}} = 2{,}215 \text{ m/s};$$

$$V = \frac{Q}{\gamma\,C_p \Delta t} = \frac{12\,000\,000}{1{,}16 \cdot 0{,}24 \cdot 8} = 5\,387\,931 \text{ m}^3/\text{h}$$

(o que corresponde a um índice de renovação de ar $n = V/V_r = 11{,}88$);

$$\Omega = \frac{V}{3\,600 \cdot C} = \frac{Q}{H(T_2 - T_1)^3}\sqrt{\frac{\Sigma \lambda_1 \cdot T_1}{3\,600^2 \cdot 2g\,\gamma^2 C_p^2}};$$

$$\Omega = 0{,}003935\,\frac{Q}{\Delta t^{3/2}}\sqrt{\frac{\Sigma \lambda_1}{H}}.$$

Ou, ainda, como verificação,

$$\Delta t = T_2 - T_1 = \sqrt[3]{\frac{\Sigma \lambda_1 \cdot T_1}{3\,600^2 \cdot 2g\,\gamma^2 C_p^2}} \cdot \sqrt[3]{\frac{Q^2}{H\Omega^2}},$$

$$\Delta t = 0{,}02492\,\sqrt[3]{\frac{\Sigma \lambda_1 \cdot Q^2}{H\Omega^2}},$$

$$\Delta t = 0{,}02492\,\sqrt[3]{\frac{3 \cdot 120\,000\,000^2}{28{,}6 \cdot 657{,}88^2}} = 8\,°C.$$

Quando se deseja eliminar o calor da insolação sobre as coberturas por meio da ventilação natural, é essencial proteger-se o ambiente por meio do forro, sobre o qual é canalizado o ar que se desloca pelo aquecimento e, ao mesmo tempo, arrasta calor para o exterior [Figs. 6-7(a), (b), (c) e (d)]. Nesse caso, devem ser previstas aberturas na parte baixa da cobertura para a entrada do ar e aberturas idênticas na parte alta para a saída do ar.

Caso o ambiente tenha grande concentração de pessoas ou outras fontes de calor que possam levá-lo a uma temperatura superior à do ambiente externo, é interessante fazer com que o ar de ventilação do forro passe pela zona habitada; caso contrário, não.

Em qualquer caso, entretanto, como orientação para o cálculo da quantidade de ar de ventilação, pode ser adotado um índice de renovação de ar relativo ao ambiente habitado. Assim, de acordo com a Fig. 6-8, e imaginando que o ambiente se mantenha a uma temperatura

$$t_r \cong t_e$$

e que o calor em jogo seja apenas o de insolação, as demais temperaturas em jogo podem ser obtidas a partir do balanço térmico entre as trocas de calor devidas à insolação sobre a cobertura,

$$Q_1 = K_1(t_e + \Delta t_i - t_m) \text{ kcal/m}^2 \cdot \text{h},$$

e as devidas à ventilação e à penetração através do forro,
$$Q_2 = V\gamma C_p(t_s - t_e) \text{ kcal/m}^2 \cdot \text{h},$$
$$Q_3 = K_3(t_m - t_e) \text{ kçal/m}^2 \cdot \text{h},$$
onde:

Δt_i = diferença de temperatura adicional criada pela insolação;

$t_m = \dfrac{t_e + t_s}{2}$;

$R_{t_1} = \dfrac{1}{K_1} = \dfrac{t - t_m}{Q_1} = \dfrac{l_{\text{telha}}}{k_{\text{telha}}} + \dfrac{1}{\alpha_i} + \dfrac{1}{\alpha_e}$;

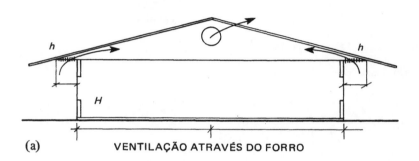

(a) VENTILAÇÃO ATRAVÉS DO FORRO

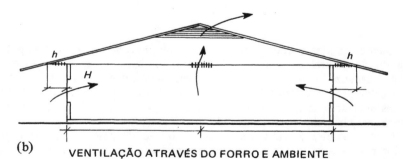

(b) VENTILAÇÃO ATRAVÉS DO FORRO E AMBIENTE

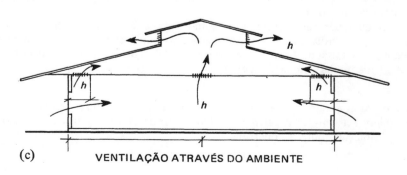

(c) VENTILAÇÃO ATRAVÉS DO AMBIENTE

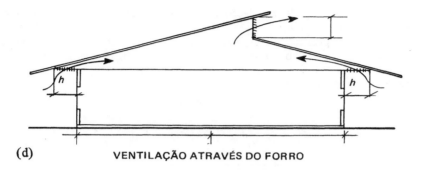

(d) VENTILAÇÃO ATRAVÉS DO FORRO

Figura 6-7

$$R_{t_3} = \frac{1}{K_3} = \frac{t_m - t_e}{Q_3} = \frac{1}{\alpha_i} + \frac{l_{\text{forro}}}{K_{\text{forro}}} + \frac{1}{\alpha_i};$$

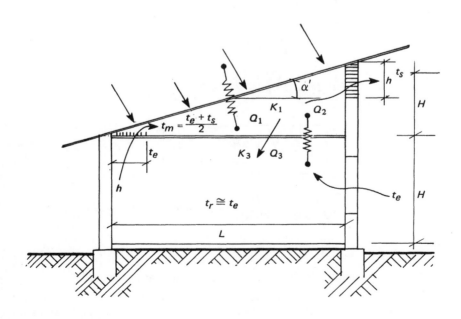

Figura 6-8

V = vazão do ar de ventilação por metro quadrado de superfície, a qual vale nH m³/h · m²;
γ = peso específico do ar, nas condições de escoamento ($\sim 1{,}2$ kgf/m³);
C_p = calor específico do ar à pressão constante (0,24 kcal/kgf °C);

De modo que podemos calcular:

$$Q_1 = Q_2 + Q_3,$$

$$K_1(t_e + \Delta t_i - t_m) = V\gamma C_p(t_s - t_e) + K_3\left(\frac{t_s + t_e}{2} - t_e\right),$$

$$\boxed{t_s = \frac{K_1 \cdot \Delta t_i}{\frac{K_1}{2} + \frac{K_3}{2} + V\gamma C_p} + t_e},$$

$$t_m = \frac{t_s + t_e}{2}.$$

Entretanto, para garantir a movimentação do ar arbitrado, devemos projetar aberturas adequadas, as quais devem verificar as seguintes equações:

$$\Delta p = \Delta H(\gamma_e - \gamma_m) = \Delta H \gamma_0 \left(\frac{T_0}{T_e} - \frac{T_0}{T_m}\right);$$

$$\gamma_e = \gamma_0 \frac{T_0}{T_e}; \quad \gamma_m = \gamma_0 \frac{T_0}{T_m};$$

$$J = \Delta p = \Sigma \lambda_1 \frac{c^2}{2g} \gamma_m = \Sigma \lambda_1 \frac{c^2}{2g} \gamma_0 \frac{T_0}{T_m};$$

$$\boxed{c = \sqrt{\frac{2g \, \Delta H (T_m - T_e)}{\Sigma \lambda_1 \cdot T_e}}};$$

$$\Omega = h = \frac{VL}{3\,600c} = \frac{nHL}{3\,600c} \text{ m²/m linear de habitação,}$$

onde:

$\Delta H = L \operatorname{tg} \alpha'$
$\Sigma \lambda_1$ = coeficientes de atrito das venezianas de entrada e saída do ar.

Com base nas equações anteriores, podemos elaborar tabelas que nos permitam a solução rápida do problema de dimensionamento das aberturas para a ventilação natural das coberturas, visando a uma adequada proteção contra a insolação (Tab. 6-5). Adotaremos para isso os seguintes valores:

Tabela 6-5

α'	L (m)	ΔH (m)	V (m³/h·m²)	t_s (°C)	t_m (°C)	$\left(\dfrac{Q_3}{\text{m}^2\cdot\text{h}}\,\text{kcal}\right)$	c (m/s)	$\left(\dfrac{h}{\text{m lin. de hab.}}\,\text{m}^2\right)$
5°	2	0,175	25	43,02	37,51	12,51	0,125	0,111
	3	0,263	25	43,02	37,51	12,51	0,153	0,136
	4	0,350	25	43,02	37,51	12,51	0,176	0,158
	5	0,438	25	43,02	37,51	12,51	0,197	0,176
	6	0,525	25	43,02	37,51	12,51	0,216	0,193
	7	0,612	25	43,02	37,51	12,51	0,233	0,208
	8	0,700	25	43,02	37,51	12,51	0,249	0,223
	9	0,787	25	43,02	37,51	12,51	0,264	0,236
	10	0,875	25	43,02	37,51	12,51	0,279	0,249
	15	1,312	25	43,02	37,51	12,51	0,341	0,305
	20	1,750	25	43,02	37,51	12,51	0,394	0,352
10°	2	0,353	25	43,02	37,51	12,51	0,177	0,078
	3	0,529	25	43,02	37,51	12,51	0,217	0,096
	4	0,705	25	43,02	37,51	12,51	0,250	0,111
	5	0,882	25	43,02	37,51	12,51	0,280	0,124
	6	1,058	25	43,02	37,51	12,51	0,307	0,136
	7	1,234	25	43,02	37,51	12,51	0,331	0,147
	8	1,411	25	43,02	37,51	12,51	0,354	0,157
	9	1,587	25	43,02	37,51	12,51	0,375	0,166
	10	1,763	25	43,02	37,51	12,51	0,396	0,175
	15	2,645	25	43,02	37,51	12,51	0,485	0,215
	20	3,527	25	43,02	37,51	12,51	0,560	0,248
15°	2	0,536	25	43,02	37,51	12,51	0,218	0,064
	3	0,804	25	43,02	37,51	12,51	0,267	0,078
	4	1,072	25	43,02	37,51	12,51	0,309	0,090
	5	1,340	25	43,02	37,51	12,51	0,345	0,101
	6	1,608	25	43,02	37,51	12,51	0,378	0,110
	7	1,876	25	43,02	37,51	12,51	0,408	0,119
	8	2,144	25	43,02	37,51	12,51	0,436	0,127
	9	2,412	25	43,02	37,51	12,51	0,463	0,135
	10	2,679	25	43,02	37,51	12,51	0,488	0,142
	15	4,019	25	43,02	37,51	12,51	0,597	0,174
	20	5,359	25	43,02	37,51	12,51	0,690	0,201
20°	2	0,728	25	43,02	37,51	12,51	0,254	0,055
	3	1,092	25	43,02	37,51	12,51	0,311	0,067
	4	1,456	25	43,02	37,51	12,51	0,360	0,077
	5	1,820	25	43,02	37,51	12,51	0,402	0,086
	6	2,184	25	43,02	37,51	12,51	0,440	0,095
	7	2,548	25	43,02	37,51	12,51	0,476	0,102
	8	2,912	25	43,02	37,51	12,51	0,509	0,109
	9	3,276	25	43,02	37,51	12,51	0,539	0,116
	10	3,640	25	43,02	37,51	12,51	0,569	0,122
	15	5,460	25	43,02	37,51	12,51	0,696	0,150
	20	7,279	25	43,02	37,51	12,51	0,804	0,173

$n = 10$;
$\alpha' = 5°, 10°, 15°$ e $20°$;
$H = 2,5$ m;
$L = 2, 3, 4, 5, 6, 7, 8, 9, 10, 15, 20$;
$t_e = 32\,°C$ (média das máximas temperaturas de verão do exterior, à sombra);
$\Delta t_i = 30\,°C$ (máxima diferença de temperatura hipotética adicional, em coberturas de Eternit enegrecidas pelo tempo, devido à insolação em relação à temperatura do exterior, à sombra);

$l_{\text{telha}} = 6$ mm;
$k_{\text{telha}} = 0,35\,\dfrac{\text{kcal}}{\text{m} \cdot \text{h} \cdot °C}$ (cimento-amianto);
$l_{\text{forro}} = 6$ mm;
$k_{\text{forro}} = 0,15\,\dfrac{\text{kcal}}{\text{m} \cdot \text{h} \cdot °C}$ (Duratex);
$\alpha_i = 5\,\dfrac{\text{kcal}}{\text{m}^2 \cdot \text{h} \cdot °C}$ (coeficiente de transmissão de calor de cima para baixo, entre superfícies horizontais e o ar praticamente em repouso);
$\Sigma\lambda_1 = 4$ (coeficiente de atrito correspondente a duas aberturas para a passagem do ar vedadas apenas com tela de malha grossa);

donde as fórmulas já simplificadas:

$\Delta H = \text{tg}\,\alpha' \cdot L = (0,0875;\ 0,176;\ 0,268;\ 0,364)L$;

$V = nH = 10 \cdot 2,5 = 25\ \text{m}^3/\text{h} \cdot \text{m}^2$ de habitação;

$R_{t_1} = \dfrac{1}{\alpha_e} + \dfrac{l_{\text{telha}}}{k_{\text{telha}}} + \dfrac{1}{\alpha_i} = \dfrac{1}{20} + \dfrac{0,006}{0,35} + \dfrac{1}{5} = 0,267\,\dfrac{\text{m}^2 \cdot \text{h} \cdot °C}{\text{kcal}}$;

$K_1 = 3,75$ kcal/m² · h · °C;

$R_{t_3} = \dfrac{1}{\alpha_i} + \dfrac{l_{\text{forro}}}{k_{\text{forro}}} + \dfrac{1}{\alpha_i} = \dfrac{1}{5} + \dfrac{0,006}{0,15} + \dfrac{1}{5} = 0,44\,\dfrac{\text{m}^2 \cdot \text{h} \cdot °C}{\text{kcal}}$;

$K_3 = \dfrac{1}{R_{t_3}} = 2,27$ kcal/m² · h · °C;

$\dfrac{K_1 + K_3}{2} + V\gamma C_p = \dfrac{3,75 + 2,27}{2} + 25 \cdot 1,2 - 0,24 = 10,21$;

$t_s = \dfrac{30 \cdot 3,75}{10,21} + 32 = 43,02\,°C$;

$t_m = \dfrac{t_s + t_e}{2} = \dfrac{43,02 + 32}{2} = 37,51\,°C$;

$Q_3 = K_3(T_m - T_e) = 2,27 \cdot 5,51 = 12,51$ kcal/m² · h;

$C = \sqrt{\dfrac{2g\Delta H(T_m - T_e)}{\Sigma\lambda_1 \cdot T_e}} = \sqrt{\dfrac{19,612H \cdot 5,51}{4\,305}} = 0,298\sqrt{\Delta H}$;

$\Omega = h = \dfrac{VL}{3\,600c} = \dfrac{25L}{3\,600c} = \dfrac{L}{144c}$ m²/m linear de habitação.

Ventilação

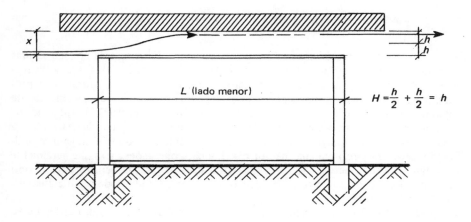

Figura 6-9

Caso diverso do anterior é o dos telhados planos (telhas tipo canal). Nesse caso, por segurança, imaginaremos um termossifão transversal (Fig. 6-9), de modo que podemos fazer

$$h = \frac{VL}{3\,600c} = \frac{25L}{3\,600 \cdot 0{,}298\sqrt{\Delta H}},$$

$$\boxed{x = 2h = 0{,}1632L^{2/3}}.$$

Donde a Tab. 6-6:

Tabela 6-6

L (m)	Mínimo	Máximo
2	0,163	0,259
3	0,214	0,340
4	0,259	0,411
5	0,301	0,477
6	0,340	0,539
7	0,376	0,597
8	0,411	0,653
9	0,445	0,706
10	0,477	0,758
15	0,625	0,993
20	0,758	1,203

6-4-2. Ventilação forçada

Quando a renovação do ar é proporcionada por diferenças de pressão criadas mecanicamente, a ventilação toma o nome de ventilação artificial, forçada ou mecânica. A ventilação artificial é adotada sempre que os meios naturais não proporcionam o índice de renovação de ar necessário, ou, ainda, como elemento de segurança nas condições de funcionamento precário da circulação natural do ar.

A ventilação mecânica, além de ser independente das condições atmosféricas, apresenta as vantagens de possibilitar o tratamento do ar (filtragem, umidificação, secagem, etc.) e a sua melhor distribuição, operações essas que geralmente acarretam elevadas perdas de carga na circulação do ar. De acordo com o tipo de contaminação do recinto, a ventilação mecânica adotada pode ser local exaustora ou geral diluidora.

Na ventilação local exaustora, o ar contaminado é capturado antes de se espalhar pelo recinto, verificando-se, pela retirada do mesmo, a entrada do ar exterior de ventilação.

Uma instalação de ventilação local exaustora é constituída normalmente de: captores (capelas, coifas, fendas, caixas de esmeril, bocas comuns etc.), que envolvem o elemento poluidor, extraindo o contaminante; separador ou coletor do material capturado (câmaras de decantação, ciclones, filtros de pano ou eletrostáticos, lavadores, combustores, etc.); elemento mecânico para a movimentação do ar, e as necessárias canalizações para a circulação do mesmo.

Trata-se, portanto, de ventilação altamente especializada, que só é adotada quando as fontes de contaminação são locais, como ocorre em ambientes industriais, onde existem cabinas de pintura ou de jato de areia, aparelhos de solda, forjas, fogões, tanques para tratamentos químicos, esmeris, máquinas para beneficiamento de madeira, transporte de materiais pulverulentos, misturadores, ensacadores, britadores, peneiras, silos etc. Tal estudo escapa ao âmbito de nosso curso. (Para maiores detalhes, consulte a Bibliografia.)

Na ventilação geral diluidora, o ar exterior de ventilação é misturado com o ar viciado do ambiente, conseguindo-se, com isso, uma diluição do contaminante até limites higienicamente admissíveis. É o tipo de ventilação normalmente adotado quando é impossível capturar o contaminante antes de o mesmo se espalhar pelo recinto, como ocorre nos ambientes onde a poluição se deve a pessoas que o ocupam ou a fontes esparsas (de calor ou contaminantes). A ventilação geral diluidora será feita por insuflamento se o ambiente for limpo (auditório, lojas etc.). Nesse caso, o ar exterior poderá ser filtrado e distribuído uniformemente no ambiente, mantendo-o a uma pressão superior à do exterior, o que evita a infiltração no mesmo de ar não-tratado.

Quando a contaminação do ambiente é elevada, torna-se preferível, às vezes, adotar o processo de aspiração (salas de máquinas, ambientes com pó, etc.). Nesse caso, embora o ambiente fique a uma pressão inferior à do exterior, permitindo infiltrações de ar não-tratado, a extração do contaminante é mais intensa e a quantidade de ar necessária para a diluição é menor.

Finalmente, quando se deseja extrair o contaminante principal (sala de fumantes) e, ao mesmo tempo, manter o ambiente estanque ao ar exterior e suprido com ar filtrado, adota-se o sistema misto de ventilação geral diluidora, com insuflamento e aspiração combinados.

Nos recintos habitados, a instalação de ventilação mais adotada é a ventilação geral diluidora por insuflamento, usando-se a aspiração parcial do ar ambiente (a fim de manter a sobrepressão da peça) só excepcionalmente, quando a concentração de fumos é elevada e localizada.

Os elementos das instalações de ventilação desse tipo estão representadas na Fig. 6-10. (*Observação*: as bocas de saída, no maior número de casos, são desempenhadas pelas frestas ou aberturas normais do ambiente, como portas e janelas.)

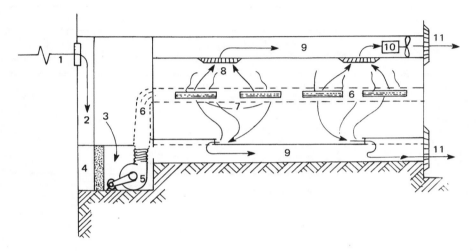

Figura 6-10. [1, tomada de ar exterior; 2, dutos de ar exterior; 3, local do tratamento do ar; 4, filtros; 5, ventilador de insuflamento com motor de acionamento; 6, dutos de insuflamento; 7, bocas de insuflamento; 8, bocas de saída; 9, dutos de saída; 10, ventilador de aspiração com motor de acionamento (só excepcionalmente); 11, descarga do ar]

Os cálculos referentes às instalações de ventilação mecânica consistem essencialmente no dimensionamento de seus elementos e na determinação das perdas de carga intervenientes, a fim de estabelecer-se a potência mecânica necessária ao motor de acionamento do ventilador.

O dimensionamento dos elementos por onde circula o ar é feito, normalmente, a partir de velocidades recomendadas, usando-se a expressão

$$\Omega = \frac{V}{3\,600c}, \qquad (6\text{-}9)$$

onde

Ω = seção, em m², a adotar para o elemento considerado;
V = vazão, em m³/h;
c = velocidade recomendada, em m/s.

A escolha das velocidades para os diversos elementos de uma instalação de ventilação baseia-se no custo da circulação do ar, nível de ruído e aspectos técnicos como arraste de poeiras, gotas, etc.

De acordo com a A.B.N.T. (NB-10), as velocidades recomendadas para as instalações de ventilação e condicionamento de ar são as da Tab. 6-7. Entretanto a escolha das velocidades a adotar nas ramificações das canalizações e bocas de insuflamento constituem técnica especial que exige estudo mais aprofundado. (Para maiores detalhes, consulte a Bibliografia.)

Tabela 6-7

Designação	Préferíveis (m/s)			Máximas (m/s)		
	Residências	Escolas, teatros e edifícios públicos	Edifícios industriais	Residências	Escolas, teatros e edifícios públicos	Edifícios industriais
Tomada de ar exterior	3.5	4.2	5.0	4.2	4.5	6.2
Filtros	1.3	1.5	1.8	1.8	1.8	1.8
Serpentinas	2.3	2.5	3.0	2.5	3.0	3.5
Lavadores de ar	2.5	2,5	2.5	2.5	2.5	2.5
Ventilador	5 a 8.3	6.7 a 10	8.3 a 12.5	8.7	10.8	14.2
Dutos principais	3.3 a 4.7	5 a 9,7	5.8 a 9.2	5	7.2	10.0
Ramais horizontais	3	3 a 4.5	4 a 5	3.5	5	6.2
Ramais verticais	2.5	3 a 3.5	4.2	3.3	4.7	5.0

Observação. As velocidades referem-se à área total e não à área livre.

Capítulo 7

AR CONDICIONADO

7-1. Definições e normas

As definições que seguem estão de acordo com a A.B.N.T. (NB-10).

7-1-1. Condicionamento de ar

Processo pelo qual são controlados, simultaneamente, a temperatura, a umidade, a movimentação e a pureza do ar em recintos fechados.

7-1-2. Ar condicionado

Ar resultante do processo de condicionamento.

7-1-3. Tratamento de ar

Processo pelo qual são controladas uma ou mais condições características do ar, sem assegurar o controle simultâneo da temperatura e da umidade.

7-1-4. Ar tratado

Ar resultante de um processo de tratamento.

7-1-5. Instalação de condicionamento de ar

Conjunto de máquinas, canalizações e partes complementares capaz de realizar o condicionamento de ar em um ou mais recintos.

O condicionamento de ar implica na prefixação dos valores representativos das condições a seguir indicadas, em função dos valores representativos do conjunto de condições locais, coexistentes no período de tempo em que se considera a aplicação do processo:

temperatura do termômetro seco;
temperatura do termômetro úmido, ou umidade relativa;
movimentação do ar;
grau de pureza do ar.

Quando o condicionamento de ar se destina ao conforto humano, os valores prefixados para a temperatura, umidade relativa e movimentação do ar devem determinar um ponto situado na zona de conforto estabelecida para o local.

7-1-6. Zona de conforto

Zona da carta psicrométrica que compreende pontos representativos da temperatura efetiva correspondentes a condições de sensação térmica julgada de conforto por um grupo de pessoas, de determinado local, submetidas a controle estatístico. Nas instalações destinadas ao conforto humano, deve-se atender às prescrições a seguir indicadas.

• A diferença entre as temperaturas simultâneas do termômetro seco, em dois pontos quaisquer do recinto condicionado, ao nível de 1,50 m, não deve ultrapassar a 2 °C.

• A velocidade do ar na zona de ocupação, isto é, no espaço compreendido entre o piso e o nível de 1,50 m, deve ficar compreendida entre 1,50 e 15,0 m/min. Excepcionalmente será permitido que se ultrapassem os limites acima fixados, como, por exemplo, na vizinhança das grelhas de retorno e de insuflamento que, por necessidade de construção, forem localizadas abaixo do nível de 1,50 m.

• No caso de resfriamento, a diferença entre a temperatura das correntes de ar no espaço freqüentado por pessoas e a temperatura média nesse espaço não deve ser superior aos seguintes valores:

1,5 °C para velocidades da corrente de ar menores que 12 m/min;
1,0 °C para velocidades da corrente de ar maiores que 12 m/min.

• O ar deve ser continuamente filtrado e renovado.

• Nos recintos condicionados, os níveis de ruído decorrentes das instalações de condicionamento de ar devem ser limitados de acordo com a finalidade de ocupação do recinto.

7-2. Noção de conforto térmico

7-2-1. Energia e vida

Os vegetais transformam a energia solar em energia química latente (fotossíntese), a qual é facilmente assimilada pelos organismos animais. A matéria viva animal (protoplasma) é, portanto, um reservatório de energia química latente, que, sob certas influências (excitantes), é libertada sob a forma de energia cinética (mecânica, calorífica ou mesmo elétrica e luminosa), verificando-se nesse processo a perfeita equivalência entre a energia química consumida e a soma das energias libertadas. Dessa forma, a vida vegetal e a vida animal se completam, estabelecendo-se entre a matéria viva e o mundo externo uma verdadeira circulação da energia solar, a qual é, assim, a responsável por toda atividade terrestre.

Seja qual for o modo pelo qual os organismos animais transformam a energia química dos alimentos, o que sabemos ao certo é que tudo se passa como se houvesse simplesmente a combustão das substâncias ingeridas e que o resultado final é a excreção dos produtos da oxidação e, no domínio energético, uma produção de trabalho e calor. Resulta daí que os organismos animais são verdadeiras fontes de calor, necessitando, para desenvolverem sua atividade vital, um desnível térmico em relação ao meio externo.

7-2-2. Metabolismo humano

Ao conjunto de transformações de matéria e energia que se relacionam com os processos vitais dá-se a designação geral de metabolismo.

A energia produzida pelo organismo humano na unidade de tempo, a qual pode ser avaliada facilmente em função do oxigênio consumido na respiração (1 kgf O_2 = 3 260 kcal), depende de diversos fatores:

natureza, constituição, raça, sexo, idade, peso, altura;
clima, habitação e vestuário;
saúde, nutrição e atividade.

A energia mínima consumida pelo organismo humano por metro quadrado de superfície do corpo, a qual é obtida quando o indivíduo está em jejum de 12 h, em repouso absoluto, deitado, normalmente vestido (sem agasalho), em ambiente a uma temperatura tal que não sinta frio nem calor, recebe o nome de metabolismo básico (ou basal).

O metabolismo básico corresponde às despesas do serviço fisiológico puro, ou despesas de fundo, e vale, em média, para o indivíduo adulto, 36 a 40 kcal/m² · h. Nessas condições, calculando-se a superfície do corpo humano por meio da fórmula prática de Dubois,

$$S_m^2 = 0,203 \, G_{kgf}^{0,4255} \cdot H_m^{0,7246}, \qquad (7\text{-}1)$$

podemos considerar, para um indivíduo normal, de 1,80 m de altura e 75 kgf de peso, que tem uma superfície de corpo de 1,98 m², um consumo de energia mínima de 70 a 80 kcal/h, ou seja, cerca de 1 kcal/h para cada kgf de peso.

O metabolismo humano varia

com a idade: é o dobro para uma criança de 5 anos, mantendo-se praticamente constante dos 20 aos 40 anos;
durante a digestão: sofre um acréscimo apreciável, dependendo da substância ingerida (é pequeno para os açúcares e gorduras, e elevado para as proteínas);
nos estados patológicos: de um modo geral, aumenta, o que constitui indicação clínica valiosa, para a medicina moderna;
em condições ambientes adversas, tanto de frio como de calor: aumenta, em vista da entrada em ação do mecanismo de regulação térmica;
com a atividade: aumenta com qualquer esforço físico, já que os fisiologistas são acordes em que o trabalho intelectual não influi praticamente sobre o consumo de energia.

Assim, a energia consumida pelo organismo humano aumenta, de acordo com a sua atividade, na seguinte proporção:

repouso absoluto,	100%;
durante a digestão,	120%;
trabalho leve, sentado,	130%;
trabalho de escritório,	140%;
trabalho de balcão,	160%;
dançando moderadamente,	260%;
trabalho pesado moderado,	300%;
trabalho pesado,	450%.

7-2-3. Regulação térmica

Como não só a atividade dos organismos animais (e, portanto, a sua troca de calor com o meio exterior), mas também as condições climáticas são altamente variáveis, é interessante analisar o mecanismo pelo qual os mesmos podem manter o seu equilíbrio energético praticamente independente, tanto de sua própria atividade como da temperatura exterior. Atendendo à adaptabilidade dos animais às condições do meio, os mesmos podem ser classificados conforme segue.

• Animais de temperatura variável (poiquilotermos), impropriamente chamados de animais de sangue frio (peixes, répteis, etc.), nos quais a temperatura do corpo excede muito pouco à do meio ambiente, e cujas alterações sofrem integralmente.

• Animais de temperatura constante (homeotermos), denominados impropriamente de animais de sangue quente (mamíferos, aves, etc.), nos quais a temperatura do corpo é bastante mais elevada do que a do meio ambiente e independe de suas variações.

É o que acontece com o organismo humano, no qual a temperatura do corpo, que é praticamente independente da raça, da idade, do clima e da própria atividade, é da ordem de 37 °C. Nessas condições, as trocas de calor efetuadas pelo corpo humano não podem ser feitas exclusivamente na forma de calor sensível, transferido ao meio através da condutividade externa (convecção, condutividade e radiação) e pelo aquecimento dos alimentos, bebidas e ar inspirado, que é uma função da diferença entre as temperaturas do corpo e do exterior,

$$Q_s = AS(t_c - t_c) \text{ kcal/h}, \qquad (7\text{-}2)$$

sendo A um coeficiente que depende da temperatura e da velocidade do ar, da natureza e cor da pele e do vestuário.

Para temperaturas compreendidas entre 18 a 30 °C, podemos tomar, com boa aproximação,

$$A = k(1 + 0{,}13c \text{ m/s}),$$

onde k, para pessoas de pele branca, normalmente vestidas, é da ordem de 2 a 3. Para pessoas agasalhadas, o coeficiente A independe praticamente da velocidade do ar, podendo ser o seu valor inferior a 1.

Na realidade, o organismo humano pode também liberar apreciáveis quantidades de calor, na forma latente, pelas funções de exalação (vapor de água expirado pelos pulmões), e exsudação (evaporação do suor na superfície do corpo).

Essa parcela de calor depende essencialmente da disponibilidade de água a evaporar (que é controlada pelo mecanismo de regulação térmica do organismo) e da possibilidade de evaporação, que é uma função da diferença entre as pressões de saturação da água (que está à temperatura do corpo) e a pressão real do vapor no ar:

$$Q_L = Br\,\xi S(p_s - p_v) \text{ kcal/h,} \qquad (7\text{-}3)$$

onde

B = um coeficiente de redução da possibilidade de evaporação, que varia, teoricamente, de 0 a 1 e depende do vestuário e do mecanismo de regulação térmica;

r = o calor latente de vaporização da água, que vale, aproximadamente, 0,6 kcal/g;

ξ = o coeficiente de evaporação, que depende da velocidade do ar,

$$\xi = 22,9 + 17,4c \text{ m/s;}$$

S = a superfície do corpo, em m²;

p_s = a pressão de saturação da água, à temperatura do corpo, que vale 47 mm Hg;

p_v = a pressão real do vapor d'água no ar.

Fica assim completamente esclarecido que a passagem do calor do corpo humano para o meio exterior não depende unicamente da temperatura do mesmo, mas também do seu grau higrométrico e velocidade de deslocamento do ar, fatores esses que só em conjunto podem caracterizar a verdadeira receptividade térmica do ambiente.

EXEMPLO

7-1. Calcular a quantidade de calor máxima que um indivíduo, normalmente vestido, com 1,8 m² de superfície corporal, pode trocar com o ar ambiente em repouso, nas seguintes condições:

t = 26,5 °C, ψ = 52%;

$Q_s = AS(t_c - t_e)$ = 3,0 · 1,8(37 − 26,5) = 56,5 kcal/h;

$Q_L = B\,\xi\,rS(p_v)$ = 1 · 0,6 · 22,9 · 1,8(47 − 14) = 816 kcal/h;

Q_T = 56,5 + 816 = 872,5 kcal/h;

de modo que um indivíduo, em atividade moderada, que libera 166 kcal/h (veja a Tab. 7-1), aproveitaria, para seu metabolismo, apenas 12,5% da possibilidade de evaporação apresentada pelo meio (B = 0,125). Igualmente, poderíamos concluir que:

as trocas de calor que o organismo humano pode efetuar com um ambiente a 37 °C e ψ = 100% são nulas, o que nos permite afirmar que tais condições são impróprias para a vida;

as trocas máximas de calor que o organismo humano pode efetuar com o ar em repouso a 70 °C e ψ = 10% são

Q_s = 3 · 1,8 · (37 − 70) = −178 kcal/h,

Q_L = 1 · 22,9 · 0,6 1,8(47 − 30) = 422 kcal/h,

Q_T = 422 − 178 = 244 kcal/h;

de modo que o ambiente em consideração possibilitaria a vida humana, mesmo com atividade apreciável.

Do exposto, pode-se concluir que, quanto mais elevada for a temperatura exterior, maior será a parcela de calor liberada na forma latente e maiores capacidades de evaporação do ambiente se tornam necessárias, a fim de que o equilíbrio homeotérmico possa ser atingido. As Normas Brasileiras NB-10 registram como parcelas de calor liberado por pessoa, em função da atividade e da temperatura ambiente, os valores médios que constam da Tab. 7-1.

Com base nas considerações anteriores, podemos mais facilmente compreender o mecanismo pelo qual, com as modificações naturais das condições ambientes e do metabolismo que influem sobre as suas trocas térmicas, consegue o organismo humano, automaticamente, por meio do sistema nervoso, muito sensível às influências exteriores, efetuar a sua regulação térmica. Na luta contra o frio, essa auto-regulação é obtida por dois processos, que chamaremos, respectivamente, de regulação termoquímica e regulação termofísica.

Tabela 7-1

Temperatura ambiente (°C)	Pessoa sentada ou em movimento lento (kcal/h)			Pessoa em exercício físico moderado (kcal/h)		
	Calor sensível	Calor latente	Calor total	Calor sensível	Calor latente	Calor total
29	45	55	100	38	128	166
28	50	50	100	45	121	166
27	55	45	100	52	114	166
26	58	42	100	58	108	166
25	62	38	100	64	102	166
24	66	34	100	72	94	166
23	69	31	100	77	89	166
22	72	28	100	82	84	166
21	75	25	100	88	78	166

- A primeira consiste na regulação da produção interna de calor, fenômeno no qual possivelmente o fígado desempenha importante papel. Assim, o organismo humano é capaz de acomodar automaticamente a produção interna de calor, mantendo a sua temperatura constante, independentemente da temperatura ambiente, entre os limites correspondentes ao metabolismo básico e a um metabolismo máximo involuntário, dito de ápice, que é cerca de quatro vezes superior ao básico. Essa regulação, que exige naturalmente grande consumo de alimentos (principalmente gordurosos), por si só já daria ao organismo uma extraordinária capacidade de luta contra o frio, a qual, mediante treinos metódicos, permite a sua adaptação a ambientes cuja temperatura é da ordem de -40 °C.

Sob esse aspecto, é interessante salientar que não é a quantidade de oxigênio oferecida aos tecidos que regula a sua produção de energia, mas sim as suas necessidades variáveis de atividade, comandadas voluntária ou involuntariamente pelo sistema nervoso.

* A segunda consiste na regulação da temperatura pela diminuição das perdas de calor, a qual é conseguida:

pela constrição vascular cutânea, que produz o resfriamento da pele restringindo as suas perdas de calor;

pela modificação da distribuição da água no sangue e nos tecidos, colocando-a nos órgãos internos e evitando assim sua evaporação;

pela redução da condutibilidade térmica da pele, possivelmente em vista de sua desidratação, a qual diminui à metade, quando a temperatura exterior passa de 30 a 5 °C.

Na luta contra o calor, a regulação térmica é apenas de natureza física, já que, ao elevar-se a temperatura acima da correspondente ao metabolismo básico, a produção interna de calor, em vez de diminuir, aumenta, o que se explica pela entrada em ação do sistema de regulação térmica, que também consome energia. Assim, para temperaturas ambientes elevadas, a transmissão de calor que tende a diminuir é compensada:

em pequena parte, pela redução da resistência térmica da pele, cuja circulação sangüínea se ativa;

em grande parte, pelo aparecimento do suor que, ao ser evaporado, arrasta grandes quantidades de calor.

7-2-4. Temperatura efetiva

Embora o equilíbrio homeotérmico possa ser obtido para várias condições de receptividade térmica do ambiente, nem sempre estas oferecem a mesma sensação de bem-estar ao organismo humano. As variáveis que influem sobre essa sensação de bem-estar são:

a atividade física;
as roupas;
a temperatura do ar;
a temperatura média radiante;
a velocidade do ar;
a pressão do vapor de água no ar.

É preferível usar uma "temperatura ambiental" em vez da temperatura do ar e da temperatura média radiante. Ela seria dada por

$$t_a = (1 - g)t_{ar} + g\, tr,$$

onde, em média $g = 0{,}46$ (para pessoas brancas normalmente vestidas).

Para caracterizar a sensação de bem-estar do ar, adota-se o conceito de temperatura efetiva.

A temperatura efetiva de um ambiente qualquer pode ser definida como sendo a temperatura de um recinto que, contendo ar praticamente em repouso (velocidades compreendidas entre 0,1 e 0,15 m/s) e completamente saturado de umidade, proporciona a mesma sensação de frio ou calor que o ambiente em consideração.

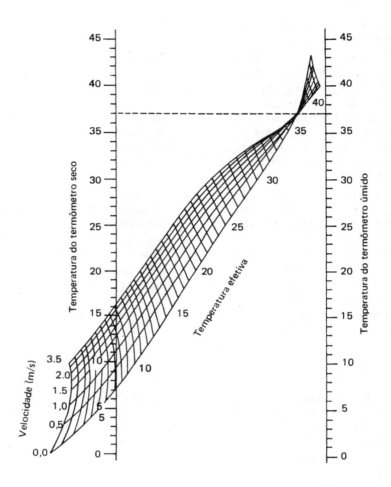

Figura 7-1

O gráfico da Fig. 7-1, determinado experimentalmente com o auxílio de grande número de pessoas, fornece as temperaturas efetivas correspondentes a diversas condições ambientes, caracterizadas pelas temperaturas t_s, t_u e deslocamento do ar, para pessoas normalmente vestidas e em repouso (ASHRAE).

A temperatura efetiva de máximo conforto está relacionada com as condições de despesa mínima de energia do organismo, a qual, conforme vimos, se verifica quando o mesmo não tem de lutar contra o frio ou o calor. Essas condições, ditas de neutralidade térmica, dependem dos mesmos fatores que influem sobre o metabolismo, de modo que, na realidade, não podemos falar de uma temperatura efetiva de máximo conforto, mas sim de uma zona de conforto. Assim, dá-se o nome de zona de conforto ao conjunto de condições distintas do ar, caracterizadas na carta psicrométrica, capaz de proporcionar sensações de bem-estar consideradas como ótimas para a maioria das pessoas. Tal zona, além de ter limites variáveis de pessoa para pessoa, fazendo sentido apenas como elemento estatístico, varia com o vestuário, atividade, clima, estação do ano, idade, sexo, etc.

A zona de conforto, determinada estatisticamente por vários experimentadores, para os EUA, tem como limites de temperaturas efetivas, o mínimo de 18,5 °C e o máximo de 24,5 °C, correspondendo os valores médios, para o conforto de inverno, a 20 °C e, para o conforto de verão, a 22 °C. Quanto à umidade, o grau higrométrico deve estar compreendido entre 40 e 60%, a fim de permitir uma boa regulação térmica no caso de variação de atividade orgânica.

Para a escolha da temperatura efetiva de conforto para o verão, deve-se, entretanto, levar em conta, ainda, o choque das pessoas ao entrarem nos recintos refrigerados, devido à rápida evaporação do suor acumulado nas roupas e na pele, devido ao calor e umidade exteriores. Assim, além de uma diferença de temperatura dos termômetros secos interior e exterior máxima aconselhável de 8 °C, deve ser julgada satisfatória, para pessoas que permanecem no recinto por espaço de tempo pequenos, uma temperatura efetiva superior à indicada como de máximo conforto, enquanto que, para pessoas que permanecem no recinto por espaços de tempo superiores a 40 min, a temperatura efetiva indicada deve estar situada na zona correspondente ao máximo conforto.

Para o Brasil, onde o metabolismo, de um modo geral, é inferior ao verificado nos EUA, a zona de conforto deve apresentar, para limite mínimo, uma temperatura efetiva superior, sendo indicado pelas Normas Brasileiras (NB-10) os valores constantes na Tab. 7-2.

Tabela 7-2. Condições internas de conforto para verão, de acordo com a temperatura externa

Temperatura externa — termômetro seco (°C)	Termômetro seco (°C)	Termômetro seco (°C)	Umidade relativa (%)
29	24,5	19,5	62
	25,0	19,0	56
	25,5	28,5	50
	26,0	18,0	44
32	25,0	20,5	66
	25,5	20,0	60
	26,0	19,5	54
	26,5	19,0	48
35	25,5	21,5	70
	26,0	21,0	64
	26,5	20,5	58
	27,0	20,0	52

Por volta de 1950, foram apresentadas correções levando em conta a temperatura radiante e a velocidade do ar. Recentemente, com equipamentos mais modernos, concluiu-se também por uma menor influência da umidade sobre o bem-estar, quando a temperatura ambiente já se encontra na zona de conforto.

Com base nessas considerações, estabelece-se um novo conceito de temperatura efetiva, o qual é definido por pessoas em atividade sedentária, normalmente vestidas, em ambiente a uma temperatura uniforme ($t_{ar} = t_{radiante}$) e umidade relativa de 50%, com ar deslocando-se a 0,15 m/s. (Para maiores detalhes, procure na bibliografia ASHRAE.)

Embora a temperatura efetiva não possa, em vista de sua natureza, ser medida diretamente, a confortabilidade de um ambiente, resultante das condições de temperatura, umidade e deslocamento do ar, pode ser verificada aproximadamente por meio de um dispositivo que tem o nome de catatermômetro. Este é constituído por um termômetro de álcool com grande depósito, de 1,80 cm de diâmetro por 4 cm de comprimento, ligado a um tubo capilar de 20 cm onde estão registradas as temperaturas de 35 a 38 °C. Na parte superior, um pequeno reservatório fechado permite o aquecimento do dispositivo a uma temperatura bastante superior a 38 °C, o que se faz colocando-o em banho-maria. Nessas condições, o tempo que leva o dispositivo a fim de que sua temperatura baixe de 38 °C para 35 °C será função da capacidade de transmissão de calor sensível do ambiente, a qual depende da temperatura e do deslocamento do ar do mesmo.

Adotando-se um "cata" com o reservatório superior coberto por uma gaze umedecida com água, o seu tempo de esfriamento em vista da evaporação será menor, dependendo agora não só da temperatura e movimento do ar, mas também de seu grau higrométrico. O produto do tempo assinalado por uma constante própria de cada aparelho recebe o nome de valor cata. Ambientes que apresentam valores cata iguais praticamente se caracterizam por um mesmo índice de conforto, de modo que podemos relacionar esses valores com as temperaturas efetivas dos mesmos.

7-3. Tratamento do ar

A fim de obter o ar condicionado, quer seja destinado ao conforto humano, quer seja destinado a outras finalidades, é necessário executar sobre o mesmo uma série de operações, que recebem o nome de operações de tratamento do ar, classificadas em:

purificação;
aquecimento;
umidificação;
refrigeração;
desumidificação;
mistura.

Todas essas operações, com exceção da purificação, que não envolve modificações das grandezas características do ar, podem ser analisadas com o auxílio da carta psicrométrica, onde são representadas por meio de linhas retas.

7-3-1. Purificação

A purificação do ar consiste na eliminação das partículas sólidas (poeiras, fumaças e fumos) e até mesmo líquidos (*mist*, *fog*), que o ar arrasta em suspensão. A purificação do ar é feita por meio dos seguintes dispositivos:

    câmaras de retenção de pó;
    filtros secos;
    filtros de carvão ativado;
    filtros úmidos;
    lavadores de ar;
    filtros eletrostáticos.

7-3-2. Aquecimento

O aquecimento do ar é obtido diretamente por meio de resistências elétricas e caloríferos (caldeiras de ar), ou indiretamente por meio de serpentinas de água quente, vapor ou mesmo fluido frigorígeno trabalhando em ciclo reverso.

7-3-3. Umidificação

A umidificação do ar consiste no aumento do seu conteúdo de umidade, que se consegue por meio de:

    injetores de vapor;
    recipientes com água, a qual é vaporizada por aquecimento;
    borrifadores de água quente ou mesmo água fria.

Quando o ar é posto em contato com a água a uma temperatura superior à temperatura de orvalho do ar, este sofre umidificação (veja a carta psicrométrica, onde a água é locada, em função de sua temperatura, sobre a linha de saturação). Essa umidificação pode ser com ganho de calor (se a temperatura da água for superior à TTU do ar), adiabática (se a temperatura da água for igual à TTU do ar), ou com perda de calor (se a temperatura da água for inferior à TTU do ar), conforme nos mostra a Fig. 7-2, embora a temperatura do ar possa diminuir. Na realidade, o ar tende para a temperatura da água e a água para a TTU do ar.

7-3-4. Refrigeração

Nas instalações de ar condicionado, a refrigeração pura do ar é obtida colocando-se o mesmo em contato com uma superfície fria, a uma temperatura igual ou superior à sua temperatura de orvalho, que pode ser:

    serpentina evaporadora de uma instalação de refrigeração (resfriador de expansão direta);

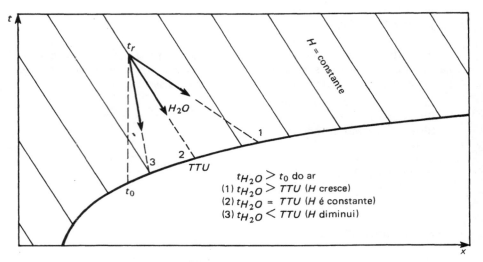

Figura 7-2

serpentina de água gelada (resfriador de expansão indireta);
borrifadores de água gelada;
serpentina resfriadora com borrifadores de água.

Adotando-se água, a temperatura da mesma deve ser igual à temperatura de orvalho do ar, para que não haja umidificação, conforme ficou esclarecido no item anterior.

7-3-5. Desumidificação

A desumidificação do ar consiste na redução de seu conteúdo de umidade (secagem). Essa operação é obtida por meio de refrigeração, por meios químicos e por adsorção.

A secagem do ar por meio de refrigeração se dá quando a temperatura da superfície fria (temperatura de orvalho do equipamento) é inferior à temperatura de orvalho do ar em tratamento (veja a Fig. 7-3). Naturalmente, a retirada de calor latente (umidade) em consideração é acompanhada de retirada de calor sensível.

A escolha adequada da temperatura de orvalho da instalação (t_o) permite-nos preparar um ar que retire do ambiente condicionado as quantidades de calor sensível e latente necessárias para mantê-lo nas condições de conforto, quantidades essas que podem ser caracterizadas pelo chamado fator de calor latente:

$$FCL = \frac{Q_L}{Q_s + Q_L} = \frac{597\Delta x}{\Delta H}.$$

A determinação da temperatura de orvalho do equipamento, juntamente com a quantidade de ar a ser tratado, é um dos aspectos mais importantes do condicionamento do ar. A superfície fria em consideração pode ser qualquer uma das citadas no item anterior (refrigeração).

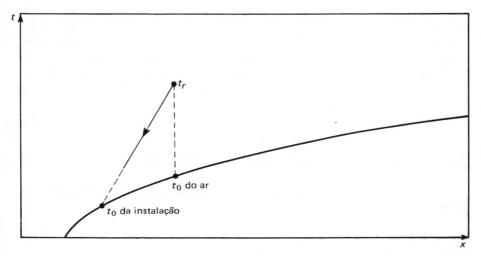

Figura 7–3

A secagem química consiste em fazer passar o ar em contato com substâncias higroscópicas como o $CaCl_2$, o Na, o H_2SO_4, etc.

A secagem por adsorção consiste na retenção da umidade por meio de substâncias porosas, como a sílica-gel, que pode ser reativada facilmente pela passagem de uma corrente de ar quente, depois de estar completamente saturada de umidade. A adsorção da umidade pela sílica-gel se dá com produção de calor, em parte correspondente à condensação da água e em parte devido ao próprio fenômeno.

7-3-6. Mistura

A mistura de duas parcelas de ar com condições físicas diversas é uma operação de tratamento do ar bastante usada para o condicionamento do mesmo.

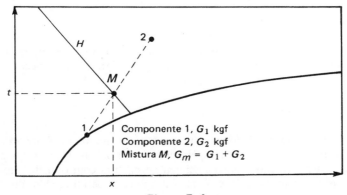

Figura 7–4

As características da mistura de duas parcelas de ar cujas condições são conhecidas podem ser determinadas com o auxílio da carta psicrométrica (Fig. 7-4). Com efeito, o ponto correspondente às condições da mistura fica situado sobre a reta que une os pontos característicos das duas parcelas, de tal forma a dividir o segmento 1—2 em partes inversamente proporcionais aos pesos dos respectivos componentes:

$$\frac{G_1}{2M} = \frac{G_2}{1M} = \frac{G_m}{12}.$$

7-4. Sistemas de condicionamento de ar

As instalações de condicionamento de ar podem ser classificadas conforme segue.

7-4-1. Quanto ao tratamento do ar

Simples aquecimento

É adotado no inverno quando o calor latente ambiente é elevado.

Simples refrigeração

É adotada no verão quando o calor ambiente é apenas sensível.

Simples desumidificação

É adotada quando o calor ambiente é principalmente latente.

Simples umidificação

É adotada quando se deseja baixar a temperatura do ar e ao mesmo tempo aumentar o seu conteúdo de umidade (saturação adiabática do ar).

Aquecimento com umidificação

É o processo de condicionamento mais usado no inverno, quando o ar, ao ser aquecido, baixa excessivamente seu grau higrométrico, necessitando ser umidificado.

Refrigeração com desumidificação

É o processo de condicionamento mais usado no verão. Quando a desumidificação é elevada, o ar atinge temperaturas muito baixas. Nesse caso, o ar refrigerado deve sofrer um tratamento adicional de mistura com o ar de retorno, para depois ser insuflado na peça (Fig. 7-5). Tal operação permite, além disso, a regulação da temperatura independentemente da regulação da umidade.

Ar condicionado

Refrigeração com desumidificação e reaquecimento

Adotada quando a desumidificação é tão elevada em relação à retirada de calor sensível (fatores de calor latente superiores a 40%, como ocorre em salões de baile, boates, etc., ou no outono e na primavera) que a desumidificação por meio de refrigeração torna-se antieconômica (temperatura de evaporação muito baixa), ou até mesmo impossível (veja a carta psicrométrica). O reaquecimento, no caso, funciona como um aumento do calor sensível ambiente, o qual reduz o fator de calor latente do mesmo.

Condicionamento completo (inverno-verão ou todo ano)

Permite o tratamento do ar para o conforto, a partir de qualquer condição, devendo, portanto, possibilitar todos os tipos de tratamento de ar analisados anteriormente. Tal instalação, portanto, constará dos seguintes elementos (Fig. 7-5):

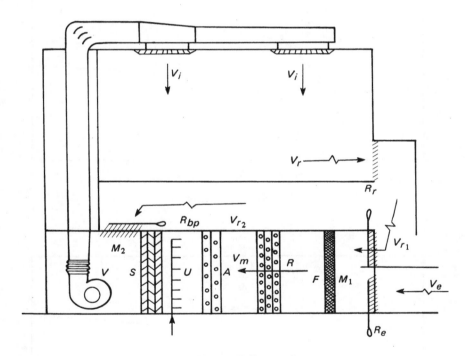

Figura 7-5

seção de mistura de ar de retorno com o ar exterior (M_1);
filtro (F);
serpentina de refrigeração ou borrifadores de água gelada (R);
serpentina de aquecimento (A);
umidificadores (U);
separadores de gotas (S);

seção de mistura do ar tratado com o ar de retorno de *by pass* (*by pass* do ar de retorno) (M_2);
ventilador (V).

Nas cartas psicrométricas das Figs. 7-6, 7-7 e 7-8 estão registrados os tratamentos necessários para situações expostas a seguir:

inverno — mistura do ar de retorno com o ar exterior (1); filtragem; aquecimento (2); umidificação (3);

outono ou primavera — mistura do ar de retorno com o ar exterior (1); filtragem; refrigeração com desumidificação (2); reaquecimento (3);

verão — mistura do ar de retorno com o ar exterior (1); filtragem; refrigeração com desumidificação (2); mistura do ar refrigerado com o ar de *by pass* de retorno (3).

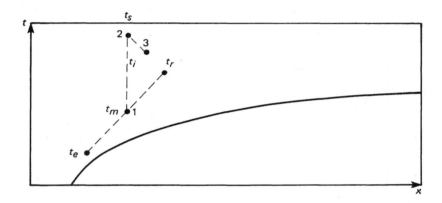

Figura 7-6. Inverno

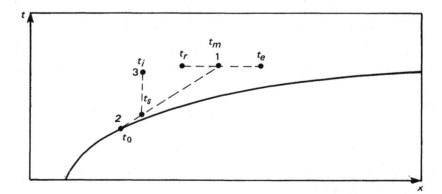

Figura 7-7. Outono ou primavera

Ar condicionado

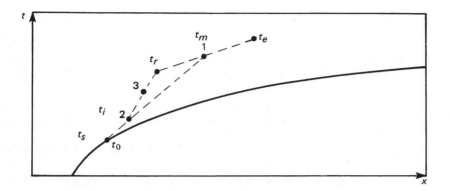

Figura 7-8. Verão

7-4-2. Quanto à localização do equipamento

Local (aparelhos de janela)

Indicada para pequenos ambientes onde a distribuição do ar tratado pode ser feita por insuflamento e retorno diretamente com o aparelho. Como adotam condensação a ar, podem, portanto, proporcionar o aquecimento de inverno por meio de reversão do ciclo de refrigeração.

Pequenas centrais (unidades compactas, tipo *selfcontained* ou *package*)

São pequenas unidades, dispostas em caixa horizontal ou armário vertical, cujas capacidades variam normalmente de 3 a 15 T.R., que funcionam com condensação a ar ou a água. Dispõem, em seu interior, de todo o equipamento necessário para o condicionamento de ar de inverno e verão. O aquecimento é direto, por meio de resistências elétricas, caloríferos, ou indireto, por meio de reversão de ciclo de refrigeração.

Quando com condensador a água, elas trabalham com água de rede em circuito aberto (consome cerca de 600 litros/h · T.R.) ou com um sistema de recuperação da água de condensação (torre de arrefecimento), que pode ser centralizada, atendendo a vários condicionadores (veja adiante, "instalações semicentrais").

Grandes centrais

São grandes instalações nas quais todo equipamento de ar condicionado localiza-se em sala de máquinas adequada. São indicadas para grandes ambientes como cinemas, teatros, salas de conferências, salões de baile, restaurantes etc., onde a distribuição do ar não exige dutos muito longos.

Semicentrais

São grandes instalações de ar condicionado nas quais, para facilitar a distribuição do ar, os condicionadores propriamente ditos são repartidos pelo prédio, centralizando-se na casa de máquinas apenas uma parte do equipamento como, por exemplo:

o sistema de recuperação da água de condensação (torre de arrefecimento);
o sistema de aquecimento (caldeira ou preparador de água quente), quando o aquecimento é indireto por meio de água quente;
o sistema de refrigeração (preparador de água gelada), quando a refrigeração é indireta (central frigorífica de água gelada).

Esse tipo de instalação é recomendado especialmente para grandes áreas coletivas (não em condomínio) como edifícios públicos, escritórios com vários andares (de uma mesma organização), grandes magazines, etc.

7-4-3. Quanto ao ar insuflado

Quando o prédio a ser condicionado é zoneado de forma tal que todos os ambientes atendidos por uma mesma instalação apresentam a mesma proporção entre o calor latente e o calor sensível a ser retirado (FCL), o ar é insuflado em todos os ambientes nas mesmas condições. Entretanto, quando os diversos ambientes atendidos por uma determinada instalação não apresentam o mesmo FCL, devido a condições externas (insolação) ou internas (ocupantes, iluminação, etc.), o ar em cada um deles deverá ser adaptado a suas condições particulares de carga térmica. Para atender a esse aspecto, as instalações de ar condicionado podem ser projetadas da maneira exposta a seguir.

Com insuflamento de ar único

Nesse caso, o ar é tratado na central, corrigindo-se a sua temperatura (t) e umidade (x) para, a seguir, ser insuflado em canalização única. A alteração de seu FCL em relação ao ambiente é feita por meio de reaquecedores instalados em cada recinto a condicionar (Fig. 7-9).

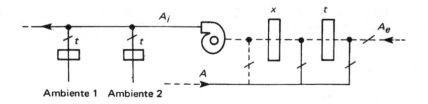

Figura 7-9

Com insuflamento de ar duplo

Nesse caso, o ar é tratado na central, corrigindo-se a sua temperatura (t) e umidade (x) para, a seguir, ser insuflado em duas canalizações, das quais uma é provida de reaquecedor. As condições de conforto dos diversos ambientes são obtidas por meio de tomadas de ar nas duas canalizações, na proporção exigida pelo *FCL* próprio de cada um deles (Fig. 7-10).

Com tratamento de ar primário

Consiste no tratamento da temperatura e umidade do ar de ventilação numa central de ar primário, que é então movimentado por ventilador próprio até os sistemas de distribuições secundários, que podem ser projetados com insuflamento de ar simples (que é lançado no ambiente parte aquecido e parte refrigerado) ou com insuflamento de ar duplo (um aquecido e outro refrigerado) (Fig. 7-11).

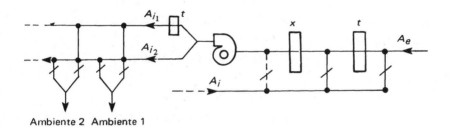

Figura 7-10

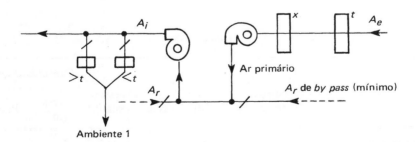

Figura 7-11

Realmente, como a retirada de calor sensível é efetuada a temperaturas bastante superiores às que se verificam na retirada do calor latente, justifica-se o uso econômico de duas temperaturas de refrigeração nas instalações suficientemente grandes. (Para maiores detalhes procure, a Bibliografia, *Conforto térmico*).

7-5. Dados práticos

Para caracterizar a capacidade das instalações de ar condicionado de verão, usa-se a sua capacidade frigorífica em toneladas de refrigeração (T.R.). Uma T.R. é a capacidade frigorífica necessária para produzir uma tonelada (907 kgf) de gelo a 0 °C, a partir da água a 0 °C, a cada 24 h (3 024 fg/h).

Como dados práticos de uma instalação de ar condicionado, podemos relacionar para cada T.R.:

potência consumida,	1,2 a 1,5 cv
área ocupada pelos equipamentos,	0,5 a 1 m²
dutos circulação do ar,	0,025 m²
custo inicial,	Cr$ 40 000,00 (1979)
custo de operação,	Cr$ 3,00/h (1979)

Por outro lado, observando que a carga térmica de refrigeração depende essencialmente de

$$P_f = f \text{ (superfície, pessoas, ração de ar)},$$

e considerando que, de acordo com o nosso clima (Porto Alegre):

para ventilação,

$$Q = V \gamma \Delta H \cong (66 V \text{ m}^3/\text{h}) \text{ kcal/h};$$

para as pessoas,

$Q_{\text{em repouso}} = 100$ kcal/h · pessoa

$Q_{\text{em atividade moderada}} = 166$ kcal/h · pessoa,

$Q_{\text{em atividade}} = 200$ kcal/h · pessoa,

podemos registrar, para ambientes de pé direito usual, sem insolação excessiva, os dados aproximados que constam da Tab. 7-3.

Tabela 7-3

Local	Área por pessoa (m²/pessoa)	Ração de ar (m³/h · pessoa)	P_f por pessoa (kcal/h)	Capacidade de 1 t_r Área (m²)	Pessoas
Residências	10	30	346	22	2,2
Escritórios	5	30	346	18	3,6
Repartições, bancos	2,5	20	286	14	5 a 7
Lojas	2,5	10	226	16	6 a 8
Restaurantes, boates	1,4	30	380	8	5 a 7
Salas de reuniões	1	30	346	6,5	6 a 7
Cinemas	0,7 a 0,8	13	172	7 a 10	10 a 13

Capítulo 8
CONDICIONAMENTO TÉRMICO NATURAL — ARQUITETURA ECOLÓGICA

8-1. Definição

8-1-1. Ecologia biológica

Estuda as relações que os organismos vivos mantêm com o meio natural em que vivem.

8-1-2. Ecologia humana

Estuda as relações que o homem mantém com o meio natural em que vive.

8-1-3. Equilíbrio ecológico

É o equilíbrio do tipo lábil que resulta da interação entre os organismos vivos e o meio, pelo qual constantemente se restabelece tudo aquilo que é consumido. Nesse processo contínuo de destruição e renovação é que se abrem as possibilidades para o aprimoramento, para a evolução.

8-1-4. Arquitetura ecológica

É a arte de construir habitações aproveitando, na luta contra o desconforto criado pelo meio, apenas os recursos imediatos propiciados pela própria natureza, sem alterar o equilíbrio ecológico da mesma.

8-2. Meio

O meio em que vivemos é constituído pela superfície da Terra, a qual está imersa na atmosfera, envolvente gasoso de nosso planeta. A atmosfera tem uma espessura da ordem de 500 km, embora o ar respirável, em virtude das variações de pressão e temperatura, seja apenas 2% dessa camada.

As condições climáticas do meio, além de variarem, ao longo das 24 horas do dia e ao longo do ano, variam com a latitude, altitude e outras características locais que definem o clima da região. A cada período de 24 horas, a temperatura do meio sofre variações mais ou menos intensas (dependendo da época do ano), a qual aumenta durante o dia (devido à insolação) e diminui durante a noite (devido às perdas de calor por irradiação para o resto do universo).

Maiores variações, entretanto, se verificam durante o ano (até 80 °C) devido à alteração da inclinação do eixo da Terra em relação ao Sol (a qual determina as estações do ano). Essas variações se superpõem, dando origem a uma variação periódica complexa, constituída de uma onda fundamental, praticamente senoidal, e uma hormônica, de freqüência bem mais elevada (365 vezes superior à fundamental) e de amplitude variável (Fig. 8-1).

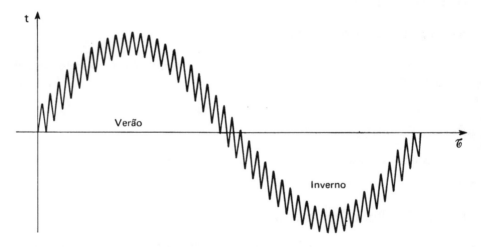

Figura 8-1

Na realidade, tais variações poderiam ser bem maiores, não fossem os recursos naturais que o nosso planeta dispõe para estabilizar a temperatura do meio. A estabilização da temperatura ambiente proporcionada pela natureza deve-se a vários fatores:

- à movimentação das águas;
- à movimentação do ar;
- à vegetação;
- à evaporação;
- às nuvens;
- à própria crosta terrestre.

8-2-1. Movimentação das águas

A movimentação das águas, sobretudo as correntes marítimas, representam papel importante na uniformização da temperatura em diversas regiões do globo.

8-2-2. Movimentação do ar

O mesmo acontece com as massas quentes de ar, cujo deslocamento natural se verifica no sentido de amenizar o aquecimento provocado pela insolação.

8-2-3. Vegetação

A vegetação, por sua vez, transformando a energia solar, pela fotossíntese, em energia química latente, em forma de compostos de carbono e hidrogênio, reduz a incidência da insolação (não há melhor sombra do que a de uma árvore) durante o dia, ao mesmo tempo que, pelo seu metabolismo, libera calor durante a noite.

8-2-4. Evaporação

A evaporação das águas, por sua vez, absorve quantidades enormes de calor durante os dias de Sol, calor que é devolvido, nas noites frias e dias sombrios, pela condensação (orvalho, chuva, geada, neve).

8-2-5. Nuvens

As nuvens servem de obstáculo às radiações tanto do Sol, durante o dia, como da Terra, durante a noite, reduzindo a insolação diurna e as perdas térmicas noturnas.

8-2-6. Crosta terrestre

Finalmente, a própria crosta terrestre, como corpo gris, absorvendo quantidades fabulosas de energia durante o dia e cedendo-as durante a noite, constitui-se no maior estabilizador natural da temperatura de nosso planeta.

Um exemplo marcante da importância de todos esses efeitos é o das zonas desérticas, onde, não havendo água, vegetação e a própria crosta terrestre sendo refletora, só resta praticamente o vento como regularizador da temperatura, a qual, é notório, varia brutalmente do dia para a noite.

8-3. Regiões climáticas

8-3-1. Temperatura e umidade

Para caracterizar o clima das diversas regiões do globo, este é dividido em zonas de climas mais ou menos idênticos, chamadas regiões climáticas. Assim, no Brasil, o Estado do Rio Grande do Sul está dividido em oito regiões climáticas, a saber: Campanha, Serra do Sudeste, Litoral, Depressão Central, Vale do Uruguai, Missões, Planalto e Serra do Nordeste. O clima de Porto Alegre, que fica na Depressão Central, está caracterizado na Tab. 8-1.

Tabela 8-1. O clima em Porto Alegre

Características	t (°C)	ψ (%)	g/kg de ar seco
Verão			
Máxima absoluta	40,7	(30%)	(15)
Média das máximas	29,5	(56%)	(15)
Média	23,7	(72%)	(14)
Média das mínimas	19,0	(87%)	(13)
Outono e primavera			
Média das máximas	24,2	(61%)	(12)
Média	19,2	(76%)	(11)
Média das mínimas	14,7	(90%)	(9,5)
Inverno			
Média das máximas	19,7	(67%)	(10)
Média	14,5	(80%)	(8,5)
Média das mínimas	10,2	(92%)	(7)
Mínima absoluta	-4,0	(97%)	(2,5)
Média anual	19,3	(74%)	(11)

Os gráficos que seguem mostram essas variações durante o dia típico de cada mês e durante o ano (Figs. 8-2 e 8-3).

Condicionamento térmico natural

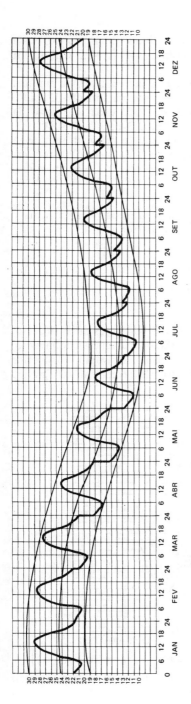

Figura 8-2. Variações de temperatura – dia típico mensal. [*Fonte*: Instituto Coussirat Araújo, Porto Alegre (últimos 12 anos)]

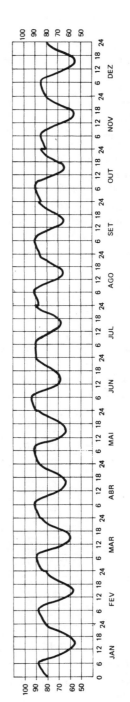

Figura 8-3. Variações de umidade – dia típico mensal. [*Fonte*: Instituto Coussirat Araújo, Porto Alegre (últimos 12 anos)]

8-3-2. Insolação

A quantidade de energia solar que chega aos limites exteriores de nossa atmosfera tem uma intensidade praticamente constante de 1 162,2 kcal/m² · h (veja a Sec. 3-4-4, "Calor de radiação solar").

Baseados nessa constante solar, podemos calcular a energia recebida em uma superfície qualquer situada ao nível do solo, para o caso de um céu límpido, em função da hora, da época do ano, da latitude do local e da inclinação da superfície em relação à horizontal e ao sul (veja as Tabs. 3-6, 3-7 e 3-8).

Na realidade, em virtude das nuvens, da poeira, etc., o céu nem sempre se apresenta límpido, donde a necessidade da definição de "céu médio". Este é caracterizado, normalmente, a partir do *fator de transparência* (F_t) da atmosfera, pelos conceitos de *claridade* e *insolação*:

claridade (*C*) é a parcela de céu límpido;

insolação (*I*) é a relação entre as horas de Sol verificadas durante o dia e as horas de Sol astronomicamente possível no mesmo período.

O fator de transparência no caso, nos é dado por

$$F_t = 1,93 \; \frac{CI}{C+I}.$$

A insolação média em Porto Alegre é de 2 200 a 2 500 horas durante o ano, o que corresponde a 50 a 57% do total possível (4 380 h). Nos meses de inverno, esse valor é inferior (~ 42%), enquanto que, nos meses de verão, é superior (~ 61%). Os valores médios de *C*, *I* e F_t para Porto Alegre constam do gráfico da Fig. 8-4.

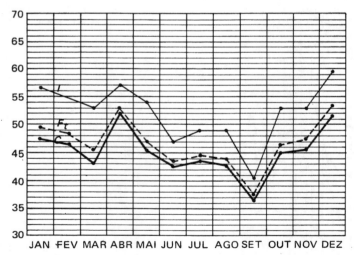

[*I*, insolação (—); F_t, fator de transparência atmosférica (- - - -); *C*, claridade (———)]

Figura 8–4. Fator de transparência atmosférica (céu médio de Porto Alegre). [*Fonte*: Coussirat Araújo]

Condicionamento térmico natural

O fator de transparência, multiplicado pelas radiações diretas correspondentes e com céu límpido, nos fornecem as radiações diretas que correspondem ao nosso céu médio. Ao longo do ano, o fator de transparência médio de céu de Porto Alegre é de 0,47.

Além das radiações diretas, atingem a superfície da Terra, radiações difusas, que por vezes assumem valores bastante elevados. Os céus claros ou muito carregados de nuvens apresentam uma radiação difusa pequena. A Tab. 8-2 nos fornece os valores das radiações diretas e difusas, recebidas por uma superfície horizontal, em Porto Alegre, para céus claros e médios, em função da época do ano.

Tabela 8-2. Radiações recebidas, em um dia, por um plano horizontal, em kcal/m^2 · dia (Porto Alegre)

Época		Céu claro			F_t	Céu médio		
		Direta	Difusa	Total		Direta	Difusa	Total
22/6		2 183	720	2 903	0,435	1 130	900	2 030
21/5 24/7	I	2 483	760	3 243	0,455	1 300	1 000	2 330
20/4 25/8		3 400	803	4 203	0,470	1 500	1 280	2 880
21/3 23/9	E	4 485	925	5 410	0,440	2 080	1 600	3 680
20/2 24/10		5 417	970	6 387	0,470	2 650	1 900	4 550
21/1 23/11	V	6 050	1 015	7 065	0,492	3 200	2 100	5 300
22/12		6 220	1 080	7 300	0,550	3 550	2 150	5 700

Em planos inclinados um ângulo S em relação à horizontal, a radiação direta nos seria dada pelos valores que constam das Tabs. 3-6, 3-7 e 3-8 multiplicados pelos seus correspondentes fatores de transparência (F_t), enquanto que a radiação difusa seria calculada multiplicando-se os valores dados na Tab. 8-2 pela parcela da abóboda celeste vista pelo painel, isto é,

$$\frac{180° - S}{180°}.$$

8-4. A habitação

A principal finalidade da habitação é a proteção do homem contra a agressão do meio, contra o desconforto ocasionado pela própria natureza com seus fenômenos metereológicos:

o granizo, a neve, a chuva, a neblina;
os ventos;
a insolação;
as variações diárias de temperatura;
as variações anuais de temperatura (calor de verão e frio de inverno).

Desses cinco itens, os três últimos dizem respeito diretamente ao conforto térmico e merecem uma análise especial. Efetivamente, a variação da temperatura interna (t_i) de uma habitação (Fig. 8-5) deve-se a inúmeros fatores, que comentamos a seguir.

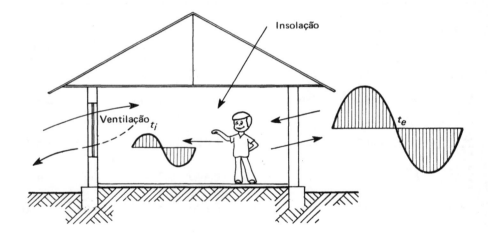

Figura 8-5

• A insolação durante o dia, que contribui com uma parcela substancial do calor que penetra na habitação, sobretudo através das superfícies transparentes e da cobertura.
• O calor interno, gerado por pessoas e equipamentos.
• As trocas térmicas por transmissão de calor, tanto de fora para dentro (de dia) como de dentro para fora (de noite), através das superfícies que limitam o ambiente habitado.
• As trocas térmicas de aquecimento (de dia) ou esfriamento (de noite) propiciadas pelo ar de ventilação.

Assim, tendo em vista que:

a) a insolação pode ser, ao menos teoricamente, totalmente eliminada no verão e integralmente aproveitada no inverno;

b) a temperatura do meio externo à sombra não é fixa, apresentando uma variação cíclica diária, ou mesmo anual, aproximadamente senoidal, cujo valor médio (no Brasil) é, na maior parte das vezes, compatível com as condições ditas de conforto (caso não houvesse insolação nem calor interno, uma habitação com boa inércia se manteria a uma temperatura igual à média diária, ou até mesmo anual da temperatura externa);

c) a crosta terrestre, em virtude de sua grande inércia térmica, mantém, a uma profundidade relativamente pequena (6 m), uma temperatura praticamente constante (±1 °C), que é, em média, de 22 °C (no Brasil) e, portanto, se constitui, por si só, em fonte de condicionamento natural, tanto para o inverno como para o verão;

podemos concluir que, na maior parte do Brasil, o condicionamento térmico das habitações por meios puramente naturais (ao menos no que diz respeito à temperatura) é perfeitamente possível.

No mínimo uma melhoria substancial do conforto térmico do interior das habitações pode ser obtida economicamente com o uso de técnicas construtivas simples, mas racionais, que visem ao aproveitamento das condições favoráveis da natureza para o condicionamento ambiental. Para isso, podemos adotar os seguintes recursos:

8-4-1. No verão

● Proteção contra a insolação.
● Amortecimento das variações de temperatura externa por meio de materiais de grande capacidade calorífica.
● Ventilação para eliminação do calor interno, adotando-se, para isso, ar tomado na face sombreada (sul em Porto Alegre), à sombra de árvores, ou mesmo ar refrigerado pelo solo (porões ou túneis).

Observação. É importante salientar que, do ponto de vista do conforto térmico, o simples isolamento da habitação sujeita a um condicionamento natural não resolve o problema, pois as condições favoráveis do meio externo que ocorre durante a noite não seriam aproveitadas e o calor do ar de ventilação durante o dia não seria bloqueado.

8-4-2. No inverno

● Aproveitamento máximo da insolação.
● Amortecimento das variações de temperatura externa por meio do uso de materiais de grande capacidade calorífica.
● Isolamento do exterior para proteger o calor interno e, ao mesmo tempo, reduzir ao máximo a condensação sobre a face interna das paredes externas.

8-5. Proteção contra a insolação

8-5-1. Generalidades

A principal causa do desconforto térmico das habitações no verão é a insolação. No caso de paredes, onde o efeito da insolação é normalmente bem menor, a proteção pode ser feita como segue:

pintando-as com cores claras;
sombreando-as por meio de vegetação ou pára-sóis;
isolando-as por meio de materiais isolantes colocados pelo lado de fora, a fim de não prejudicar a inércia térmica da habitação;
adotando paredes de grande capacidade calorífica, para aproveitar o fato de que a insolação é um fenômeno transitório.

As duas primeiras soluções são normalmente usadas, enquanto que, entre as duas últimas, para o caso de um condicionamento natural, é sempre preferível adotar-se a última, a qual, além de ser mais prática e fornecer o isolamento necessário, provoca o desejável amortecimento das variações de temperatura externa citada na Sec. 8-4 (veja também a Sec. 8-6, "Inércia").

A melhor proteção contra a insolação sobre as superfícies transparentes é o sombreamento destas por meio de vegetação ou uso de pára-sóis verticais no leste e no oeste, e horizontais no norte. Outras soluções, como o uso de cortinas, persianas internas, vidros pouco transparentes ou mesmo vidros reflexivos, são de pouca eficácia.

A proteção contra a insolação sobre as coberturas pode ser feita com o uso de:

forro;
telhas claras;
isolantes térmicos;
materiais de grande inércia térmica.

Dessas soluções, a mais econômica e permanente (se considerarmos níveis de eficiência elevados), como se depreende do estudo comparativo feito simplificadamente a seguir, é o uso de uma camada de ar móvel junto à cobertura, a qual se consegue com um forro adequadamente projetado.

8-5-2. Forro sem ventilação

Com base no conceito de diferença de temperatura hipotética adicional, dita de insolação, podemos equacionar o problema do calor de insolação através das coberturas, a partir da expressão da resistência térmica:

$$R_t = \frac{\Delta t + \Delta t_i}{Q} \frac{1}{k} = \sum \frac{1}{\alpha} + \sum \frac{l}{k} \quad \frac{m^2 \cdot h \cdot °C}{kcal}$$

onde:

α = coeficiente de transmissão de calor entre o ar e a superfície com a qual esse ar está em contato, cujos valores médios são, em $kcal/m^2 \cdot h \cdot °C$,

ar contra as paredes de habitações (internamente), 7
ar contra as paredes de habitações (externamente), 20
ar contra chapas horizontais (internamente, para cima), 9
ar contra chapas horizontais (internamente, para baixo), 5
ar contra chapas horizontais (externamente, para cima), 20-25
ar contra chapas horizontais (externamente, para baixo), 9-13;

l = espessura, em metros, dos elementos de separação;

k = coeficiente de condutividade do material adotado, o qual tem por valores médios (em kcal/m · h · °C)

cimento-amianto, 0,35
Duratex, 0,15
Eucatex isolante, 0,045
concreto armado, 1,2
poliestireno expandido, 0,03
espuma rígida de poliuretano, 0,025
lã-de-vidro, 0,045;

Δt = diferença entre as temperaturas do exterior à sombra (t_e) e do interior (t_i);

Δt_i = diferença de temperatura hipotética adicional devida à insolação.

De acordo com a Sec. 3-5-3 (Eq. 3-18),

$$t_i = \frac{aE}{\alpha_e},$$

sendo a o coeficiente de absorção da superfície, E a intensidade da radiação solar e α_e o coeficiente de transmissão de calor por condutividade externa entre a cobertura e o ar exterior.

Assim, considerando a insolação máxima em Porto Alegre (superfície perpendicular às radiações solares, em céu límpido, às 12 horas do dia 21 de dezembro) como sendo (veja a Tab. 3-6),

$$E_{max} = 870 \text{ kcal/m}^2 \cdot \text{h},$$

(onde 85% correspondem à radiação direta e 15% à radiação difusa), e α_e = = 20 kcal/m² · h · °C (caso mais desfavorável), podemos calcular os valores de Δt_i que constam da Tab. 8-3.

Tabela 8-3

Coberturas	a	Δt_i (°C)
Telhas de cimento-amianto enegrecidas pelo tempo	0,88	38
Telhas de cimento-amianto vermelhas	0,82	35
Telhas de cimento-amianto normais	0,70	30
Telhas de cimento-amianto pintadas de branco	0,50	22
Telhas de barro vermelhas	0,82	35

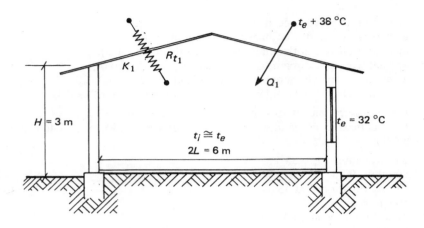

Figura 8-6

De modo que, para o caso de uma cobertura de cimento-amianto de 6 mm de espessura, enegrecida pelo tempo, podemos calcular (Fig. 8-6)

$$R_{t_1} = \frac{\Delta t + \Delta t_i}{Q_1} = \frac{1}{K_1} = \frac{l_{\text{telha}}}{k_{\text{telha}}} + \frac{1}{\alpha_i} + \frac{1}{\alpha_e},$$

$$R_{t_1} = \frac{0,006}{0,35} + \frac{1}{5} + \frac{1}{20} = 0,267 \frac{\text{m}^2 \cdot \text{h} \cdot {}^\circ\text{C}}{\text{kcal}},$$

$$K_1 = \frac{1}{R_{t_1}} = 3,75 \frac{\text{kcal}}{\text{m}^2 \cdot \text{h} \cdot {}^\circ\text{C}}.$$

E, igualmente, para o caso de adotar-se um forro, mesmo simples, de Duratex de 6 mm (Fig. 8-7),

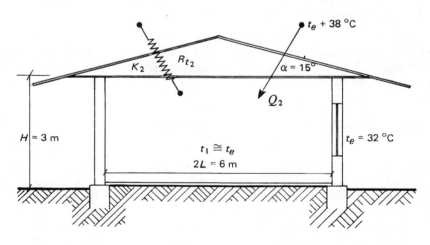

Figura 8-7

$$R_{t_2} = \frac{\Delta t + \Delta t_i}{Q_2} = \frac{1}{K_2} = \frac{l_{telha}}{k_{telha}} + \frac{1}{\alpha_i} + \frac{1}{\alpha_i} + \frac{l_{forro}}{k_{forro}} + \frac{1}{\alpha_i} + \frac{1}{\alpha_e},$$

$$R_{t_2} = \frac{1}{20} + \frac{0,006}{0,35} + \frac{1}{5} + \frac{1}{5} + \frac{0,006}{0,15} + \frac{1}{5} = 0,707 \ \frac{m^2 \cdot h \cdot °C}{kcal},$$

$$K_2 = \frac{1}{R_{t_2}} = 1,42 \ \frac{kcal}{m^2 \cdot h \cdot °C}.$$

Nessas condições, imaginando diferenças de temperaturas da ordem das criadas pela insolação máxima, apenas para calcular a proporção dos calores em jogo,

$$\Delta t = 0 \ \ e \ \ \Delta t_i = 38 \ °C$$

teríamos

$$Q_1 = \frac{\Delta t_i + \Delta t}{R_{t_1}} = \frac{38}{0,267} = 142,32 \ \frac{kcal}{m^2 \cdot h},$$

$$Q_2 = \frac{\Delta t_i + \Delta t}{R_{t_2}} = \frac{38}{0,707} = 53,75 \ \frac{kcal}{m^2 \cdot h}.$$

Isto é, a penetração de calor devida à insolação máxima sobre a cobertura sofre uma redução de 62%, ao passarmos de uma casa sem forro para uma casa com simples forro de Duratex de 6 mm, mesmo não-ventilado.

8-5-3. Forro com ventilação

Por outro lado, com o uso de uma ventilação adequada, a temperatura acima do forro, que, no exemplo anterior, nos é dada a partir de

$$R_{t_1} = \frac{t_e + 38 - t_{forro}}{Q_2},$$

ou seja,

$$t_{forro} = t_e + 38 - Q_2 R_{t_1},$$
$$t_{forro} = 70 - 53,75 \cdot 0,267 = 55,65 \ °C,$$

poderá ser bastante reduzida, e a melhoria do conforto então obtida será ainda maior.

Assim, considerando uma vazão de ventilação da ordem de 30 m³/h · m² (a qual corresponde, caso a relacionássemos com o ambiente habitado, a uma renovação de ar da ordem de $n = 10$, perfeitamente compatível com os níveis de temperaturas disponíveis), teríamos (Fig. 8-8):

$$R_{t_1} = \frac{1}{K_1} = \frac{l_{telha}}{k_{telha}} + \frac{1}{\alpha_i} + \frac{1}{\alpha_e} = 0,267 \ \frac{m^2 \cdot h \cdot °C}{kcal};$$

$$K_1 = \frac{1}{R_{t_1}} = 3,75 \ \frac{kcal}{m^2 \cdot h \cdot °C};$$

$$R_{t_3} = \frac{1}{K_3} = \frac{1}{\alpha_i} + \frac{l_{forro}}{k_{forro}} + \frac{1}{\alpha_i} = 0,44 \ \frac{m^2 \cdot h \cdot °C}{kcal};$$

$$K_3 = \frac{1}{R_{t_3}} = 2,27 \ \frac{kcal}{m^2 \cdot h \cdot °C}.$$

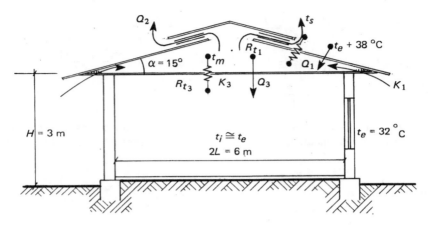

Figura 8-8

E o balanço das trocas térmicas de insolação através das telhas, com a ventilação e a penetração através do forro, nos fornece (veja também a Sec. 6-4-1, "Ventilação natural"):

$$Q_1 = Q_2 + Q_3;$$

$$K_1(t_e + 38 - \frac{t_s + t_e}{2}) = V\gamma C_p(t_s - t_e) + K_3(\frac{t_s + t_e}{2} - t_e);$$

$$t_s = \frac{38 K_1}{\frac{K_1 + K_3}{2} + V\gamma C_p} + t_e;$$

$$\frac{K_1 + K_3}{2} + V\gamma C_p = \frac{3{,}75 + 2{,}27}{2} + 30 \cdot 1{,}2 \cdot 0{,}24 = 11{,}65;$$

$$t_s = \frac{38 \cdot 3{,}75}{11{,}65} + 32 = 44{,}23\ °C.$$

E a temperatura média atingida no forro será

$$t_m = \frac{t_e + t_s}{2} = \frac{32 + 44{,}23}{2} = 38{,}12\ °C.$$

De modo que podemos calcular os calores em jogo:

$$Q_1 = K_1(t_e + 38 - t_m) = 3{,}75 \cdot 31{,}88 = 119{,}55\ \frac{kcal}{m^2 \cdot h};$$

$$Q_2 = V\gamma C_p(t_s - t_e) = 30 \cdot 1{,}2 \cdot 0{,}24 \cdot 12{,}23 = 105{,}66\ \frac{kcal}{m^2 \cdot h}.$$

$$Q_3 = K_3(t_m - t_e) = 2{,}27 \cdot 6{,}12 = 13{,}89\ \frac{kcal}{m^2 \cdot h}.$$

Esses calores nos mostram que a penetração do calor pela cobertura devida à insolação sofre uma redução superior a 90%, ao passarmos de uma casa sem forro ($Q_1 = 142{,}32\ kcal/m^2 \cdot h$) para uma casa com um simples forro de Duratex de 6 mm, bem ventilado.

Condicionamento térmico natural

Entretanto, para garantir a ventilação arbitrada, devemos projetar aberturas adequadas, as quais devem obedecer às seguintes equações:

$$p = \Delta H(\gamma_e - \gamma_m) = H\gamma_0\left(\frac{T_0}{T_e} - \frac{T_0}{T_m}\right);$$

$$J \equiv \Delta p = \sum \lambda_1 \frac{C^2}{2g}\gamma_m = \sum \lambda_1 \frac{C^2}{2}\gamma_0 \frac{T_0}{T_m};$$

$$c = \sqrt{\frac{2gT_m\Delta H\gamma_0[(T_0/T_e) - (T_0/T_m)]}{\gamma_0 T_0 \sum \lambda_1}},$$

$$\boxed{c = \sqrt{\frac{2g\Delta H(T_m - T_e)}{T_e \sum \lambda_1}}}.$$

Donde a seção da abertura a ser adotada:

$$\frac{V}{3\,600c} \text{ m}^2/\text{m}^2 \text{ de habitação.}$$

Nessas condições, para o caso em estudo, teríamos, de acordo com a Fig. 8-9:

α = 15° (inclinação do telhado);
$\Sigma \lambda_1$ = 4 (coeficientes de atrito das venezianas de entrada e saída do ar);
ΔH = L tg α = 3 · 0,268 = 0,804 m;

$$c = \sqrt{\frac{20 \cdot 0,804(38,12 - 32)}{4(32 + 273)}} = 0,284 \text{ m/s};$$

$$\frac{V}{3\,600c} = \frac{30 \text{ m}^3/\text{h} \cdot \text{m}^2}{3\,600 \cdot 0,284} = 0,0293 \text{ m}^2/\text{m}^2 \text{ de habitação.}$$

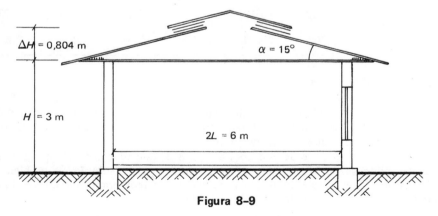

Figura 8-9

Isto é: uma área (Ω), em cada beirado, de 3 × 0,0293 = 0,088 m²/m linear para a entrada do ar e uma área comum às duas águas na cumeeira (lanternim) de 0,176 m²/m linear para a saída do ar.

Mantendo-se a insolação e diminuindo a ventilação para redução das aberturas de entrada e de saída do ar, naturalmente a penetração de calor devida à insolação aumenta, de acordo com os dados da Tab. 8-4, calculada para o caso em estudo, onde $H = 3$ m, $L = 3$ m e $\alpha = 15°$:

$$V = nH \text{ m}^3/\text{h} \cdot \text{m}^2 \text{ de habitação};$$

$$t_s = \frac{3{,}75 \cdot 38}{3{,}01 + 0{,}288V} + 32;$$

$$t_m = \frac{t_s + 32}{2};$$

$$Q_3 = 2{,}27(t_m - 32);$$

$$c = \sqrt{0{,}01318(t_m - 32)};$$

$$\Omega = \frac{V}{3\,600c} \cdot L \text{ m}^2/\text{m linear de beirado};$$

$$\% \text{ de insolação} = 100\,\frac{Q_3}{142{,}32}.$$

Tabela 8-4

n	10	8	6	4	2	0
V (m³/m²)	30	24	18	12	6	0
t_s (°C)	44,23	46,36	49,39	54,04	62,08	79,34
t_m (°C)	38,12	39,18	40,70	43,02	47,04	55,67
C (m/s)	0,284	0,308	0,339	0,381	0,445	—
Ω (m²/m)	0,088	0,065	0,044	0,026	0,011	—
$Q_3 \left(\frac{\text{kcal}}{\text{m}^2 \cdot \text{h}_v}\right)$	13,89	16,30	19,75	25,02	34,14	53,73
% de insolação	9,76%	11,5%	13,9%	17,6%	24%	37,8%

8-5-4. Telhas claras

Com o uso de telhas claras, a diferença de temperatura hipotética adicional de insolação (Δt_i) se reduz e, naturalmente, a penetração de calor devida à insolação também se reduz na mesma proporção.

Nessas condições, de acordo com a Tab. 8-3, podemos concluir que o uso de telhas pintadas de branco ou mesmo alumínio, para a solução do problema da insolação sobre as coberturas, a par de seu efeito temporário que a torna imprática, é insuficiente quando adotada isoladamente.

8-5-5. Isolantes

O uso de isolantes sobre as telhas (poliuretano), sob as telhas (poliuretano, Eucatex, lã-de-vidro ou similares), ou mesmo formando um forro abaixo da cobertura pode se constituir em solução de efeito equivalente às já apontadas. A

Condicionamento térmico natural

disposição mais prática e estética, no caso, seria a colocação de um forro isolante que aproveite a camada de ar formada entre o mesmo e a cobertura para aumentar a sua eficiência.

Assim, imaginando um isolamento que seja, do ponto de vista da proteção contra a insolação da cobertura, equivalente à solução do forro de Duratex de 6 mm, adequadamente ventilado, para o qual $\Delta t_i = 38\ °C$ ($t_i = t_e$ só para fins de cálculo dessa equivalência)

$$Q_3 = 13{,}89\ \frac{kcal}{m^2 \cdot h}\ \text{(veja a Sec. 8-5-3 e a Tab. 8-4).}$$

podemos calcular, de acordo com o conceito de resistência térmica, no caso equivalente a

$$R_t = \frac{\Delta t_i}{Q} = \frac{38}{13{,}89} = 2{,}74\ \frac{m^2 \cdot h \cdot °C}{kcal},$$

$$R_t = \frac{1}{\alpha_e} + \frac{l_{telha}}{k_{telha}} + \frac{1}{\alpha_i} + \frac{1}{\alpha_i} + \frac{l_{isolante}}{k_{isolante}} + \frac{1}{\alpha_i},$$

$$2{,}74 = \frac{1}{20} + \frac{0{,}006}{0{,}35} + \frac{1}{5} + \frac{1}{5} + \frac{l_{isolante}}{k_{isolante}} + \frac{1}{5}.$$

Isto é,

$$l_{isolante} = 2{,}073\, k_{isolante}.$$

De modo que, considerando um fator de segurança de 20% para compensar perdas adicionais nas juntas e ligações, podemos calcular, para os diversos isolantes, as espessuras que constam da Tab. 8-5.

Tabela 8-5

Material	$k_{material}$	l (mm)
Espuma rígida de poliuretano	0,025	63
Poliestireno expandido	0,030	75*
Eucatex isolante	0,043	107
Lã-de-vidro	0,045	113

*Não é indicado para forros não-ventilados devido à elevação de temperatura, que murcha o material.

Tais valores mostram quão antieconômica é essa solução. A usar forro isolado, a melhor opção seria adotar um forro de espessura mínima (por exemplo, 15 mm de Eucatex isolante), adequadamente ventilado, para o qual obteríamos, de acordo com o já exposto, os seguintes dados:

$$R_{t_3} = \frac{1}{\alpha_i} + \frac{l_{isolante}}{k_{isolante}} + \frac{1}{\alpha_i} = \frac{1}{5} + \frac{0{,}015}{0{,}043} + \frac{1}{5},$$

$$R_{t_3} = 0{,}7488\ \frac{m^2 \cdot h \cdot °C}{kcal};$$

$$K_3 = 1{,}3355\ \frac{kcal}{m^2 \cdot h \cdot °C};$$

$$\frac{K_1+K_3}{2} + V\gamma C_p = \frac{3{,}75 + 1{,}3355}{2} + 30 \cdot 1{,}2 \cdot 0{,}24 = 11{,}18;$$

$$t_s = \frac{38K_1}{\frac{K_1+K_3}{2} + V\gamma C_p} \quad t_e = \frac{38 \cdot 3{,}75}{11{,}18} + 32 = 44{,}75\ °C;$$

$$t_m = \frac{t_s + t_e}{2} = \frac{44{,}75 + 32}{2} = 38{,}38\ °C;$$

$$Q_3 = K_3(t_m - t_e) = 1{,}3355(38{,}38 - 32) = 8{,}52\ \frac{kcal}{m^2 \cdot h};$$

$$c = \sqrt{\frac{2g\Delta H(T_m - T_e)}{\Sigma\lambda_1 T_e}} = \sqrt{\frac{20 \cdot 0{,}804(38{,}38 - 32)}{4 \cdot 305}} = 0{,}29\ m/s;$$

$$\Omega = \frac{V}{3\,600c}\ L = \frac{30}{3\,600 \cdot 0{,}29} \cdot 3 = 0{,}086\ m^2/m\ \text{linear de beirado.}$$

Solução que, sem alterar praticamente as aberturas de ventilação e sem acarretar grandes ônus adicionais, reduz a penetração de calor devida à insolação sobre a cobertura para apenas 6% daquela correspondente a uma casa sem forro.

8-5-6. Materiais de grande inércia térmica

Consideremos a solução já apontada de redução de penetração do calor de insolação, sobre uma cobertura de Eternit de 6 mm enegrecida pelo tempo, para 13,89 kcal/m² · h. (9,75% de penetração correspondente a uma cobertura sem forro), a qual pode ser obtida:

com um forro de Duratex de 6 mm adequadamente ventilado (veja a Sec. 8-5-3);

com um forro de Eucatex isolante de 107 mm sem ventilação (veja a Sec. 8-5-5).

Essas soluções, que correspondem a uma resistência térmica equivalente, que, em qualquer dos dois casos, podemos calcular em

$$R_t = \frac{38}{13{,}89} = 2{,}74\ \frac{m^2 \cdot h \cdot °C}{kcal}.$$

Caso a penetração de calor fosse permanente (dia e noite), a espessura a ser adotada para um forro de material qualquer (veja a Sec. 8-5-5) nos seria dada então, por:

$$l_{material} = 2{,}073 k_{material}.$$

No caso, por exemplo, de adotarmos um material de grande inércia térmica, como o concreto, a espessura necessária para obter-se tal resistência térmica seria

$$l_{concreto} = 2{,}073 \cdot 1{,}2 = 2{,}49\ m.$$

Na realidade, como a penetração de calor não é constante, devido à transitoriedade de fenômeno da insolação, acontece que uma chapa de concreto dessa espessura só seria aquecida superficialmente em sua face superior pela insolação das 12 horas do dia, de tal forma que o calor jamais atingiria a face inferior da mesma, e o isolamento conseguido seria praticamente infinito.

Para calcular a espessura da chapa necessária para obter-se a proteção equivalente contra a insolação para esse caso, devemos levar em conta a inércia ao aquecimento do material (veja a Sec. 8-6, "Inércia"). Assim, considerando um período de 24 h para a variação de temperatura, obteremos uma espessura de concreto de aproximadamente 22 cm, valor esse que, comparado com o equivalente de Eucatex isolante (107 mm), não nos parece excessivo.

Adotando, para comparação, as condições de um forro de Eucatex de 15 mm, adequadamente ventilado, para o qual a penetração de calor devida à insolação é de apenas 8,52 kcal/m$^2 \cdot$ h, a solução do forro de concreto indicaria, da mesma forma, uma espessura inferior a 5 cm.

Além do efeito de isolamento apontado, o uso de materiais de grande capacidade calorífica apresenta a vantagem de aumentar a inércia térmica do conjunto, uniformizando a sua temperatura, de modo a beneficiar a situação desfavorável de aquecimento durante o dia com a situação de temperatura mais amena da noite.

8-5-7. Resumo

Resumindo todas as soluções construtivas sem forro, com forro sem ventilação e com forro ventilado, com suas respectivas percentagens de penetração de calor de insolação da cobertura, em relação ao caso mais desfavorável de cobertura de telhas de cimento-amianto de 6 mm enegrecidas pelo tempo e sem forro, podemos elaborar a Tab. 8-6.

Tabela 8-6

Item	Solução	Insolação (%)
Sem forro		
1	Telhas Eternit, 6 mm, enegrecidas pelo tempo	100
2	Telhas Eternit, 6 mm, cinza-normal	80
3	Telhas Eternit, 6 mm, pintadas com metalatex branca	57
Com forro não-ventilado		
4	Item 1, com forro de Duratex de 6 mm	38
5	Item 1, com forro de poliuretano de 63 mm	9,76
6	Item 1, com forro de poliestireno de 75 mm	9,76
7	Item 1, com forro de Eucatex isolante de 107 mm	9,76
8	Item 1, com forro de lã-de-vidro de 113 mm	9,76
9	Item 1, com forro de concreto de 220 mm	9,76
Com forro ventilado		
10	Item 1, com forro de Duratex de 6 mm	9,76
11	Item 1, com forro de Eucatex isolante de 15 mm	6
12	Item 1, com forro de concreto de 50 mm	6

Do exposto, depreende-se que todas as soluções apontadas, as mais eficientes e econômicas são aquelas que adotam forros ventilados. Atendendo, por outro lado, às vantagens citadas na Sec. 8-5-6, para o condicionamento natural das habitações, é sempre preferível adotar, como proteção adicional contra a insolação, materiais pesados, de grande inércia térmica, em vez de materiais leves simplesmente isolantes.

8-6. Inércia

8-6-1. Capacidade calorífica

Capacidade calorífica de um corpo é a quantidade de calor necessária para aquecê-lo 1 °C. A capacidade calorífica de um corpo de volume V m^3, massa específica δ kg/m^3 e calor específico C kcal/kg · °C nos é dada por

$$V\delta C \text{ kcal/°C},$$

onde δC toma o nome de capacidade calorífica volumétrica. A Tab. 8-7 nos dá a capacidade calorífica volumétrica de vários materiais de construção.

Tabela 8-7

Material	δ (kg/m^3)	C (kcal/kg · °C)	δC (kcal/m^3 · °C)	k (kcal/m · h · °C)	$a = \dfrac{k}{\delta C}$
Água	1 000	1	1 000	0,5	0,000 5
Ferro	7 897	0,108	853	60	0,070 3
Alumínio	2 700	0,214	578	175	0,303
Granito	2 750	0,203	558	2,5	0,004 5
Concreto	2 300	0,210	483	1,2	0,002 5
Terra	2 000	0,20	400	2,0	0,002
Madeira	550	0,65	358	0,14	0,000 4
Tijolos	1 600	0,20	320	0,84	0,002 6
Ar	1,2	0,24	0,288	0,02	0,069 4

Quando as superfícies de separação das habitações apresentam uma grande capacidade calorífica, o calor que atravessa as mesmas por transmissão de calor durante o dia é inicialmente consumido para o seu aquecimento. Como, a seguir, vem a noite, na qual a temperatura externa é normalmente menor do que durante o dia, a parede, inicialmente aquecida, novamente tende a esfriar, de tal forma que o processo de transmissão de calor através da mesma, além de não ser permanente, é bastante reduzido.

Devido a essa inércia à transmissão de calor apresentada pelos materiais de grande capacidade calorífica, verificam-se quatro fenômenos que alteram basicamente o fluxo térmico através desses materiais (veja a Sec. 3-6).

Estes fenômenos são:

o amortecimento da onda de variação da temperatura;

a defasagem da onda de variação periódica da temperatura (retardo correspondente a uma impedância de natureza capacitiva);

a redução da intensidade do fluxo térmico para aquem daquele correspondente a uma resistência térmica de condução pura (pelo aparecimento da citada impedância capacitiva);

a acumulação do calor durante o ciclo positivo e do frio durante o ciclo negativo.

Na realidade, esses efeitos da inércia à transmissão de calor, ocasionados por uma parede de grande capacidade calorífica, dependem:

da massa específica (δ kg/m^3);
do calor específico (C kcal/kg · °C);
do coeficiente de condutividade (k kcal/m · h · °C);
do período de variação da temperatura (τh).

Assim, considerando, para uma maior simplicidade de interpretação, a parede como sendo de espessura infinita, isto é,

$$l_\infty \geqslant 1,2 \sqrt{a\tau_m},$$

condição que nos fornece os valores da Tab. 8-8.

Tabela 8-8

Material	$\dfrac{a}{(m^2/h)}$	l_∞ $\tau_m = 24$ h (cm)	l_∞ $\tau_m = 365 \cdot 24$ h (cm)
Granito	0,0045	40	754
Concreto	0,0025	30	562
Alvenaria (tijolos)	0,0026	30	573
Terra	0,002	26	502
Água	0,0005	13	251
Madeira	0,0004	12	225

Podemos agora fazer a análise dos efeitos citados.

8-6-2. Amortecimento

De acordo com o que foi apresentado na Sec. 3-6-3, para o caso de temperaturas superficiais variáveis sinusoidalmente, a atenuação das oscilações da temperatura em função da profundidade da parede nos é dada pela Eq. (3-25),

$$m = \frac{\Delta t_x}{\Delta t} = e^{-x \sqrt{\frac{\pi}{a\tau_m}}},$$

onde m recebe o nome de amortecimento da onda de variação da temperatura. O amortecimento ocasionado pelas paredes das habitações, para períodos de variação da temperatura de um dia ou mesmo de um ano, é bastante grande, como se pode constatar nos diagramas das Figs. 8-10 e 8-11.

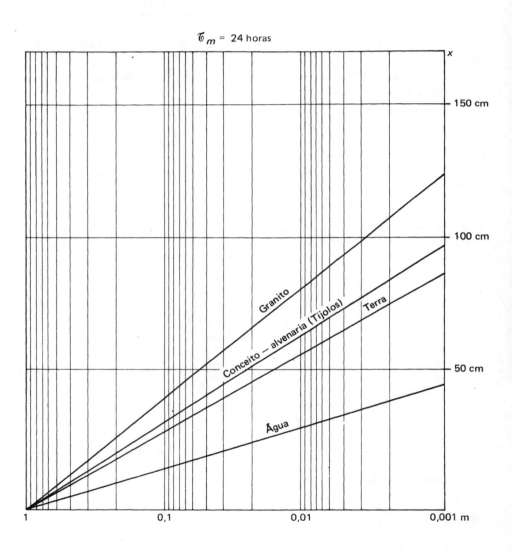

Figura 8-10

Condicionamento térmico natural

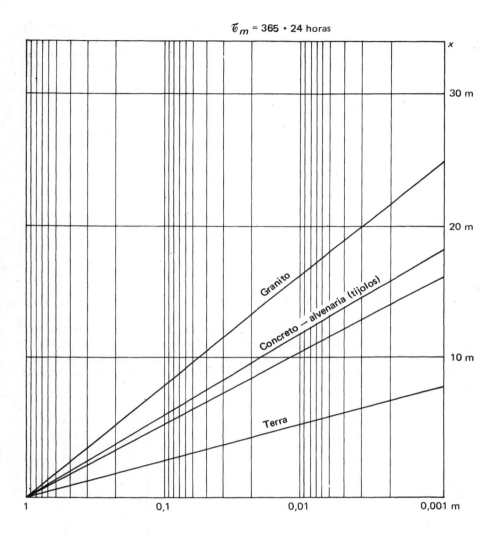

Figura 8-11

8-6-3. Defasagem

De acordo ainda com a Sec. 3-6-3, o retardo ocasionado à onda de variação da temperatura, devido à impedância capacitiva, nos é dada, em horas, pela expressão (3-26):

$$\varphi_{horas} = \frac{x}{2}\sqrt{\frac{\tau_m}{a\pi}}.$$

Para períodos de variação de temperatura de 24 h, as paredes de alvenaria externa apresentam defasagens da ordem das assinaladas na Tab. 8-9. Isso vem beneficiar a habitação, pois, se a parede for de 30 cm, o calor mais intenso do dia só irá castigar o ambiente interno à noite, quando as condições serão mais amenas.

Tabela 8-9

$\mathcal{C}$ (h)	x (cm)	φ (h)
24	15	4
24	20	5,4
24	25	6,8
24	30	8,1

8-6-4. Redução do fluxo térmico

Realmente, devido ao regime não-permanente, a resistência térmica que caracteriza a transmissão de calor entre dois fluidos separados por uma parede de grande inércia, quando um desses fluidos sofre uma variação periódica de temperatura cuja amplitude máxima é Δt, pode ser expressa como uma resistência térmica equivalente, dada por (Fig. 8-12)

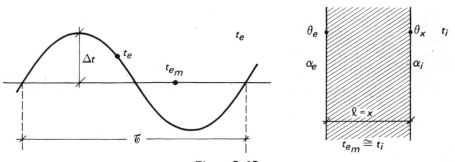

Figura 8-12

$$R_t = \frac{\Delta t}{Q} = \frac{\left(k\sqrt{\frac{\pi}{a\,\mathcal{C}_m}} + \alpha_e\right) e^{l\sqrt{\frac{\pi}{a\,\mathcal{C}_m}}}}{\alpha_i \alpha_e},$$

[veja também, na Sec. 3-6-4, a dedução da Eq.(3-28)] a qual é superior à resistência térmica de condução pura, dada por

$$R_t = \frac{1}{\alpha_e} + \frac{l}{k} + \frac{1}{\alpha_i}.$$

Desta forma, podemos calcular qual a espessura de uma parede de grande inércia térmica, necessária para atender a uma determinada resistência térmica, mesmo em caso de regime não-permanente:

$$l = \sqrt{\frac{a\mathcal{C}_m}{\pi}} \ln \frac{\alpha_i \alpha_e R_t}{k\sqrt{\frac{\pi}{a\mathcal{C}_m}} + \alpha_e}$$

EXEMPLO (Veja Sec. 8-5-6.)

8-1 Considerando-se $\mathcal{C}_m$ = 24 h e $\alpha_e = \alpha_i$ = 5 kcal/m² · h · °C, calcular a espessura de concreto (a = 0,0026 m²/h) necessária para conseguir-se uma resistência térmica de 2,473 m² · h · °C/kcal.

$$l = \sqrt{\frac{0,0026 \cdot 24}{\pi}} \ln \frac{5 \cdot 5 \cdot 2,473}{1,2\sqrt{\frac{\pi}{0,0026 \cdot 24}} + 5} = 0,214 \text{ m}.$$

Isso para o regime não-permanente devido à transitoriedade da elevação da temperatura. Caso o regime fosse permanente, teríamos

$$R_t = \frac{1}{\alpha_i} + \frac{l}{k} + \frac{1}{\alpha_e} = 2,473 \frac{\text{m}^2 \cdot \text{h} \cdot °\text{C}}{\text{kcal}};$$

$$\frac{l}{k} = 2,473 - 0,4 = 2,073;$$

$$l = 2,073k = 2,49 \text{ m}.$$

Observação. No caso de variações periódicas de temperatura anuais, a impedância capacitiva é desprezável, e as resistências térmicas correspondentes aos regimes permanente e não-permanente se identificam.

8-6-5. Acumulação do calor

Acumulação do calor durante o ciclo positivo e do frio durante o ciclo negativo: imaginando que a variação diária de temperatura no interior da habitação seja de Δt_i, o calor acumulado em cada semiperíodo, em uma parede de alvenaria de tijolos de espessura infinita, nos seria dada por [veja a Sec. 3-6-3, Eq. (3-27)]

$$Q_0, \frac{\mathcal{C}_m}{2} = \Delta t \sqrt{\frac{\delta C k \mathcal{C}_m}{\pi}} = k\Delta t \sqrt{\frac{\mathcal{C}_m}{\pi a}},$$

onde

k = 0,84 kcal/m · h · °C,
a = 0,0026 m²/h (Tab. 8-8).

De modo que

$$Q_0, \frac{\mathcal{C}_m}{2} = 0,84\Delta t \sqrt{\frac{24}{\pi \cdot 0,0026}} = 45,6\Delta t \text{ kcal/m}^2.$$

Para paredes de espessura finita, naturalmente a quantidade de calor armazenada dependerá de sua espessura, conforme podemos notar na Tab. 8-10, calculada graficamente para paredes de alvenaria comum. A mesma análise, feita para um semiperíodo anual, indica os valores da Tab. 8-11.

Tabela 8-10

l (cm)	m	$Q_0, \bar{v}_m/2$	$l_{equivalente}$ (cm)	η (%)
5	0,7	13,2Δt	4,1	29
7,5	0,59	18,25Δt	5,7	40
10	0,5	21,50Δt	6,7	47
15	0,35	27,50Δt	8,6	60,5
20	0,24	31,80Δt	9,9	70
25	0,17	35,10Δt	11,0	77,5
30	0,12	37,60Δt	11,8	83
40	0,058	40,60Δt	12,6	88
50	0,029	41,50Δt	13,0	91,5
∞	0	45,6Δt	14,2	100

Tabela 8-11

l (cm)	m	$Q_0, \bar{v}/2$	$l_{equivalente}$ (cm)	η (%)
5	0,982	16Δt	5	1,84
7,5	0,975	25,5Δt	7,3	2,7
10	0,964	31Δt	9,7	3,6
15	0,946	46Δt	14,4	5,3
20	0,928	61Δt	19	7,0
25	0,911	75,5Δt	23,6	8,7
30	0,895	90Δt	28,1	10,3
40	0,962	117Δt	36,6	13,5
50	0,831	145Δt	45,3	16,7
60	0,800	168Δt	52,5	19,3
80	0,743	215Δt	67,2	24,7
100	0,690	255Δt	79,7	29,3
150	0,573	374Δt	108,4	39,9
∞	0	870Δt	272	100

Caso o aquecimento ou esfriamento for dos dois lados da parede, a espessura a considerar para cada lado será a metade da espessura total da parede. É interessante notar também que, do ponto de vista da armazenagem do calor ou do frio, é sempre preferível, para um mesmo volume, adotar paredes fracionadas.

Condicionamento térmico natural

Assim, a capacidade de acumulação de uma parede de 30 cm é de apenas 55 kcal/m² · °C por semiperíodo diário, enquanto que, para duas paredes de 15 cm, o seu valor é de 73 kcal/m² · °C. A quantidade total de armazenagem de calor, por semiperíodo diário, de todas as superfícies internas da habitação, por sua vez, nos será dada por

$$\Sigma V C\delta \Delta t = \Sigma Sl_{equivalente} C\delta \Delta t,$$

onde $l_{equivalente}$ é definida como sendo a espessura da parede que hipoteticamente sofre uma elevação de temperatura uniforme Δt, quando sujeita a trocas de calor Q_0, $\tau_m/2$, isto é,

$$l_e = \frac{Q_0, \tau_m/2}{C\delta \Delta t}.$$

As espessuras equivalentes de paredes de alvenaria comum estão registradas nas Tabs. 8-10 e 8-11.

EXEMPLO

8-2 Para uma casa de alvenaria como a da figura, com piso contra o solo, forro leve, paredes externas de 25 cm e paredes internas de 15 cm, podemos calcular:

Paredes internas (7,5 cm), 2 × 37,5 m²;
Paredes externas (25 cm), 58 m²;
Piso, 39,55 m²;
Volume, 100 m³.

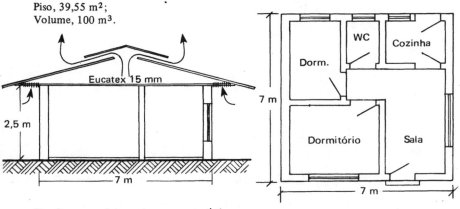

Donde os seguintes valores característicos:

Característica	τ_m = dia	τ_m = ano
Volume útil paredes internas (ΣSl_e)	4,275 m³	5,475 m³
Volume útil do piso (Sl_e)	5,62 m³	107,58 m³
Volume útil total	9,895 m³	113,055 m³
Volume do ambiente	100 m³	100 m³
Capacidade calorífica total ($\Sigma Sl_e C\delta \Delta t_i$)	3 166,4Δt_i	36 177,6Δt_i
Capacidade calorífica por metro cúbico de ambiente	31,66Δt_i	361,77Δt_i
Relação entre o volume útil total e o volume do ambiente ($\Sigma Sl_e/V$)	0,098 95	1,130 5

Nessas condições, considerando a carga térmica recebida por metro cúbico de ambiente durante o semiperíodo diário positivo (verão), podemos calcular como segue.

Insolação (veja a Sec. 8-5-5).

Para o caso de coberturas de 6 mm de cimento-amianto, com forro ventilado, com $n = 10$ e isolado com 15 mm Eucatex isolante, temos:

$$Q_{\text{insolação máxima}} = 8{,}52 \text{ kcal/m}^2 \cdot \text{h};$$

$$Q_{\text{insolação média}} = Q_{\text{max}} \cdot \frac{2}{\pi} = 5{,}424 \text{ kcal/m}^2 \cdot \text{h};$$

$$Q_{\text{insolação semiperíodo}} = \frac{5{,}424 \cdot 12 \text{ h}}{2{,}5 \text{ m}^3/\text{m}^2} = 26 \text{ kcal/m}^3 \cdot 12 \text{ h};$$

Calor interno (1 pessoa/25 m³, 60 kcal/h · pessoa)

$$Q_{\text{interno}} = 12 \text{ h} \frac{60}{25} = 28{,}8 \text{ kcal/m}^3 \cdot 12 \text{ h}.$$

Transmissão de calor através das paredes externas

O fluxo térmico médio através das paredes externas durante as 12 horas do dia pode ser calculado a partir da expressão

$$Q = \frac{2}{\pi} \frac{\Delta t_e - \Delta t_i}{R_t} \text{ kcal/m}^2 \cdot \text{h},$$

onde a resistência térmica equivalente da parede inercial vale

$$R_t = \frac{\left(k \sqrt{\frac{\pi}{a \tau_m}} + \alpha_e\right) e^{l \sqrt{\frac{\pi}{a \tau_m}}}}{\alpha_i \alpha_e} \frac{\text{m}^2 \cdot \text{h} \cdot {}^\circ\text{C}}{\text{kcal}}$$

Isto é, para

$l = 0{,}25$ m;
$k = 0{,}84$ kcal/m · h · °C;
$\alpha_e = 20$ kcal/m² · h · °C;
$\alpha_i = 5$ kcal/m² · h · °C;
$a = 0{,}0026$ m²/h;
$R_t = 6{,}12$ m² · h · °C/kcal.

De modo que podemos calcular

$$Q = \frac{2}{\pi} \frac{\Delta t_e - \Delta t_i}{6{,}12} = 0{,}104(\Delta t_e - \Delta t_i) \text{ kcal/m}^2 \cdot \text{h}.$$

Ou, ainda, para o semiperíodo diário positivo e, por metro cúbico de ambiente,

$$Q = 0{,}104(\Delta t_e - \Delta t_i) \cdot 12 \text{ h} \cdot \frac{58 \text{ m}^2}{100 \text{ m}^3} = 0{,}724(\Delta t_e - \Delta t_i) \text{ kcal/m}^3 \cdot 12 \text{ h}.$$

Calor de ventilação interna ($n = 2$)

O valor médio no semiperíodo vale:

$$Q = n V \gamma C_p (\Delta t_e - \Delta t_i) \frac{2}{\pi}.$$

De modo que, para todo semiperíodo e por metro cúbico de ambiente, teremos

$$Q = \frac{n V \gamma C_p (\Delta t_e - \Delta t_i) \frac{2}{\pi}}{V} \cdot 12 \text{ h} = 4{,}4(\Delta t_e - \Delta t_i) \text{ kcal/m}^3 \cdot 12 \text{ h}.$$

Condicionamento térmico natural **241**

Essa carga térmica será absorvida pela capacidade calorífica interna da habitação (veja a tabela), de modo que podemos escrever

$$26 + 28,8 + 0,724(\Delta t_e - \Delta t_i) + 4,4(\Delta t_e - \Delta t_i) = 31,66\Delta t_i,$$

$$\Delta t_i = \frac{54,8 + 5,124\Delta t_e}{31,66 + 5,124}.$$

Isto é, para uma variação de temperatura externa, por semiperíodo diário, máxima de Δt_e = 5,8 °C (veja a Tab. 8-1), obteríamos uma variação de temperatura interna, também máxima, de Δt_i = 2,3 °C, conseguindo-se com isso um amortecimento de

$$\frac{\Delta t_i}{\Delta t_e} = \frac{2,3}{5,8} = 0,40.$$

Caso não houvesse entradas de calor interno e de insolação (caso **mais favorável**) esse valor poderia atingir o mínimo de 0,14.

Da mesma forma, considerando as trocas de calor durante um semiperíodo anual (inverno) por metro cúbico de ambiente, recalculamos como segue.

Insolação (radiação direta mais difusa $\cong$ 0,30 da máxima – Tab. 8-2):

$$Q = 180 \text{ dias} \cdot 26 \cdot 0,30 = 1\,404 \text{ kcal/m}^3 \, 180 \text{ dias}.$$

Calor interno

$$Q = 180 \text{ dias} \cdot 2 \cdot 28,8 = 10\,368 \text{ kcal/m}^3 \, 180 \text{ dias}.$$

Transmissão de calor através das paredes externas

O fluxo térmico médio através das paredes externas durante os 180 dias do semiperíodo negativo anual pode ser calculado a partir da expressão

$$Q = \frac{2}{\pi} \frac{\Delta t_e - \Delta t_i}{R_t} \text{ kcal/m}^2 \cdot \text{h},$$

onde (regime permanente)

$$R_t \cong \frac{1}{\alpha_e} + \frac{l}{k} + \frac{1}{\alpha_i} = \frac{1}{20} + \frac{0,25}{0,84} + \frac{1}{5} = 0,55 \, \frac{\text{m}^2 \cdot \text{h} \cdot °\text{C}}{\text{kcal}}.$$

De modo que podemos calcular

$$Q = \frac{2}{\pi} \frac{\Delta t_e - \Delta t_i}{0,55} = 1,157\,5(\Delta t_e - \Delta t_i) \text{ kcal/m}^2 \cdot \text{h}.$$

Ou, ainda, para todo o semiperíodo e por metro cúbico de ambiente,

$$Q = 1,157\,5(\Delta t_e - \Delta t_i) \cdot 180 \text{ dias} \cdot 24 \text{ h} \cdot \frac{58 \text{ m}^2}{100 \text{ m}^3} = 2\,900(\Delta t_e - \Delta t_i) \text{ kcal/m}^3 \cdot 180 \text{ dias}.$$

Onde $(2/\pi)(\Delta t_e - \Delta t_i) \cdot 180$ dias recebe o nome de "graus-dia" ou seja, o somatório das diferenças de temperaturas médias diárias ao longo dos 180 dias do semiperíodo.

Calor de ventilação interna (n = 2)

$$Q = n\,V\gamma C_p(\Delta t_e - \Delta t_i) \frac{2}{\pi} \cdot 180 \text{ dias} \cdot 24 \text{ h},$$

ou seja, para todo o semiperíodo negativo e por metro cúbico de ambiente:

$$Q = n\,\gamma\,C_p \cdot 24 \text{ h} \cdot \text{graus-dia kcal/m}^3 \cdot 180 \text{ dias};$$

$$Q = 13,824 \cdot \text{graus-dia} = 13,824 \cdot \frac{2}{\pi}(\Delta t_e - \Delta t_i)\,180 \text{ dias};$$

$$Q = 1\,584,12(\Delta t_e - \Delta t_i) \text{ kcal/m}^3 \cdot 180 \text{ dias}.$$

Essa carga térmica será absorvida pela capacidade calorífica interna da habitação (veja a tabela), de modo que podemos escrever:

$$1\,404 + 10\,368 - 2\,900(\Delta t_e - \Delta t_i) - 1\,584,12(\Delta t_e - \Delta t_i) = -361,77\Delta t_i,$$

$$\Delta t_i = \frac{4\,484,12\Delta t_e - 11\,772}{4\,484,12 + 361,77}.$$

Isto é, para uma variação de temperatura externa, por semiperíodo anual, máxima de Δt_e = 9,1 °C (veja a Tab. 8-1), obteríamos uma variação de temperatura interna, também máxima, de Δt_i = 6,0 °C, conseguindo, com isso, um amortecimento de

$$\frac{\Delta t_i}{\Delta t_e} = \frac{6,0}{9,1} = 0,66.$$

Caso não houvesse entradas de calor interno e de insolação (caso mais desfavorável) esse valor poderia atingir o máximo de 0,93.

Pior situação ainda é a de verão, onde as parcelas de calor interno e de insolação, sendo de mesmo nível que as de transmissão e ventilação, dificultam mais ainda o desejado amortecimento, o qual pode até tornar-se superior a 1.

Do exemplo se depreende que amortecimentos anuais substanciais ($\Delta t_i/\Delta t_e < 0,5$), só são obtidos com construções de muito grande inércia tér-

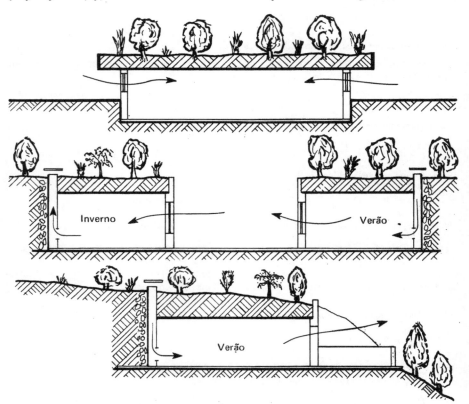

Figura 8-13

mica ($\Sigma Sl_e/V > 3$), quando as trocas térmicas se reduzem praticamente às de ventilação.

Dentro dessa orientação está a chamada Terractetura, isto é a arquitetura das casas enterradas. Nesse caso, as casas apresentam proteção adequada contra a insolação, ao mesmo tempo em que apresentam proteção contra as variações de temperatura externa (diárias ou anuais) (Fig. 8-13). Constituem exemplos:

as casas de alvenaria de paredes espessas (mais de $2 \, m^3/m^2$ de área construída);
as casas enterradas ou protegidas pela terra;
as casas das dunas da Flórida;
as cavernas e as construções ciganas da Espanha.

Realmente, a estabilização da temperatura anual obtida em cavernas ou por meio de porões é sobejamente conhecida. Na Espanha, tribos de ciganos vivem ainda em construções escavadas nas montanhas, cujo conforto térmico anual faz inveja aos nossos modernos espigões de vidro com ar condicionado.

Outra solução tentada nesse sentido, consiste no uso de grandes volumes de água em recipientes fechados (para evitar a evaporação), para obter-se uma elevada capacidade calorífica. Técnicas mais recentes têm utilizado o isolamento inercial apresentado pelos materiais de grande capacidade calorífica latente (veja a Sec. 3-5-4).

Melhorias adicionais podem ser obtidas com tomadas de ar de ventilação através de túneis, com relações de área de contato com a terra superiores a $1 \, m^2/m^3$ de volume da habitação (veja a Sec. 8-8).

Do exposto, podemos concluir que a caracterização da inércia das habitações pode ser feita por meio do fator

$$\frac{\Sigma Sl_e}{V}.$$

Para isso, dividiremos as habitações em classes segundo o tipo de inércia, conforme segue.

Inércia muito pequena

Casas com piso separado do solo, construções de madeira ou de materiais leves, pré-fabricados.

Inércia pequena

Casas com paredes de meio-tijolo, piso contra a terra e forro leve.

Inércia média

Casas com paredes de um tijolo, piso contra a terra e forro de concreto.

Inércia grande

Casas com paredes de um tijolo ou mais, com porões com estrutura de concreto e forro de concreto.

Inércia muito grande

Castelos antigos, casas especiais semi-enterradas com paredes espessas, estrutura de concreto e forro de concreto.

Inércia Excepcional

Cavernas, minas, casas especiais com tomadas de ar através de túneis.

As características de inércia, juntamente com seus respectivos amortecimentos prováveis ($\Delta t_i/\Delta t_e$), estão registradas na Tab. 8-12.

Tabela 8-12

Inércia	τ_m = dia		τ_m = ano	
	$\Sigma Sl_e/V$	$\Delta t_i/\Delta t_e$ (verão)	$\Sigma Sl_e/V$	$\Delta t_i/\Delta t_e$ (inverno)
Excepcional	> 0,3	< 0,10 - 0,15	> 5	0 - 0,2
Muito grande	> 0,25	< 0,10 - 0,20	3	0,3 - 0,60
Grande	0,25	0,10 - 0,20	1,5	0,50 - 0,80
Média	0,15	0,10 - 0,25	1,3	0,62 - 0,92
Pequena	0,1	0,15 - 0,4	1,2	0,66 - 0,93
Muito pequena	< 0,05	0,30 - 0,75	0,1	0,70 - 0,99

Observação. Os maiores valores de $\Delta t_i/\Delta t_e$ no inverno (ano) se verificam para o caso de não haver entradas de calor interno e de insolação, enquanto que os maiores valores de $\Delta t_i/\Delta t_e$ no verão (dia) se verificam para o caso de haver entradas de calor interno e de insolação.

8-7. Isolamento geral

O isolamento de uma habitação que tem condições de manter, nos períodos quentes, temperaturas internas inferiores às externas e, nos períodos frios, temperaturas internas superiores às externas, é sempre vantajoso, devido à redução das trocas térmicas prejudiciais com o exterior.

Na realidade, entretanto, o problema é bem mais complexo, pois a habitação deve ser ventilada e o ar de ventilação contribui de forma marcante para variar a temperatura do ambiente interno. Essa é a razão pela qual um simples isolamento não resolve o problema das variações de temperatura. Assim, caso for adotado isolamento, é importante salientar que:

é preferível que esse isolamento seja obtido com materiais pesados que sirvam também para a armazenagem do calor ou do frio, a fim de melhor atender ao problema citado (veja a Sec. 8-6);

Condicionamento térmico natural 245

caso este isolamento seja obtido com materiais leves, este deve ser colocado pelo lado de fora das paredes, a fim de integrar a parte pesada da mesma, na inércia do interior da habitação;

o isolamento a partir unicamente de materiais leves é absolutamente contra-indicado, isto é, para o amortecimento das variações periódicas de temperatura, a capacidade térmica é mais importante que o isolamento, mormente quando se trata de condicionamentos ambientais naturais.

Mesmo no caso de condicionamentos ambientais artificiais, pesquisas realizadas por Hankins e Anderson e publicadas pelo Masonry Industry Committee (*The use of mass to save energy in the heating and cooling of buildings*) mostram que a carga térmica correspondente às trocas de calor por transmissão dada pela expressão

$$Q = \Sigma KS\Delta t,$$

com o uso de paredes grossas, pode ser corrigida para menos, por meio de um fator de massa (M), o qual é função da densidade das paredes usadas, em kgf/m², e do somatório de graus-dia ao longo do ano (veja a Sec. 8-6-5), que caracterizam o aquecimento ou refrigeração necessários para obter-se o desejado condicionamento, isto é,

$$M = f\left(\frac{M}{S}, \text{graus-dia}\right).$$

Assim, para o aquecimento de inverno, os resultados dessas pesquisas permitiram estabelecer os valores de M que constam do gráfico da Fig. 8-14.

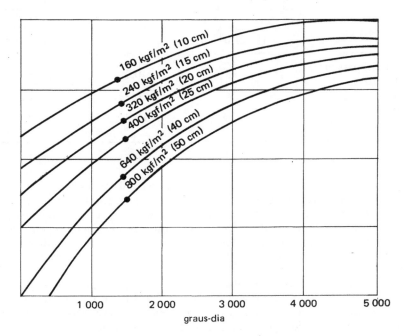

Figura 8-14. Fator de massa (M) para aquecimento

Embora haja vantagem técnica de usar o máximo isolamento, o valor a ser adotado, na prática, é limitado por dois aspectos (veja a Sec. 3-13):

o custo;

a proteção contra a condensação interna durante o inverno.

Atendendo à condensação interna, o isolamento pode ser definido por um fluxo térmico máximo (veja a Tab. 3-13).

Com base nesse fluxo máximo e na máxima diferença de temperatura possível, no inverno, entre o interior e o exterior da habitação, que imaginaremos igual a (máximo amortecimento da variação da temperatura anual)

$$\Delta t_{max} = t_i - t_e = \frac{t_{e\,max} + t_{e\,min}}{2} - t_{e\,min},$$

podemos calcular a resistência térmica (R_t) mínima e, portanto, o isolamento (K) a adotar:

$$R_t = \frac{\Delta t_{max}}{Q_{max}} = \frac{1}{K}.$$

A Tabela 8-13 nos dá esses valores para Porto Alegre (veja o diagrama da Fig. 8-2).

Tabela 8-13

Superfície	Q_{max} (kcal/m² · h)	Δt_{max} (inverno)	K (kcal/m² · h · °C)
Horizontais, para cima (forros)	18	10,3	1,75
Verticais (paredes)	14	10,3	1,36
Horizontais, para baixo (pisos elevados)	10	10,3	0,97

É interessante salientar que o uso de materiais, de grande capacidade calorífica, cuja impedância capacitiva para as freqüências anuais é desprezável, não permite aumento desses valores, pois eles representam, quanto à condensação, a mínima resistência térmica admissível. Entretanto, se adotarmos maiores valores para garantir melhores condições internas de conforto, para cada condição dada, o valor da resistência a adotar será tanto menor quanto maior for a massa do isolante usado.

Essas observações são mais flagrantes no condicionamento de verão, onde, para as freqüências diárias (trocas do calor do dia pelo frio da noite), não só a impedância capacitiva como também o amortecimento das variações de temperaturas externas, ocasionados pelos materiais de grande inércia térmica, são mais significativos.

8-8. Ventilação do ambiente habitado

A ventilação de uma habitação que tem condições de manter, nos períodos quentes, temperaturas internas inferiores às externas e, nos períodos frios, temperaturas internas superiores às externas, é sempre um ônus para o condicionamento térmico ambiental. Por essa razão, quando as condições de conforto do ar de ventilação são inferiores às do ambiente, a renovação do ar deste deve ser limitada àquela absolutamente necessária para permitir uma respiração higiênica.

A ventilação natural dos ambientes habitados por meio de janelas garante um índice de renovação de ar da ordem de $n = 2$, o que permite uma ocupação higiênica de 1 pessoa para cada 20 m^3 de habitação ($40 \text{ m}^3/\text{h} \cdot$ pessoa). Ambientes com grandes concentrações de pessoas (1 pessoa para cada 4 m^3), entretanto, exigem índices de renovação de ar elevados ($n = 10$ a 15).

A ventilação só é favorável ao condicionamento térmico de um ambiente quando, devido a fontes de calor interno (equipamentos ou pessoas), este apresentar, no verão, uma temperatura efetiva superior à do meio externo. É o caso, por exemplo, de escolas, cinemas, salas de conferência, salas de caldeiras, aciarias, etc. Nesse caso, o condicionamento térmico pode ser melhorado por uma ventilação intensa, mas o limite das condições de conforto que podem ser atingidas é o do próprio ar usado para a ventilação.

Assim, para melhorar as condições de conforto dos ambientes habitados, no que diz respeito à necessidade de ventilação, seja esta pequena ou grande, é necessário tratar o ar de ventilação. Como tratamento natural do ar de ventilação podemos indicar alguns procedimentos, conforme segue.

- Umidificação adiabática do ar exterior, no verão, nos casos em que a umidade relativa do mesmo é baixa. Realmente, quando a temperatura do ar é muito elevada, geralmente a umidade relativa do mesmo é baixa, sobretudo no Planalto Central. Quando essa umidade atinge valores inferiores a 50%, faz-se passar o ar por um banco de borrifadores de água, até que atinja umidades relativas da ordem de 60 a 70%, tornando as condições de conforto térmico bastante mais favoráveis, pelo abaixamento provocado da temperatura de até 5 °C (veja as Secs. 1-7-6 e 7-3).

- Tomada de ar em zonas cujo microclima, no verão, é favorável (zonas claras, zonas de grandes massas sombreadas, zonas de vegetação intensa, etc.). A temperatura caracterizada como do exterior à sombra é medida em recintos protegidos da insolação por pintura branca e submetidos a intensa ventilação forçada (dispositivos adotados pelos institutos meteorológicos). Na realidade, ambientes externos com grandes massas pretas insoladas (ruas asfaltadas, prédios escuros, etc.) podem ter essa temperatura bastante aumentada, assim como massas brancas ou zonas permanentemente sombreadas podem ter esse valor bastante reduzido. Medidas efetuadas em bosques de vegetação cerrada indicaram temperaturas de 3 a 5 °C inferiores àquela caracterizada como do exterior à sombra.

- Tomadas de ar por meio de túneis, que obriguem o ar a entrar em contato com a crosta terrestre, em profundidades onde a temperatura é praticamente estabilizada em 22 °C.

Em virtude da temperatura altamente favorável, o último procedimento é válido para o tratamento do ar de ventilação tanto no verão como no inverno.

Assim, considerando um túnel de paredes de terra de espessura infinita (veja a Sec. 8-6-1),

$$l_\infty > 1{,}2\sqrt{a\tau} = 1{,}2\sqrt{0{,}002365 \cdot 24} = 5 \text{ m},$$

podemos calcular, para cada metro quadrado de superfície de contato, um armazenamento de calor ou de frio, durante um semiperíodo anual de (Tab. 8-11),

$$Sl_e\,C\delta\,\Delta t = 2{,}72 \cdot 320 \cdot \Delta t = 870\Delta t \text{ kcal/m}^2 \cdot \text{ano}.$$

De modo que, para esfriar ou aquecer 1 m³/h de ar de ventilação durante esse mesmo período, seria necessária uma superfície de contato de

$$S = \frac{1 \text{ m}^3/\text{h} \cdot 180 \cdot 24 \text{ h} \cdot 0{,}288\,(\Delta t/2)}{870\Delta t} = 0{,}715 \text{ m}^2,$$

donde, de acordo com o índice de renovação de ar (n), podemos tabelar os valores de área de contato de túnel, para cada metro cúbico de volume de ambiente (Tab. 8-14). Esses valores são, por vezes, bastante elevados, o que torna essa solução difícil, restringindo-a, na prática, a apenas uma melhoria parcial com o uso de áreas menores.

Tabela 8-14

Ambientes	Ocupação	n	S (m²/m³ de ambiente)
Residências	1 pessoa/20 m³	2	1,43
Escritórios	1 pessoa/12 m³	4	2,86
Cinemas	1 pessoa/8 m³	6	4,29
Escolas	1 pessoa/4 m³	12	8,58

A refrigeração pode também ser obtida por meio de pedras resfriadas por meio de água, caso em que são usados dois túneis, um em utilização e outro molhado para resfriamento (Alemanha).

A Fig. 8-15 mostra uma das soluções em que o ar de ventilação (natural) do ambiente é tomado em microclima adequado e tratado por meio da crosta terrestre, e serve como proteção contra a insolação. Outra solução é a da Fig. 8-16, onde aparece uma casa com aquecimento solar por meio de ar quente, e resfriamento por meio da terra.

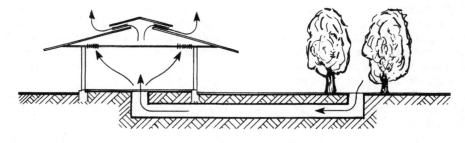

Figura 8-15

Condicionamento térmico natural 249

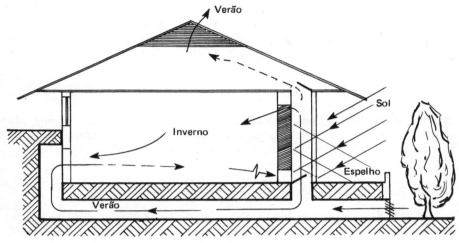

Figura 8-16

8-9. Condições construtivas mínimas a serem adotadas

Baseados no estudo anteriormente apresentado, podemos indicar, como diretrizes gerais para projetos de construção de habitações, a orientação que comentamos em seguida.

8-9-1. Proteção contra a insolação

Devem-se empregar coberturas com forros adequadamente ventilados (veja as Tabs. 6-5 e 6-6). Como material de forro, recomendamos, como mínimo econômico, 15 mm de poliestireno expandido (veja a Tab. 8-15).

As aberturas, na menor área possível, devem ser protegidas por sombreamento ou pára-sóis (verticais no leste e oeste, e horizontais no norte).

8-9-2. Inércia

Para garantir uma inércia que caracterizamos como média, é indispensável que:

o piso seja de material bom condutor de calor (cerâmicas), aplicado diretamente contra o solo;

as paredes externas sejam, no mínimo, de um tijolo maciço (veja a Tab. 8-15);

as paredes internas sejam, no mínimo, de meio-tijolo maciço;

o forro seja, de preferência, de concreto, independentemente do isolamento exigido, que deve ser colocado pelo lado de cima;

os móveis (mesas, balcões, etc.) sejam, preferencialmente, de material pesado (alvenaria, concreto, etc.).

Esses recursos, para calores internos e insolações normais, permitem um amortecimento das variações de temperatura interna em relação à externa, durante os dias de verão, de

$$\frac{\Delta t_i}{\Delta t_e} \cong 0{,}25.$$

Para o caso de grandes concentrações de pessoas, que acarretam um grande calor interno, naturalmente esse valor pode se tornar superior a 1, e o único recurso natural, então, é a intensificação da ventilação do ambiente habitado.

8-9-3. Isolamento geral

A fim de garantir, no inverno, uma redução das perdas do calor interno e, ao mesmo tempo, evitar a condensação da umidade do ar na face interna das superfícies de separação entre o recinto habitado e o exterior (com exceção das aberturas) estas deverão apresentar uma resistência térmica superior à definida pelos valores de K_{max} que constam da Tab. 8-15 (ou de acordo com a zona climática em que será construída a habitação). Para isso, de acordo com as superfícies, deverão ser usadas espessuras de materiais dadas pelas expressões:

(forros) $\quad \dfrac{1}{K_{max}} = \dfrac{1}{\alpha_e} + \dfrac{l}{k} + \dfrac{1}{\alpha_i} , \dfrac{1}{1{,}75} = \dfrac{1}{25} + \dfrac{l}{k} + \dfrac{1}{9}$;

(paredes) $\quad \dfrac{1}{K_{max}} = \dfrac{1}{\alpha_e} + \dfrac{l}{k} + \dfrac{1}{\alpha_i} , \dfrac{1}{1{,}36} = \dfrac{1}{20} + \dfrac{l}{k} + \dfrac{1}{7}$;

(pisos) $\quad \dfrac{1}{K_{max}} = \dfrac{1}{\alpha_e} + \dfrac{l}{k} + \dfrac{1}{\alpha_i} , \dfrac{1}{0{,}97} = \dfrac{1}{13} + \dfrac{l}{k} + \dfrac{1}{5}$;

e que constam da Tabela 8-15.

Tabela 8-15

Superfície	K_{max} (kcal/m² · h · °C)	Material recomendado
Horizontal, para cima (forros)	1,75	Concreto + 15 mm de poliestireno expandido (colocado por cima)
Verticais (paredes)	1,36	46 cm de tijolos 15 cm tijolos + 15 mm de poliestireno expandido + 15 cm de tijolos
Horizontais, para baixo (pisos elevados)	0,97	concreto + 30 mm de poliestireno expandido (colocado por baixo)

Observação. Os isolantes foram calculados com um fator de segurança de 20% para compensar perdas adicionais.

8-9-4. Ventilação do ambiente habitado

Caso as condições de conforto do ar de ventilação forem inferiores às do ambiente, a renovação do ar neste deve ser limitada àquela absolutamente necessária para permitir uma ventilação higiênica. É o caso de residências, onde a ventilação deve ser feita unicamente por meio das janelas.

Entretanto, no caso de ambientes com grande concentração de pessoas, não só a grande produção de calor interno como também a condição de respiração higiênica obrigam a uma intensificação da ventilação, a qual pode ser vantajosamente obtida pelo aproveitamento do efeito de retirada da camada de ar aquecida de entre as telhas e o forro das coberturas adequadamente projetadas (veja o Cap. 6). Basta, para isso, que as aberturas de entrada de ar no forro sejam feitas no interior do ambiente habitado e que as janelas sejam mantidas abertas. Nesse caso, entretanto, o limite das condições de conforto que podem ser atingidos é o do próprio ar usado para a ventilação.

Para melhorar as condições de conforto dos ambientes habitados, no que diz respeito à necessidade de ventilação, sobretudo quando esta é elevada ($n > 6$), é necessário tratar o ar de ventilação ou, ao menos, fazer-se a tomada do mesmo em zona de microclima favorável (veja a Sec. 8-8).

8-10. Aquecimento e refrigeração solares

8-10-1. Generalidades

As condições construtivas mínimas apontadas na seção anterior não pressupõem um condicionamento térmico perfeito dos ambientes assim executados. Para tanto, é indispensável o aquecimento no inverno e a refrigeração no verão do ar ambiente. Entre os recursos naturais para o aquecimento e refrigeração do ar, podemos citar, *para o aquecimento*:

o Sol;
o solo, que mantém, no inverno, temperaturas médias da ordem de 21 °C (profundidades de ~ 6 m);

e, *para a refrigeração*:

o Sol;
a água, que, em contato com o ambiente, se mantém, no verão, à sombra, a uma temperatura de equilíbrio de 25,5 °C;
o solo, que mantém, no verão, temperaturas médias de 23 °C (profundidades de ~ 6 m).

Tais recursos de aquecimento e refrigeração, aliados aos recursos já analisados de proteção contra a insolação e contra as variações da temperatura externa (diárias ou anuais) do meio, permitem-nos lançar as bases de uma Arquitetura Ecológica, arquitetura na qual as condições de conforto térmico ambiental são obtidas unicamente à custa da própria natureza.

Já abordamos as possibilidades da água para a umidificação adiabática do ar nos climas secos e as possibilidades da crosta terrestre para o tratamento do ar de ventilação, tanto no inverno como no verão (Sec. 8-8). Resta-nos, portanto, abordar as possibilidades do aquecimento e da refrigeração à custa do calor do Sol.

8-10-2. Aquecimento solar

O aproveitamento da energia solar para o aquecimento data de muitos anos. Atualmente o aquecimento solar é usado para:
- aquecimento da água de consumo;
- aquecimento de piscinas;
- aquecimento de habitações;
- secagem de produtos agrícolas;
- pré-aquecimento industrial;
- fusão de metais em forros;
  etc.

Para a análise desses problemas, citamos as seguintes seções deste trabalho:
3-4-4. "Calor de radiação do sol", Tabs. 3-6, 3-7, 3-8 e 3-9;
3-5-3. "A radiação solar na transmissão de calor entre dois fluidos separados por uma parede";
8-3. "Regiões climáticas" (Tabs. 8-1 e 8-2);
6-4. "Calefação solar".

8-10-3. Aquecimento da água de consumo

Para o aquecimento solar da água de consumo são adotados painéis de absorção planos, providos de feixes de tubos, interligados a reservatórios de acumulação, por onde circula a água a ser aquecida. De acordo com técnicas atuais, as especificações gerais desses equipamentos são as que seguem.

Painéis

Os painéis deverão ser integralmente de cobre. Os canos, no mínimo de 3/8 de polegada de diâmetro, serão espaçados entre si no máximo 100 vezes a espessura da chapa, em milímetros, ao quadrado, isto é,

$$l \text{ mm} = 100e^2 \text{ mm}.$$

A ligação dos canos na chapa deverá ser feita por solda (chumbo-estanho) contínua.

Os coletores de entrada e saída da água deverão ser desencontrados e em canos de 1 polegada de diâmetro, ligados aos demais por solda forte. A caixa de proteção deverá ser bem vedada, isolada pela parte posterior com 50 mm de espuma rígida de poliuretano e protegida na parte anterior por lâmina de vidro de boa transparência.

Para um melhor rendimento do painel, a superfície de cobre deverá ser tratada com material de emissividade seletiva ou pintada de preto fosco resistente à temperatura.

Reservatório de acumulação

O reservatório de acumulação de água quente, na capacidade recomendada, deverá ser completamente fechado, com saída apenas para desaeração, e completamente isolado com 100 mm de espuma rígida de poliuretano.

A tomada de água quente deve ser permanentemente próxima do nível livre do líquido e o apoio elétrico, tipo aquecedor de passagem Kent ou similar, controlado termostaticamente. A alimentação de água fria deverá ser por baixo, com sifão invertido ou válvula de retenção, para evitar perdas de água pelo reservatório de água fria.

Sistema de circulação painel-reservatório

Todos os painéis deverão ser interligados em paralelo, para reduzir ao mínimo a elevação da temperatura da água e a perda de carga de circulação. A quantidade de água a circular entre o painel e o reservatório deve ser a correspondente a uma elevação máxima de temperatura de 5 °C, isto é,

$$V \text{ litros/h} = \frac{Q \text{ kcal/h}}{5},$$

a fim de garantir um bom rendimento para o painel.

É sempre preferível adotar a solução de circulação por termossifão. Para isso, o reservatório deve ser elevado em relação ao painel e a canalização de interligação calculada em função desse desnível, vazão e diferença de temperatura aconselhável de 5 °C (veja a Sec. 2-3).

Entretanto, caso for adotada solução de circulação por meio de bomba, esta deve ser selecionada para atender vazão superior à dada pela expressão anterior, e controlada por meio de dois sensores de temperatura, um localizado no painel e outro no reservatório, de modo que a mesma entre em funcionamento somente quando

$$t_{painel} > t_{reservatório}.$$

Para a seleção da superfície de painéis a ser adotada, deverão ser levados em conta os seguintes aspectos:

• A carga térmica de aquecimento, a qual depende do consumo de água quente e da elevação de temperatura desejada.

O consumo de água quente a adotar deverá ser aquele recomendado pelas normas brasileiras (Tab. 8-16). Naturalmente as quantidades de calor necessárias

Tabela 8-16. Consumo de água quente (PNB-128)

Utilização	Consumo médio (litros/dia)	Consumo máximo (litros/hora)
Hospitais	125/leito	40/leito
Apartamentos	60/pessoa	20/pessoa
Residências	45/pessoa	15/pessoa
Restaurantes	12/refeição	6/refeição

variam de acordo com a época do ano, e devem ser caracterizadas por seus valores médios diários e máximos horários.

• O percentual de participação do Sol no aquecimento que se pretende, seja em relação ao consumo máximo de calor (horário de pico), ao consumo médio diário ou mesmo ao consumo total anual.

Essa participação, que deve ser definida por uma análise econômica adequada, vai definir a inclinação a ser adotada para o painel (30° a 45°). Assim, uma participação de 100% do consumo médio diário de inverno, nos indicaria a inclinação de 45°, enquanto que, para uma participação inferior a 60%, seria recomendável a inclinação de 30°.

• A produção do painel, a qual depende da orientação do painel, da época do ano, da latitude do local, da transparência do céu médio do local na época considerada, das características construtivas do painel e da diferença de temperatura entre o painel e o ambiente externo.

• A acumulação da energia captada em dias de consumo, em relação aos prováveis dias consecutivos sem Sol (~ 5 dias).

• Apoio elétrico ao aquecimento solar, o qual vai depender:
do consumo máximo horário;
da participação do Sol em relação ao consumo máximo diário;
da capacidade do acumulador em dias de consumo, em relação aos prováveis dias consecutivos sem Sol, isto é,

$$\text{apoio elétrico (kW)} = \frac{Q\,\text{kcal/h}}{860}\,(1 - \text{partic. do Sol}\,\frac{\text{dias de acumulação}}{5}).$$

A planilha de cálculo que segue, nos mostra a seleção dos elementos necessários para o aquecimento solar da água de consumo residencial para uma pessoa, nas seguintes condições:

local — Porto Alegre;

participação do Sol — 80% do consumo máximo diário de inverno (atende praticamente o consumo médio diário de inverno);

acumulação — dois dias de consumo (imaginar cinco dias sem Sol);

orientação a adotar para os painéis — norte, inclinados 45°.

Características	Época Inverno	Equinócios	Verão
Temperatura mínima da água (° C)	4	13	17
Temperatura média da água (° C)	12	17	20
Temperatura final da água (° C)	45	45	45
Δt máximo (° C)	41	32	28
Δt médio (° C)	33	28	25
Consumo de água (litros/d)	45	45	45
Consumo máximo (litros/h)	15	15	15
Depósito recomendado para 2 dias (litros)	90	90	90
Consumo de calor (kcal/dia)	1 845	1 440	1 260
	1 485	1 260	1 125

Condicionamento térmico natural

Características \ Época	Inverno	Equinócios	Verão
Consumo de pico (kcal/h)	615	480	420
Consumo de médio (kcal/h)	495	420	375
	61,9	52,5	46,9
Aquecimento solar			
Radiação solar direta (N, 45°) (kcal/m² · dia)	4 342	4 872	3 194
Fator de transparência (céu médio)	0,448	0,460	0,511
Radiação difusa (céu médio) (kcal/m² · dia)	966	1 593	2 117
Aproveitamento radiação difusa ($\eta = 0{,}75$)	0,75	0,75	0,75
Radiação solar total (céu médio, 45° N)(kcal/m² · dia)	2 669,72	3 693,47	3 922,51
Radiação solar total (kcal/m² · h)	111,24	153,90	163,44
Produção painel (kcal/m² · h) ($\eta = 0{,}6$)	66,74	92,34	98,06
Área dos painéis para atender até 80%			
Consumo máximo diário (1 845 kcal/dia)	0,92 m²	–	–
Consumo adicional de 20% para compensar as perdas	1,11 m²		

Apoio elétrico para até cinco dias sem Sol

$\dfrac{Q\,\text{kcal/h}}{860}\,(1 - 0{,}8\,\dfrac{2}{5}) = \dfrac{615}{860}\cdot 0{,}68$ 0,49 kW (mínimo de quatro pessoas)

Energia média em jogo (kcal/h)	61,9	52,5	46,9
Energia média em jogo (kW)	0,072	0,061	0,055
Energia total (kWh/ano)	537,84		

Observação. O sistema solar em estudo foi calculado para economizar todo o consumo médio citado, só entrando em operação o apoio elétrico nos consumos de pico do inverno ou na falta de incidência solar por mais de dois dias.

8-10-4. Aquecimento de piscinas

Para o aquecimento solar de piscinas, é adotada a mesma técnica já citada para o aquecimento da água de consumo. O sistema de acumulação do calor nesse caso é a própria piscina, a qual é aquecida até uma temperatura de 25 a 30 °C (25°C – piscinas olímpicas).

A carga térmica de aquecimento depende basicamente:

da elevação de temperatura desejada;
da superfície livre da água;
das características de proteção da piscina.

Sob este último aspecto, podemos considerar as piscinas como *abertas* (ao ar livre), *fechadas, sem condicionamento ambiental* (~ 18 °C, ~ 90%) e *fechadas, com condicionamento ambiental* (26 °C, 40%).

Naturalmente as quantidades de calor necessárias para o aquecimento variam de acordo com a época do ano, e devem ser caracterizadas por seus valores médios e máximos. Assim, para Porto Alegre, considerando

$$t_{piscina} = 25\ °C, e$$
$$\text{profundidade média} = 1,5\ m,$$

podemos elaborar a tabela de perdas que segue.

Características \ Época	Inverno	Equinócios	Verão
Temperaturas (°C)			
$t_{amb.\ interno}$ (mínima)	5	14	18
$t_{amb.\ externo}$ (média)	13	18	22
t_{max}	20	11	7
t_{med}	12	7	3
Perdas térmicas máximas (kcal/m² · h)			
Abertas — lateral	78	42,9	27,3
Abertas — superficial	228	125,4	79,8
Abertas — evaporação	450	247,5	157,5
Abertas — total, máxima	756	415,8	264,6
Abertas — aquecimento em 48 h	250	140,0	90
Fechadas, condicionadas ~18°C, ~90% — lateral	28	15,4	9,8
Fechadas, condicionadas ~18°C, ~90% — superficial	80	44	28
Fechadas, condicionadas ~18°C, ~90% — evaporação	400	220	140
Fechadas, condicionadas ~18°C, ~90% — total, máxima	508	279,4	177,8
Fechadas, condicionadas ~18°C, ~90% — aquecimento em 96 h	60	32	21
Fechadas condicionadas 26°C, 40% — lateral	—	—	—
Fechadas condicionadas 26°C, 40% — superficial	—	—	—
Fechadas condicionadas 26°C, 40% — evaporação	400	220	140
Fechadas condicionadas 26°C, 40% — total, máxima	400	220	140
Fechadas condicionadas 26°C, 40% — aquecimento em 96 h	120	62	40
Perdas térmicas médias (kcal/m² · h)			
Abertas	453,6	264,6	113,4
Fechadas (~ 18 °C, ~ 90%)	305	177,8	76,2
Fechadas (26 °C, 40%)	240	140	60

A participação do Sol mais aconselhável (veja, na planilha, "energia média em jogo") seria aquela correspondente ao consumo médio do ano (primavera, outono), de modo que a orientação dos painéis seria a norte com inclinação de 30° em relação à horizontal. Daí as características de produção que constam da tabela que segue.

Características \ Época	Inverno	Equinócios	Verão
Aquecimento solar, painéis N 30°			
Radiação direta (kcal/m² · dia)	3943	5624	5634
Fator de transparência (céu médio)	0,448	0,46	0,511
Radiação difusa (céu médio) (kcal/m² · dia)	966	1593	2117
Aproveitamento da radiação difusa ($\eta = 0,833$)	0,833	0,833	0,833
Radiação solar total (kcal/m² · dia)	2 571,14	3 914,00	4 642,44
Radiação solar total (kcal/m² · h)	107,13	163,08	193,44
Produção painel ($\eta = 0,7$) (kcal/m² · h)	74,99	114,16	135,41
Área dos painéis para atender 100% do consumo médio nos equinócios			
Abertas (m²/m²)		2,32	s/fator de perdas adic.
Fechadas (~18 °C, ~90%) (m²/m²)		1,56	s/fator de perdas adic.
Fechadas (26°, 40%) (m²/m²)		1,23	s/fator de perdas adic.

Para atender ao consumo médio de inverno, a orientação recomendável para os painéis seria norte 45° (melhoria de produção no inverno de ~4% em relação à orientação anterior), e as áreas necessárias passariam a ser:

  abertas,   6 m²/m² sem fator de perdas adicionais
  fechadas (~18 °C, ~90%), 4 m²/m² sem fator de perdas adicionais
  fechadas (26 °C, 40%),   3 m²/m² sem fator de perdas adicionais

Quanto ao apoio elétrico, este deve ser calculado unicamente em função do consumo máximo horário, já que o sistema não dispõe de acumulação (eventualmente poderia ser considerada uma acumulação de 0,5 dias), permitindo-se uma variação máxima de temperatura da água da piscina de

$$\frac{756 \text{ kcal/h} \times 12 \text{ h}}{1\,500 \text{ litros}} = 6 \,°C.$$

As energias médias em jogo e a energia total anual dizem respeito às perdas térmicas médias e estão calculadas a seguir.

Características \ Época	Inverno	Equinócios	Verão
Instalação elétrica — potência de apoio mínima kW/m²			
Abertas	(1,17) 0,88	(0,65) 0,48	(0,42) 0,31
Fechadas (~18 °C, ~90%)	(0,66) 0,59	(0,36) 0,33	(0,23) 0,21
Fechadas (26 °C, 40%)	(0,60) 0,47	(0,33) 0,26	(0,21) 0,17
Potência média em jogo kW/m²			
Abertas	0,53	0,31	0,13
Fechadas (~18 °C, ~90%)	0,36	0,21	0,09
Fechadas (26 °C, 40%)	0,28	0,16	0,07
Energia anual em jogo (kWh/m² · ano)			
Abertas		2 764,8	
Fechadas (~18 °C, ~90%)		1 879,2	
Fechadas (26 °C, 40%)		1 447,2	
Economia média de potência kW/m²			
Abertas, 2,32 m²/m²	0,2	0,31	0,13
Fechadas (~18 °C, ~90%), 1,56 m²/m²	0,14	0,21	0,09
Fechadas (26 °C, 40%), 1,23 m²/m²	0,11	0,16	0,07
Economia anual de energia kWh/m² · ano			
Abertas		2 052	
Fechadas (~18 °C, ~90%)		1 404	
Fechadas (26 °C, 40%)		1 080	

De acordo com os cálculos, podemos dizer que a participação do Sol se verifica numa proporção de 75% em relação ao consumo anual de energia, e que cada metro quadrado de painel contribui com uma economia da ordem de 900 kWh/ano. O aumento dessa participação é cada vez menos econômico, pois os dias de aproveitamento integral do painel se reduzem e a economia anual de energia que daí resulta por metro quadrado de superfície usada é cada vez menor.

Condicionamento térmico natural

Assim, para atender o consumo médio de inverno, de acordo com as áreas calculadas anteriormente, a economia de energia anual por metro quadrado de painel seria apenas da ordem de 480 kWh/ano.

8-10-5. Aquecimento de habitações

Para o aquecimento solar de habitações são adotados basicamente os dois sistemas apresentados na Sec. 4-6. No caso de calefação por meio de água quente, a técnica adotada é idêntica à já citada para o aquecimento de água de consumo. Os coletores solares são colocados geralmente na cobertura, orientados para o norte com uma indicação de 45° em relação à horizontal (máxima captação de energia durante o inverno em Porto Alegre), enquanto que o reservatório de acumulação é colocado no subsolo.

A movimentação da água entre o reservatório de acumulação e os coletores é feita por meio de uma bomba comandada por sensores de temperatura colocados no painel e no reservatório. Outra bomba faz a circulação entre o reservatório de acumulação e os condicionadores tipo *fan and coil* (veja Fig. 4-8).

A carga térmica de aquecimento de uma residência (Porto Alegre), calculada para uma temperatura exterior igual à média das mínimas (5 °C) e uma elevação de temperatura de 17°C, é da ordem de 70 a 140 kcal/m² · h (veja a Tab. 4-4).

Nessas condições, para uma participação do Sol de 100% em relação a esse consumo de calor máximo horário, seriam necessários 1 a 2 m² de painel por metro quadrado de residência. Perdas adicionais da ordem de 20% devem ser computadas.

A acumulação de energia captada em dias de consumo deve ser calculada para os prováveis dias consecutivos sem Sol (~5 dias), o que exigirá volumes de água da ordem de 0,9 a 1,8 m³. O investimento, no caso, é bastante elevado, cerca de Cr$ 8 000,00 por m² de coletor, em instalação completa – (Porto Alegre, 1979), e a economia de energia anual obtida por metro quadrado de coletor é da ordem de apenas 200 kWh/ano · m².

Caso atendêssemos apenas ao consumo médio de inverno, garantindo uma elevação de temperatura ambiente de 9 °C em relação ao exterior, a situação econômica mudaria bastante, pois os painéis teriam um maior número de dias de aproveitamento integral, aumentando a economia de energia anual para cerca de 400 kWh/ano · m². Tal solução, aliada a um bom isolamento inercial ou mesmo convencional adequado da habitação, torna esse sistema aceitável economicamente.

No caso de calefação por meio de ar quente, este é aquecido em coletores solares de alvenaria, dispostos, na maior parte das vezes, verticalmente com orientação norte e protegidos por duas lâminas de vidro, a fim de evitar as perdas internas, que são elevadas no painel.

A produção dos painéis nessas condições, a área recomendada para atender o consumo médio ou máximo diário no inverno (entre parênteses) para uma habitação bem isolada, assim como a economia de energia propiciada por ano, constam da planilha de cálculo que segue.

Característica \ Época	Inverno	Equinócios	Verão
Radiação solar direta – N vertical (kcal/m² · dia)	3 756	2 813	357
Fator de transparência (céu médio)	0,448	0,46	0,511
Radiação difusa (kcal/m² · dia)	966	1 593	2 117
Aproveitamento difusão ($\eta = 0,5$)	0,5	0,5	0,5
Radiação solar total (céu médio) (kcal/m² · dia)	2 165,69	2 090,48	1 240,93
Radiação solar total (céu médio) (kcal/m² · dia)	90,24	87,10	51,71
Produção painel ($\eta = 0,65$) (kcal/m² · dia)	58,66	56,62	33,61
Carga térmica aquecimento (kcal/m² · h)	(70) 37,1	16,47	–
Área dos painéis para atender a carga térmica (m²/m²)	(1,2) 0,63	s/ fator adic. de perdas	
Economia anual (kWh/ano · m² de habitação)		175,92	
Economia anual (kWh/ano · m² de painel)	146,6	279,24	

No caso da Fig. 4-9, as orientações adotadas para os painéis foram verticais, 45° NE e 45° NO, com o que obtiveram-se os seguintes resultados:

área dos painéis para atender à carga térmica, (1,52) 0,81 m²/m²;
economia anual (por m² de habitação), 175,92 kWh/ano · m²;
economia anual (por m² de painel), (115,74) 217,19 kWh/ano · m².

Valores esses que, em virtude do baixo custo desse tipo de coletor (cerca de Cr$ 2 000,00 por m² de coletor, em instalação completa – Porto Alegre, 1979) torna esse sistema bem mais econômico que o anterior.

Além disso, a casa solar com aquecimento por meio do ar permite a utilização do mesmo sistema para ventilar a casa durante o verão, e não exige equipamentos mecânicos como bombas e ventiladores. A par dessas vantagens, entretanto, esse sistema apresenta os seguintes inconvenientes:

a armazenagem do calor é feita na própria massa do coletor e da habitação, a qual deve apresentar volumes da ordem de 2 a 4 m³ por metro quadrado de ambiente aquecido, a fim de atender à carga térmica sem grandes variações de temperatura (< 5 °C) durante os prováveis dias (~ 5) consecutivos sem Sol;

as perdas térmicas do painel, que, por ser o mesmo integrado à habitação, são elevadas, sobretudo à noite;

a retirada do calor da alvenaria é mais lenta do que da água.

A movimentação do ar aquecido (até um máximo de 10 °C acima da temperatura ambiente) é feita por termossifão; assim, para a produção máxima horária de (veja as Tabs. 3-8 e 3-9)

$$578 \text{ kcal/m}^2 \cdot \text{h} \times 0,65 = 375,7 \text{ kcal/m}^2 \cdot \text{h},$$

podemos calcular (veja o Exemplo 2-2), em função da altura (H) do painel, os seguintes espaçamentos para a passagem do ar:

Condicionamento térmico natural

H (m)	c (m/s)	m^3/h	l (m)
3	0,4	390	0,27
4	0,46	520	0,32
5	0,52	650	0,35
6	0,57	780	0,38

Para facilitar a limpeza e reduzir a elevação de temperatura, esses valores podem ser aumentados.

Nos sistemas de calefação por meio de bomba de calor que trabalham com o ar exterior, quando o clima é muito frio, usa-se o apoio solar para evitar o congelamento do evaporador (Fig. 8-17). Nesse caso, a quantidade de calor a ser fornecida pelo painel ($Q_p \equiv Q_E$) é praticamente igual à necessária para atender à carga térmica de aquecimento do ambiente (Q_c), dela diferindo apenas pela parcela AL, mas a temperatura de funcionamento do mesmo é bastante reduzida, o que lhe garante um alto rendimento e, portanto, uma menor área. Por outro lado, a potência mecânica consumida também é menor do que aquela correspondente a uma bomba de calor funcionando sozinha.

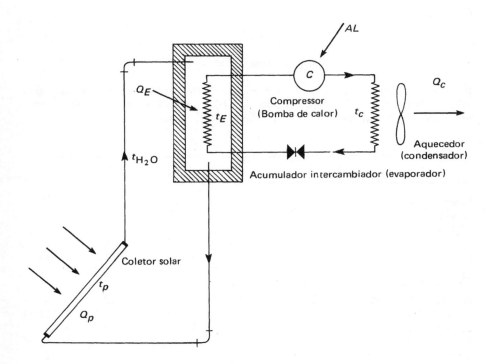

Figura 8-17

O cálculo das reduções de área de painel e de potência mecânica, decorrentes da solução combinada, em relação às soluções-limite de aquecimento solar ou por bomba de calor puros, depende da temperatura intermediária escolhida para a água glicolada aquecida (t_{H_2O}), das temperaturas-limite da instalação (t_e, t_c) e das características de funcionamento dos equipamentos adotados (η'_c, η_m, η_{painel}).

Assim, de acordo com a Sec. 1-3-2,

$$Q_c = AL\eta'_c \frac{T_c}{T_c - T_E} = Q_E + AL = Q_p + AL \text{ kcal/h};$$

$$AL = \frac{Q_p}{\eta'_c \frac{T_c}{T_c - T_E} - 1} \text{ kcal/h};$$

$$P_m = \frac{AL}{632\eta_m} \text{ cv}.$$

Nessas condições, considerando um painel inicial de 100 m², pintado de preto, protegido com uma ou duas lâminas de vidro, orientado para o norte e inclinado 45° em relação à horizontal, que recebe do Sol uma radiação total média durante o inverno de

$$100 \times 111{,}24 \text{ kcal/h},$$

e arbitrando

$\eta'_c = 0{,}85$,
$\eta_m = 0{,}8$,
η_{painel} (veja a Tab. 3-9),

podemos calcular, para várias temperaturas intermediárias do sistema conjugado solar — bomba de calor funcionando de -10 °C a +45 °C, as áreas de painel e potências mecânicas que constam da planilha que segue.

Solução	I	II	III	IV	V
$t_{exterior}$ (°C)	-10	-10	-10	-10	-10
t_{painel} (°C)	50	20	10	0	—
t_{H_2O} (°C)	45	15	5	-5	—
t_E (°C)	—	10	0	-10	-15
t_c (°C)	—	45	45	45	45
η_{painel}	0,5	0,64	0,72	0,78	—
Área do painel (m²)	100	68	57,9	51,1	—
Produção painel (kcal/h)	5 562	4 841,8	4 636	4 430,3	—
AL (kcal/h)	—	720,2	926	1 131,7	1 234,63
Q_c (kcal/h)	—	5 562	5 562	5 562	5 562
P_m (cv)	—	1,43	1,83	2,24	2,44
Economia painel (m²)	—	32	42,1	48,9	100
Economia painel (m²/cv)	—	22,4	22	21,8	41

Depreende-se, portanto, que a máxima economia de painel à custa de potência mecânica da bomba se verifica para a solução V, isto é, a bomba funcionando sozinha. Nessas condições, a solução a ser escolhida resultará da análise de custo dos painéis (solução I) e da bomba de calor (solução V).

Caso a solução mais econômica seja a V e a temperatura exterior inferior a 0 °C, problemas de congelamento obrigam o uso da bomba de calor em solução combinada (solução IV, que exige o menor painel, mas que deverá ainda ser confrontada com a solução de aquecimento solar puro (solução I), levando-se em conta, para a avaliação da energia consumida, que a bomba pode funcionar apenas nos picos de carga.

8-10-6. Refrigeração solar

A refrigeração solar nos níveis de temperatura necessários ao condicionamento térmico ambiental é obtida por meio dos sistemas de refrigeração por absorção, utilizando a solução água-brometo de lítio (Fig. 8-18).

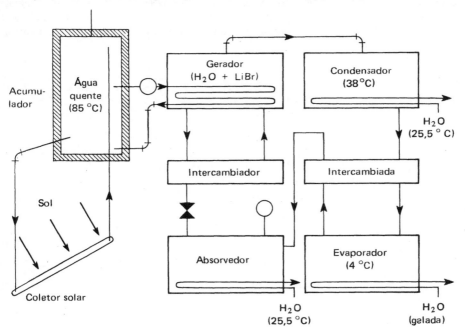

Figura 8-18

Esse sistema, trabalhando a uma temperatura de geração de 85 °C, com água a 25,5 °C, dá uma largura de processo da ordem de 5% (veja a Sec. 5-5 e a Bibliografia), evaporando a 4 °C e condensando a 38 °C, com um coeficiente de efeito frigorífico da ordem de 0,6 fg/kcal, ou seja, um consumo de

$$\frac{3\,024}{0,6} = 5\,040 \text{ kcal/h} \cdot \text{T.R.}$$

Para a produção solar de tal potência calorífica, seriam necessários, no verão, painéis praticamente horizontais com a área calculada a seguir:

radiação solar direta, 6 670 kcal/m^2 · dia;
fator de transparência, 0,511;
radiação difusa, 2 117 kcal/m^2 · dia;
aproveitamento da radiação difusa, 100%;
radiação total, 5 525,4 kcal/m^2 · dia;
radiação total, 230,22 kcal/m^2 · h;
rendimento do painel (preto, com 3 vidros), 0,5;
área do painel, 43,78 m^2.

Considerando que uma instalação de ar condicionado de uma tonelada de refrigeração (1 T.R.) pode atender a até 20 m^2 de área residencial (veja a Sec. 7-5), podemos dizer que seriam necessários cerca de 2,2 m^2 de painel para cada metro quadrado de área condicionada, proporção bastante superior à necessária para o aquecimento.

A par disso, as instalações de refrigeração por absorção exigem um investimento inicial bastante elevado (cerca de Cr$ 100.000,00/T.R. — Porto Alegre, 1979), o que as torna, juntamente com o investimento do painel e acumulador (cerca de Cr$ 30.000,00/T.R.), proibitivas em se tratando da finalidade de conforto.

BIBLIOGRAFIA

COSTA, Ennio Cruz da, *Física industrial – termodinâmica* (parte I). Porto Alegre, Globo, 1971.
COSTA, Ennio Cruz da, *Física industrial – termodinâmica* (parte II). Porto Alegre, Globo, 1973.
COSTA, Ennio Cruz da, *Mecânica dos fluidos*. Porto Alegre, Globo, 1973.
COSTA, Ennio Cruz da, *Transmissão de calor*. Porto Alegre, Emma, 1967.
COSTA, Ennio Cruz da, *Calefação*. Porto Alegre, Emma.
COSTA, Ennio Cruz da, *Refrigeração* (Vol. I). Porto Alegre, Emma, 1975.
COSTA, Ennio Cruz da, *Refrigeração* (Vol. II). Porto Alegre, Emma, 1976.
COSTA, Ennio Cruz da, *Física aplicada à construção – Conforto térmico* (3ª ed.). São Paulo, Blücher, 1974.
CROISET, Maurice, *Lygrotermique dans le batiment*. Paris, Eyrolles, 1967.
AROZTEQUI, José Miguel, *Parâmetros do conforto térmico de Porto Alegre*. Porto Alegre, Norie, 1977.